北京航空航天大学人文与社会科学高等研究院／文化与艺术传播研究院

文化传播

Cultural Communication

2019. 总第 5 辑

蔡劲松　主编

北京航空航天大学出版社

图书在版编目（CIP）数据

文化传播.2019.总第 5 辑／蔡劲松主编. －－北京：
北京航空航天大学出版社，2019.12
　　ISBN 978-7-5124-3138-6

　　Ⅰ．①文…　Ⅱ．①蔡…　Ⅲ．①文化传播－丛刊　Ⅳ.
①G0-55

　　中国版本图书馆 CIP 数据核字（2019）第 214945 号

文化传播.2019. 总第 5 辑

出版统筹：邓永标
责任编辑：邓　彤
责任印制：秦　赟
出版发行：北京航空航天大学出版社
地　　址：北京市海淀区学院路 37 号（100191）
电　　话：010 - 82317023（编辑室）　　　　010 - 82317024（发行部）
　　　　　010 - 82316936（邮购电话）
网　　址：http://www.buaapress.com.cn
读者信箱：bhxszx@163.com
印　　刷：北京紫瑞利印刷有限公司
开　　本：787mm×1092mm　1/16
印　　张：15.25
字　　数：242 千字
版　　次：2019 年 12 月第 1 版
印　　次：2019 年 12 月第 1 次印刷
定　　价：58.00 元

《文化传播》编辑委员会

目　录
CONTENTS

专题研讨：绘画传统与艺术思想传承

学术观察

前沿视点

作为认知手稿学的认知简帛学

邢　文*

【摘要】 认知手稿学研究广义的与狭义的、不同种类与不同层次的手稿。作为认知手稿学一个分支的认知简帛学，对于认知与理解简帛手稿文献至关重要，因为如果不能通过联结作者与读者的传导系统以共享完整的关联性背景，读者就无法进行恰当的认知选择。根据若干文字在映射源域中内在结构的缺失以及映射前后不变的图像图式结构，如分别见于所谓西汉竹简本《苍颉篇》与《老子》的"䌼（？）"字与"为"字等，认知简帛学证明了有关竹简必为伪简。作为一门多学科交叉的学科方法，认知简帛学引导着中国简帛学的新维度与新方向。

【关键词】 认知简帛学　认知手稿学　传导隐喻　《苍颉篇》《老子》

一

认知简帛学是认知手稿学的一个部分。① 认知手稿学有狭义与广义之

* 邢文，西南交通大学人文学院特聘教授、博士生导师（专业：文艺学、中国古典文献学），武汉大学中国传统文化研究中心特聘研究员、博士生导师（专业：中国手稿文化、中国美术史），美国达特茅斯学院罗伯特1932暨芭芭拉·布莱克亚洲研究讲席教授、亚洲社会文化与语言终身教授，达慕思中国书法与手稿文化研究所所长。
① 本文据2018年10月在第四届简帛学国际学术研讨会暨谢桂华先生诞辰八十周年纪念座谈会上发表的《认知简帛学导论》一文改编，感谢重庆邮电大学李真真、成都大学杨煜婷、兰台出版社卢瑞琴等与会学者的问题、讨论与支持。

3

分。认知简帛学是狭义的认知手稿学的一个分支。

原始先民的史前刻画是一种广义的手稿。它们的使用也许比语言的使用更为古老，是人类早期认知研究的重要材料。作为一种重要的史前文化，新石器时代的史前刻画是史前手稿文化的研究对象。由于史前没有形成文字的书写系统，认知研究在史前手稿研究中具有重要意义。

文字的书写系统成熟之后，根据人类社会活动与手稿成文方式的不同，手稿可以分为静态手稿与动态手稿。静态手稿包括文字手稿与非文字手稿。文字手稿又可根据字符输入方式与记录媒介的不同，分作铭刻手稿、书写手稿、打印手稿、数字手稿，以及陶石手稿、甲骨手稿、简帛手稿、纸质手稿等；非文字手稿可以包括分维、二维、三维等多维的文本、绘本与"文献"（Documents）等。① 动态手稿主要包括视觉语言的手稿，包括规范手语手稿、自创手语手稿与手势手稿等。② 从认知的角度来看，手语手稿的表达系统与古代文字手稿的表现系统，如甲骨手稿与简帛手稿等，具有某种原始的共性，也是认知手稿学的研究对象。

二

作为认知手稿学的认知简帛学，其研究对象是狭义的手稿，即手书的简帛文献。

如果以中文的"手稿"之"手"（即用"手"书写）作为界定的标准，狭义手稿学研究的不仅是手写类的手稿，而且是手写的、原始形态不可被复制的手稿。广义的手稿学除了研究狭义的手稿之外，还要研究非手写类的手稿，即成稿后原始形态可以被复制，但尚未定稿流传的手稿，如用传统打字机打印的手稿、用现代文字处理器（包括电脑、手机等）起草的手稿等，均属此类。

---

① 这里的 Documents 并非仅指传统的文字文献，而是取拉丁语中"传道授业"与"精神思想"之义，以二维、三维的字符、绘画、装置、建筑等艺术作品为引领精神思想的"文献"。
② 视觉语言学是游顺钊（Yau Shun-chiu）先生 1983 年提出的，见游顺钊：《视觉语言学概要》，北京：商务印书馆，2014 年版；游顺钊著、徐志民等译：《视觉语言学论集》，北京：语文出版社，1994 年版。

按此定义，在狭义与广义的手稿之间，还存在一类跨界的手稿，也就是既是手工起草、又是字符的原始形态可以被复制的手稿，如陶骨金石上刻画的手稿。显然，这种跨界的手稿虽由手工书写、刻画而成，但因其书写形态可以被复制，故也属于广义的手稿。尽管古代的铭刻手稿与简帛手稿多有认知上的原始共性，认知简帛学仍属狭义的认知手稿学，不论是作者与手稿之间还是读者与手稿之间，对于手稿的认知从心理上到生理上，都与对于定稿后可以复制流传的手稿的认知有显著的不同。

下面试论一二问题，以见认知简帛学之例。

三

竹木简牍与缣帛类书写介质的发现，不仅是简帛文献产生的前提，而且也是简帛认知学的起点。简帛被用于书写，正是古人对简帛材质物理特征认知的结果。人类对于简帛的认知是双向的。一方面，人的认知可以决定简帛形制的改变，是简帛形制演变的一种因素；另一方面，简帛的形制可见具有特定的意义，会在一定程度上决定读者对于简帛文献的认知结果。

出土帛书所见朱砂栏线，即是竹木简外形的来源模式，在帛书目标模式中的映射表现。这是人对竹简的认知影响到帛书形制的例子。湖北江陵王家台秦简《政事之常》，版式取方形同心叠套，中心区域文字为"圆以生方"云云①，颇得湖南长沙子弹库战国楚帛书《天象》与《四时》相逆回互的版式之义②，或可视作对于帛书版式的认知影响到竹简形制的例子③。

简帛形制所见具有特定意义的例子，仍可举秦简《政事之常》与子弹库楚帛书为例。

太极意象广见于简帛。在讨论马王堆帛书《周易》卦序时，我曾以之

---

① 王明钦：《王家台秦墓竹简概述》，见艾兰、邢文编：《新出简帛研究》，北京：文物出版社，2004年版，第26—49页。
② 李学勤：《简帛佚籍与学术史》，南昌：江西教育出版社，2001年版，第47—55页。
③ 需要说明的是，作者并不认为战国楚帛书与秦简的时间先后，即可成为前者影响后者的充分证据；此说的意义更在于述其大意、聊作图解而已。

与太极意象有关，即把帛书《周易》的一种八卦方位图视作圆球①，帛书《周易》乾、艮、坎、震、坤、兑、离、巽的外卦卦序从乾开始做顺时针旋转，分别是纯阳、少阳、中阳、老阳与纯阴、少阴、中阴、老阴的过程；若把纯阳、纯阴视作太极图像的阴阳双眼，那么，这一八卦方位图所见即是一阴阳消长的太极意象。② 帛书《周易》八卦方位的这一太极意象，也是子弹库楚帛书《天象》《四时》的版式意象，同时也是王家台秦简《政事之常》内心方形文字"圆以生方"之意。我们曾对简帛文献的这些版式如何影响读者对于简帛文献思想内容的认知有所讨论。中国简帛学这种认知研究的必要，麦克·莱笛（Michael J. Leddy）早有论述。③ 被认知语言学的奠基人之一乔治·拉考夫（George P. Lakoff）视作经典的莱笛隐喻之论，即明确以这种传导系统（conduit）的、"共享的关联性背景"（the shared context）的缺失，为无法进行"适当的（认知）选择"（the proper selection）的原因。④

四

简帛形制及其意象的例子，实为认知简帛学中隐喻（metaphor）结构的一种表现。

认知简帛学中的认知隐喻，更多地表现于简帛文字的书写之中。这也是认知手稿学的特征之一。

认知简帛学作为手稿学的一种认知学研究，认为人的书写能力依附于人的一般认知能力。书写能力对人的认知能力的依附，决定了正常的手稿书写须具备合理的认知基础。在认知简帛学中，源域（the source domain）与目标域（the target domain）认知拓扑（the cognitive topology）的等价，

---

① 邢文：《帛书周易研究》，北京：人民出版社，1997年版。
② 邢文：《帛书周易研究》，北京：人民出版社，1997年版，第6页。
③ Michael J. Leddy, *The conduit metaphor*: *A case of frame conflict in our language about language*, in A. Ortony, ed., *Metaphor and Thought.* Cambridge: Cambridge University Press, 1979, pp. 284 - 310.
④ George P. Lakoff, "The contemporary theory of metaphor", in A. Ortony, ed., *Metaphor and Thought*, 2nd ed. Cambridge: Cambridge University Press, 1992, pp. 203 - 204.

并不意味着跨概念域（cross-domain）的可信隐喻映射（metaphorical mappings）或系统映射；隐喻作为跨概念域的系统映射，也未必能在目标域保持源域的认知拓扑。

提出简帛辨伪学时，我曾讨论所谓汉简《苍颉篇》难以隶定的"緥（?）"字字之例。[①] 虽然这一简本《苍颉篇》"緥（?）"字与"緥"字拓扑等价，但此《苍颉篇》"緥（?）"字似"果"的右部，上方三竖均书写出头，不仅不是"果"，而且也不是任何规范的古今汉字或汉字构件。[②] 从认知学的角度来看，右部上方三竖出头的"緥（?）"字，没有映射源域相应的内在结构（the inherent structure）可寻，无法追溯可信的系统映射。"緥（?）"字右部上方三竖的出头，虽是一种临时的性状，但三竖出头增加了该字的"显著度"，"把某样不太显著的东西指给别人看，就能使它成为注意的焦点"[③]——引导读者关注错字，不见可信的隐喻结构，认知简帛学也只能以"緥（?）"为"水平不高的当代作伪者所写的错字"。[④] 至于其笔画拼搭、"涂、画"成字与"书写"性的缺失，关涉对于简帛手稿书法性的认知，则是简帛认知学研究的另一个问题。[⑤]

跨域隐喻映射不能保持源域的认知拓扑之例，可举简帛所见"為"字。

战国楚简"為"字的常见之例有湖北江陵郭店楚墓竹简的字、字与湖北江陵包山楚墓的字、字、字等。从认知古文字学的角度来看，"為"字的写法不仅是一个典型的隐喻，而且反映了我们大脑的深层认知机制。这一隐喻组织我们的思想，使构字部件结构化，并使这一古文

① 北京大学出土文献研究所：《北京大学藏西汉竹书（壹）》，上海：上海古籍出版社，2015年版，第27页。
② 邢文：《简帛辨伪学与藏书文化》，《藏书报》，2019年4月1日，第8版。
③ 沈家煊：《转指与转喻》，《当代语言学》第1卷，1999年第1期，第3—15页。
④ 邢文：《简帛辨伪学与藏书文化》，《藏书报》，2019年4月1日，第8版。
⑤ Wen Xing, *Defining Chinese Calligraphy*, Hong Kong & Hanover: SCI & DIC, 2018, pp. 9–11, 以及我所提出的认知书法学（Cognitive Calligraphy）与比较书法学（Comparative Calligraphy）问题，见同书第100—102页。

字处于基于经验与文字的认知互动与不断发展的过程之中。

早前的甲骨手稿所见"為"字，应为简帛稿本"為"字的一种来源。在甲骨文中，"為"字的主体为大象的身形，象身的左、右或上方的手形，表示以手牵象之义，如：

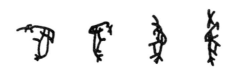

借以表示有所作为之义。虽然象与手的形状、方向不一，但甲骨文"為"字的默认概念框架（default conceptual framework），即以手牵象的概念结构，已构成莱笛所谓的"传导隐喻"（conduit metaphor）。这也是为什么甲骨文"為"字中象形、手形的方位变化，不改变"為"字本义的原因所在，因为隐喻映射所见源域的图像图式结构（the image-schema structure）未变。

战国楚简所见"為"字与甲骨文所见"為"字已不再拓扑等价，但隐喻映射的内在结构仍在——手形仍然完整，但象身已大有简化。这与拉考夫认知语言学的隐喻恒定假说（the Invariance Hypothesis）不符，但并不违背拉氏的隐喻恒定原则（the Invariance Principle）。① 在战国文字中，象身省作 、 之类的例子屡见不鲜，详见何琳仪先生《战国古文字典》。②

从秦系文字到秦汉之际至两汉隶书，出土简帛等文字材料所见"為"字的拓扑结构屡有改变，但其传导隐喻的认知结构始终未变，如秦瓦书作 、秦青川木牍作 与 、睡虎地秦简作 与 ，以及汉初马王堆的 、西汉河平元年的 、东汉《曹全碑》的 等。

---

① 已有学者指出拉氏的这一理论欠缺，见李福印：《概念隐喻理论和存在的问题》，《中国外语》，第 2 卷第 4 期，2005 年，第 21—28 页。

② 何琳仪：《战国古文字典：战国文字声系》，北京：中华书局，1998 年版，第 836—837 页。

而所谓西汉竹简《老子》的"为"字 ①，手形插入象身，象腿多至五条，"为"字自古以来的隐喻结构已被破坏。从认知学的角度来看，不论是该字的拓扑认知结构还是隐喻认知结构，不论是从静态共时的角度还是从动态历时的角度来看，都无法解释此字与先秦直至两汉出土材料所见所有类型的"为"字的冲突，故认知简帛学无法以之为汉人所书的真迹。

五

认知简帛学是研究人对简帛文献的认知方式、认知能力与认知结果的交叉科学。就简帛文献这一认知客体而言，人对简帛的认知既包括对静态的简帛形制、简帛文字的认知，也包括对动态的简帛使用、简帛流传等方面的认知，更包括对抽象的、心理的借由简帛书法、简帛仪轨所表现的简帛气场、意象的认知。

对于简帛书法与简帛文字的认知，是作为认知工具的大脑对书乎竹帛的文字图像与文字意义进行接受、反应与处理的过程，属于认知简帛学的研究对象。简帛书法与简帛文字的不同，在于简帛书法具有表意、抒情与通灵的功用。简帛书法的认知研究虽然与简帛文字的研究密切相关，但更关注对文字笔画与文字形态的表现，更关注对笔墨的技法性、超技法性与对笔墨本身的认知，而不囿于文字的结构形态。简帛文字的认知研究属于认知古文字学的范围，不仅可以通过对简帛文字的构成部件的概念意义及其组织结构的研究，来研究人类社会一般的意义、概念与组织结构在文字中的表现，而且可以通过简帛文字构件的结构背景与意义，来分析其意义 – 形式映射（meaning-form mappings）与简帛释字的关联等。

认知简帛学不是简帛学研究某一方面的单一的研究方法与理论，它与认知甲骨学（Cognitive Oracle-Bone Studies）一样，是涉及经验哲学、过程

---

① 北京大学出土文献研究所编：《北京大学藏西汉竹书［贰］》，上海：上海古籍出版社，2012年版，第57页。

主义考古学、认知心理学、认知语言学、技术书法学，乃至数理人文学、数理美术史、比较手稿学以及人工智能等多种学科的多种研究方法、多种学科理论的新兴的研究领域，必将引导中国简帛学的新维度与新方向。

君子人格的时代新内涵

郝清杰[*]

【摘要】培养担当民族复兴大任的时代新人，既需要继承和发扬传统君子人格观中的优秀思想，又应该立足当代基本国情，以马克思主义为指导，实现对传统君子人格观的"创造性转化和创新性发展"，赋予君子人格丰富的时代新内涵。新时代需要的君子人格，应该是有崇高理想、有真实本领、有责任担当的社会主义建设者和接班人。

【关键词】君子人格　儒家学说　马克思主义　民族复兴　新时代

培养什么人、怎样培养人，既是世界各国共同关注的时代课题，也是我国教育发展面临的重大问题，是关系民族复兴和国家富强的根本性问题。那么，我们最需要具有什么样人格的人呢？《中国青年报》社会调查中心的调查显示，85.7%的受访者认为当下社会需要君子人格。^① 那么，当代社会需要的君子人格应该具有什么品格，如何才能培养这种君子人格呢？深入剖析孔子关于君子人格的思想，立足当代基本国情，赋予君子人格崭新的时代内涵，培养担当民族复兴大任的时代新人，是推进教育强国建设的内在需要，是建设社会主义现代化强国的内在需要，是实现中华民族复兴的内在需要。

---

* 郝清杰，中国高等教育学会副秘书长，研究员，主要从事马克思主义哲学和高等教育研究。

① 黄冲：《85.7%受访者肯定当下社会需要君子人格》，《中国青年报》，2012年1月19日。

一、传统君子人格的丰富内涵

《论语》是儒家思想的集成，也是中华优秀传统文化的重要源头。据统计，"君子"在《论语》中出现过一百余次，足见其在孔子思想和儒家学说中的重要性。

《论语》深刻阐明了君子人格的丰富内涵，成为我国传统社会君子人格的主导理论。第一，君子人格以"仁"为理论核心和思想基础。"仁"的内涵非常丰富，如爱人；克己复礼为仁；己所不欲，勿施于人；居处恭，执事敬，与人忠；恭，宽，信，敏，惠；刚，毅，木讷近仁等。第二，君子人格以"义""礼""智""信""勇"等为主要内涵。"君子义以为质，礼以行之，孙以出之，信以成之。君子哉！"① 第三，君子人格的内涵不仅仅局限于以上两方面。在有些章节中，虽然不是对"君子"的直接阐发，但是对"仁者""贤者"等的描述和评论，也可以归于对君子人格内涵的延伸说明。② 总之，"君子"是《论语》一以贯之的逻辑，是孔子学说的思想基石，是儒家文化的理论核心。《论语》中所规划设计的君子人格，不但是儒家学说关于君子人格培养的理论发源地，而且是中国传统文化关于理想人格培养的思想资源库，对我国传统社会发展产生了深远影响。

具备了上述内涵的君子人格，在日常生活中、待人接物上表现出什么样的基本特征呢？第一，君子对自己的要求很高，追求文采与朴实的统一，即"质胜文则野，文胜质则史。文质彬彬，然后君子"③。在日常生活中，"君子泰而不骄，小人骄而不泰"④，"君子矜而不争，群而不党"⑤。第二，君子与人交往遵循的基本原则。一是"君子成人之美，不

---

① 〔宋〕朱熹：《四书章句集注》，北京：中华书局 2011 年版，第 155 页。
② 〔宋〕朱熹：《四书章句集注》，北京：中华书局 2011 年版，第 71 页。
③ 〔宋〕朱熹：《四书章句集注》，北京：中华书局 2011 年版，第 86 页。
④ 〔宋〕朱熹：《四书章句集注》，北京：中华书局 2011 年版，第 139 页。
⑤ 〔宋〕朱熹：《四书章句集注》，北京：中华书局 2011 年版，第 155 页。

成人之恶。小人反是"①。二是"君子和而不同，小人同而不和"②。三是不怨天尤人，"君子病无能焉，不病人之不己知也"③。四是团结人而不互相勾结，"君子周而不比，小人比而不周"④。第三，君子处理事情遵循的基本原则。君子做事注重勤劳敏捷，说话则小心谨慎。"君子食无求饱，居无求安，敏于事而慎于言，就有道而正焉，可谓好学也已。"⑤君子强调自力更生，"君子求诸己，小人求诸人"⑥。君子处理政务的基本原则是"尊五美"："君子惠而不费，劳而不怨，欲而不贪，泰而不骄，威而不猛。"⑦"屏四恶"："不教而杀谓之虐；不戒视成谓之暴；慢令致期谓之贼；犹之与人也，出纳之吝谓之有司。"⑧总之，"有君子之道四焉：其行己也恭，其事上也敬，其养民也惠，其使民也义"⑨。

那么，在孔子的视野中，培养君子人格的途径和方法有哪些呢？首先，通过学习以培养君子人格，"百工居肆以成其事，君子学以致其道"⑩。学习文献，"君子博学于文，约之以礼，亦可以弗畔矣夫"⑪。向他人学习，"三人行必有我师焉。择其善者而从之，其不善者而改之"⑫。学习与思考相结合，"学而不思则罔，思而不学则殆"⑬。其次，通过自我修养以培养君子人格。一是注重反省，"吾日三省其身。为人谋而不忠乎？与朋友交而不信乎？传不习乎"⑭？二是注重"敬"，"子路问君子。子曰：'修己以敬。'"⑮三是强调自律，"克己复礼为仁"⑯。四是注重言行一致，

① 〔宋〕朱熹：《四书章句集注》，北京：中华书局2011年版，第130页。
② 〔宋〕朱熹：《四书章句集注》，北京：中华书局2011年版，第139页。
③ 〔宋〕朱熹：《四书章句集注》，北京：中华书局2011年版，第155页。
④ 〔宋〕朱熹：《四书章句集注》，北京：中华书局2011年版，第58页。
⑤ 〔宋〕朱熹：《四书章句集注》，北京：中华书局2011年版，第54页。
⑥ 〔宋〕朱熹：《四书章句集注》，北京：中华书局2011年版，第155页。
⑦ 〔宋〕朱熹：《四书章句集注》，北京：中华书局2011年版，第181页。
⑧ 〔宋〕朱熹：《四书章句集注》，北京：中华书局2011年版，第181页。
⑨ 〔宋〕朱熹：《四书章句集注》，北京：中华书局2011年版，第78页。
⑩ 〔宋〕朱熹：《四书章句集注》，北京：中华书局2011年版，第176页。
⑪ 〔宋〕朱熹：《四书章句集注》，北京：中华书局2011年版，第88页。
⑫ 〔宋〕朱熹：《四书章句集注》，北京：中华书局2011年版，第95页。
⑬ 〔宋〕朱熹：《四书章句集注》，北京：中华书局2011年版，第58页。
⑭ 〔宋〕朱熹：《四书章句集注》，北京：中华书局2011年版，第50页。
⑮ 〔宋〕朱熹：《四书章句集注》，北京：中华书局2011年版，第149页。
⑯ 〔宋〕朱熹：《四书章句集注》，北京：中华书局2011年版，第125页。

"君子耻其言而过其行"①。第三，通过实践以培养君子人格，"学而时习之，不亦说乎"②。"文，莫吾犹人也。躬行君子，则吾未之有得。"③当然，孔子视野中的"行"主要不是指生产劳动，而是指个人的日常活动，关注洒扫应对、进退酬酢等事。正是从这些细微之处历练和展示道德原则的深远广大，从而实现大道与生活的沟通与融合。

二、传统君子人格的历史局限与当代出路

孔子关于君子人格的思想，虽博大精深，但至少有三方面的历史局限性。

第一，君子人格的培养把人民群众特别是体力劳动者排斥在外。孔子认为，"生而知之者，上也；学而知之者，次也；困而学之，又其次也；困而不学，民斯为下矣"④。"唯上知与下愚不移。"⑤"民可使由之，不可使知之。"⑥可见，他把人分为三类：一是生而知之者（圣人）；二是学而知之者（可以成君子）；三是下愚不移者（小人，百姓）。他认为，第三类人是无法教育培养的，不可能成为君子。由此可见，孔子所谓的君子无疑是属于统治阶级的杰出人物，劳动者当然不在君子之列，所以君子具有明显的阶级烙印和时代局限性。

第二，不重视对生产劳动等社会实践在君子人格培养中的重大意义。"樊迟请学稼。……子曰：'小人哉，樊须也！上好礼，则民莫敢不敬；上好义，则民莫敢不服；上好信，则民莫敢不用情。夫如是，则四方之民襁负其子而至矣，焉用稼？'"⑦孔子认为这是小人做的事情，不是君子应该去做的事。隐者讽刺孔子是"四体不勤，五谷不分"⑧，也说明了孔子不

---

① 〔宋〕朱熹：《四书章句集注》，北京：中华书局2011年版，第146页。
② 〔宋〕朱熹：《四书章句集注》，北京：中华书局2011年版，第49页。
③ 〔宋〕朱熹：《四书章句集注》，北京：中华书局2011年版，第97页。
④ 〔宋〕朱熹：《四书章句集注》，北京：中华书局2011年版，第161页。
⑤ 〔宋〕朱熹：《四书章句集注》，北京：中华书局2011年版，第164页。
⑥ 〔宋〕朱熹：《四书章句集注》，北京：中华书局2011年版，第101页。
⑦ 〔宋〕朱熹：《四书章句集注》，北京：中华书局2011年版，第134—135页。
⑧ 〔宋〕朱熹：《四书章句集注》，北京：中华书局2011年版，第172页。

重视以生产劳动为主要内容的社会实践，更谈不上重视社会实践在君子人格培养中的作用和价值了。

第三，君子人格的成长过程没有具体阐发。《论语》中有很多地方都谈到了君子人格的丰富内涵和基本特征，但是，对于成长为君子的具体步骤探讨较少。这种语录式的阐述，集中体现了悟性主义的思维模式。这种思维模式，既兼有感性和理性特点，又具有以对认识对象直觉洞察和辩证领悟，从而努力达到对客观世界的认识。这种悟性主义，集中反映了中华民族精神的思维特征，区别于西方主客分立的思维特点，是一种"天人合一"的思维逻辑，既有其正确和合理的因素，又有其内在局限性而导致主观主义和虚妄思辨。我们当然不能苛求古人，但也不能就此而停滞不前，应该努力探讨新时代君子人格培养的现实途径和科学方法。

超越传统君子人格的历史局限性，实现其向现时代的转化与创新，需要立足当今时代特点，面临社会发展需要，以马克思主义关于人的自由全面发展思想为指导，赋予君子人格崭新时代内涵。

第一，应该根据时代发展的特点和社会进步的需要，批判继承我国传统文化视野中"君子"所具有的优秀品格。如建立诚实守信的经济秩序既是市场经济面临的一个紧迫任务，也是促进经济社会全面协调可持续发展的客观需要。应该继承君子人格的"信"的优秀品格，"人而无信，不知其可也。"① 在当代社会，培养君子人格，就应该把诚实守信作为高尚的人生追求、永恒的行为品质、立身处世的根本准则，努力成为诚实守信的模范，引领整个社会形成诚实守信的良好风尚，促进社会主义市场经济的进一步发展和完善。

第二，应该注重自我修养和实践，从自身做起，从小事做起。在当前浮躁的社会环境中，应该像孔子视野中具有理想人格的君子那样，努力做到不怨天尤人，"不患人之不己知，患其不能也"②。要做到不怨天尤人，必须注重自我修养和素质能力的提升，"君子病无能焉，不病人之不己知

① 〔宋〕朱熹：《四书章句集注》，北京：中华书局 2011 年版，第 60 页。
② 〔宋〕朱熹：《四书章句集注》，北京：中华书局 2011 年版，第 147 页。

也"①。提升了内在的修为，也就不会为所谓的社会名利而困惑，"不患无位，患所以立。不患莫己知，求为可知也。"②

第三，把君子人格的培养与我国教育方针紧密结合起来，培养德智体美全面发展的社会主义建设者和接班人。在我国的教育方针中，"教育为社会主义现代化建设服务，为人民服务"，回答了"为什么培养人"的问题；"与生产劳动和社会实践相结合"，指出了培养人的基本途径；"培养德智体美劳全面发展的社会主义建设者和接班人"，回答了"培养什么人"的问题。这一教育方针，弥补了我国传统文化中君子人格培养的不足，能够有效推进现实社会需要的君子人格的培养。

第四，坚持马克思主义关于人的自由全面发展的基本理论，指导新时代君子人格的培养。人民群众是历史的创造者，也应该是社会进步成果的享有者，能够成为君子。所以，应该把君子人格的培养扩展到全体人民群众，使人人都可以、也可能成为现实社会需要的君子。人民群众必须自己解放自己，而不是依靠上帝和救世主；人民群众必须通过社会的全面发展才能实现个体的自由全面发展。所以，不论是君子人格的培养，还是人的自由全面发展，都不能仅仅依靠所谓的自我内在修养和纯粹的理论学习，必须依靠社会变革和生产劳动实践。

三、担当民族复兴大任的时代新人
是君子人格的当代新内涵

中国特色社会主义进入新时代之后，我们党提出培养担当民族复兴大任的时代新人，对于实现中华民族伟大复兴具有重要而深远的意义。党的十九大报告指出："青年一代有理想、有本领、有担当，国家就有前途，民族就有希望。"③这既是对广大青年的总要求，也是对时代新人的总要求。培养担当民族复兴大任的时代新人，具有丰富的理论内涵，既是指要

① 〔宋〕朱熹：《四书章句集注》，北京：中华书局2011年版，第155页。
② 〔宋〕朱熹：《四书章句集注》，北京：中华书局2011年版，第71页。
③ 《党的十九大报告辅导读本》，北京：人民出版社2017年版，第69页。

大力培养新时代的好干部，也是指培养青少年成为社会主义建设者和接班人，还包括一切积极投身到社会主义伟大事业当中来的建设者和劳动者。这，应该是君子人格在当今世界的时代新内涵。

以时代新人为主要内涵的君子人格应该具有坚定的理想信念。奋斗的动力来自崇高的理想信念，崇高的理想信念源自对科学真理的深刻认识。这个科学真理就是马克思主义，因此，要全面掌握辩证唯物主义和历史唯物主义的世界观和方法论，深刻认识实现共产主义是由一个一个阶段性目标逐步达成的历史过程，把共产主义远大理想同中国特色社会主义共同理想统一起来、同我们正在做的事情统一起来，为共产主义奋斗终身。对于青少年来讲，唯有理想远大、信念坚定，才能在历史的发展纵轴中找准定位，明确自身承担的时代责任和历史使命，将个人的发展和国家民族的前途命运紧密相连，将个人理想和国家富强、世界发展融为一体，肩负起实现中华民族伟大复兴的时代重任。

以时代新人为主要内涵的君子人格应该有真本领。社会主义是干出来的。绘就中华民族伟大复兴的宏伟蓝图，必须依靠各种人才的奋勇开拓、扎实苦干。于实处用力，从知行合一上下功夫，把社会主义核心价值观内化为人们的精神追求，外化为人们的自觉行动。广大青年要努力求真学问，练真本领。在学习阶段一定要把基石打深、打牢。学习就必须求真学问，求真理、悟道理、明事理，不能满足于碎片化的信息、快餐化的知识。要通过学习知识，掌握事物发展规律，通晓天下道理，丰富学识，增长见识。

以时代新人为主要内涵的君子人格应该有担当精神。实现中华民族伟大复兴，我们面临难得机遇，具备坚实基础，拥有无比信心，但是，前进的道路从来不会是一片坦途，我们必然会面临各种重大挑战、重大风险、重大阻力、重大矛盾，必须进行具有许多新的历史特点的伟大斗争。使命重在担当。对于广大青少年来讲，身处历史发展的重要战略期，面临前所未有的困难和挑战，民族复兴的历史大任更需要时代新人以锲而不舍的进取精神、驰而不息的奋斗力量、坚定执着的担当意识和坚信幸福是奋斗出来的观念奋勇前行，中华民族伟大复兴终将在一代又一代新人接力奋斗中变为现实。

那么，应该如何培育德智体美劳全面发展的社会主义建设者和接班人，肩负起民族复兴大任的时代新人呢？在全国教育大会上，习近平总书记指出："要在坚定理想信念上下功夫，教育引导学生树立共产主义远大理想和中国特色社会主义共同理想，增强学生的中国特色社会主义道路自信、理论自信、制度自信、文化自信，立志肩负起民族复兴的时代重任。要在厚植爱国主义情怀上下功夫，让爱国主义精神在学生心中牢牢扎根，教育引导学生热爱和拥护中国共产党，立志听党话、跟党走，立志扎根人民、奉献国家。要在加强品德修养上下功夫，教育引导学生培育和践行社会主义核心价值观，踏踏实实修好品德，成为有大爱大德大情怀的人。要在增长知识见识上下功夫，教育引导学生珍惜学习时光，心无旁骛求知问学，增长见识，丰富学识，沿着求真理、悟道理、明事理的方向前进。要在培养奋斗精神上下功夫，教育引导学生树立高远志向，历练敢于担当、不懈奋斗的精神，具有勇于奋斗的精神状态、乐观向上的人生态度，做到刚健有为、自强不息。要在增强综合素质上下功夫，教育引导学生培养综合能力，培养创新思维。"[1] 这"六个下功夫"指明了培育担当民族复兴大任时代新人的根本途径与方法。同时，他还特别强调："要树立健康第一的教育理念，开齐开足体育课，帮助学生在体育锻炼中享受乐趣、增强体质、健全人格、锤炼意志。要全面加强和改进学校美育，坚持以美育人、以文化人，提高学生审美和人文素养。要在学生中弘扬劳动精神，教育引导学生崇尚劳动、尊重劳动，懂得劳动最光荣、劳动最崇高、劳动最伟大、劳动最美丽的道理，长大后能够辛勤劳动、诚实劳动、创造性劳动。"[2] 这一重要论述，进一步明确了当前培育时代新人的工作重点。

对于广大人民群众来讲，成为时代新内涵的君子，还应当有着新的精神风貌和姿态。应该具有坚定的自信，作为中华儿女、炎黄子孙应该感到骄傲和自豪，作为新时代中国人应该有骨气和底气，自觉地增强道路自信、理论自信、制度自信、文化自信，进而对实现"两个一百年"奋斗目

---

① 习近平：《坚持中国特色社会主义教育发展道路 培养德智体美劳全面发展的社会主义建设者和接班人》，《人民日报》，2018 年 9 月 11 日。

② 习近平：《坚持中国特色社会主义教育发展道路 培养德智体美劳全面发展的社会主义建设者和接班人》，《人民日报》，2018 年 9 月 11 日。

标、实现中华民族伟大复兴中国梦充满信心。应该具有高尚的道德情操，继承中华传统美德、弘扬社会主义道德、践行社会主义核心价值观，具有正确的道德判断、善良的道德情感和自觉的道德实践；应该具备积极的奉献精神，主动担当民族复兴的历史责任，在尽责集体、服务社会、贡献国家中实现自身的价值。应该具有脚踏实地平方米实干意识，坚持实践第一、知行合一，求实务实、有为善为，用勤劳的双手创造美好生活。应该具有与时俱进的进取思想，始终保持昂扬向上的思想状态，富有求新求变的朝气锐气，实事求是的科学精神，为实现中华民族伟大复兴不懈奋斗。

文化遗产与时代发展同行

——以恭王府的保护与利用为例

孙旭光*

【摘要】恭王府博物馆作为全国重点文物保护单位和国家一级博物馆，是非物质文化遗产展示与保护的重要基地，是集文物保护、旅游开放、博物馆业务建设、优秀传统文化展示、文化产业发展五大职能为一体的综合性公共文化机构。近年来，恭王府博物馆践行"和恭仁文"的文化理念，在文物修缮保护、拓宽馆藏渠道、王府文化研究、构建展览格局、开展公共服务、强化品牌理念、加强对外交流等方面不断探索实践，为传播中华优秀传统文化发挥了积极作用。

【关键词】恭王府　博物馆建设　文物保护　旅游开发　文化传播

恭王府博物馆隶属于中华人民共和国文化和旅游部，是集文物保护、旅游开放、博物馆建设、文化空间营造、文化产业开发等职能为一体的综合性公共文化机构。1982 年列入全国重点文物保护单位，2012 年晋级国家 5A 级旅游景区，2017 年被评为国家一级博物馆。

作为北京保存最为完整且唯一对社会开放的清代王府，恭王府已经历了 240 余年的风雨沧桑。自 1978 年启动搬迁腾退到 2008 年迎来全面开放，恭王府人用 30 年的努力实现了周恩来总理的遗愿。尤其是近年来，恭王府博物馆深入挖掘在历史、文化、旅游、民俗四方面的资源和潜力，

* 孙旭光，文化和旅游部恭王府博物馆原馆长、研究员。

打造出极具特色的"四张名片"：分别是以恭亲王奕䜣为代表的清代王府文化所体现的历史牌，以《红楼梦》与恭王府关系为核心的文化牌，以和珅一生传奇经历为背景的旅游牌，以"福文化"为核心的民俗牌。自2008年全面开放至2018年底，恭王府累计接待游客3300余万人次，其中散客接待人数逐年递增，体现出其影响力和知名度明显提升，已成为越来越多来到北京的游客的必选景区，逐渐成为海内外知名的文化新地标。

全面开放以后的恭王府博物馆，提出并践行"和恭仁文"的文化理念，不断提升管理、服务、业务、经营能力，形成了"以事业带动产业发展，以产业促进事业繁荣"的发展模式，从过去单一的旅游经营、古建修缮转向以业务建设和公共服务为核心的全面事业发展。

一、文物修缮保护工作奠定开放基础

1978年，恭王府启动了花园搬迁腾退和修缮保护工作。本着边搬迁边修复，循序渐进的复建原则，先后迁出了占用花园的200多户居民、10个单位。于1988年府实现了花园部分对社会开放。

2005年，恭王府启动了府邸文物保护修缮工作。确定了将恭王府按照清代同治、光绪年间恭王府最兴盛时期的历史原貌进行恢复性修缮，在此时期之前的，有重要价值的历史信息要保留下来。还确定了"有原始根据的按原始根据修缮；没有原始根据的，按最接近的历史根据进行修缮；既无原始根据，又无历史根据的，在专家指导下进行修缮；专家也吃不准的，按现状进行保护性修缮"的古建修缮原则。

在修缮过程中，坚持采用传统建筑材料、传统建造工艺和技法。严格遵守"不改变文物原状"的原则，按照原形制、原结构，如实地保护不同历史阶段的历史信息，使各时期的历史信息具有可识别性。府邸修缮工程总面积达12600平方米，其中古建修缮面积约9800平方米，复建古建筑2200平方米，老彩绘保护面积约700余平方米，新绘彩画面积9300平方米，绿化面积约6000余平方米。

2008年，恭王府府邸修缮工程全面竣工，府邸和花园终于形成了整体景观，实现了全面开放。

二、拓宽藏品征集渠道，不断丰富馆藏，特色藏品渐成体系

针对全面开放之初无物可展的窘境，藏品征集工作以不断拓宽信息和征集渠道为突破，积极寻访流失文物，重点征集与"王府文化"相关以及能够满足展览需要的文物和艺术品。同时，合理利用向国家财政争取来的文物征集专项资金，并辅以自筹资金。2008 年至 2013 年底，已自筹 4150 万元用于征集文物藏品。

2008 年至今，已逐渐形成了由文物、文献、当代艺术品和民俗艺术品构成的藏品体系。尤其是通过定向征集，使恭王府的馆藏在古典家具、古砚、皮影等方面独具特色。特别是在 2013 年，接收了北京海关无偿划拨的 10393 件罚没文物艺术品，极大丰富了馆藏，为研究和陈列提供了坚实基础。还接收了由周汝昌子女无偿捐赠的周先生全部文字性遗物和收藏。其中包括各个时期不同版本的《红楼梦》、书法手迹、与胡适、张伯驹等文化名人交往的信札、文玩收藏等，使恭王府成为红学研究和近代文化史研究的重要基地。

目前，恭王府的藏品总数已达 53541 件（套）。其中，文物藏品 11148 件（套），包括字画 100 件、器物 345 件、老家具 495 件、拓片 380 种、古籍 135 种 694 册（张）、老唐卡 14 件、贝叶经 100 部、皮影 9020 件。民俗藏品和现当代艺术品 2000 件，包括字画 918 件、器物 26 件套、唐卡 61 件、瓷器 79 件、紫砂壶 100 件等。文献 30000 余件（册）。以及北京海关划拨的 10393 件文物艺术品。

三、搭建"王府文化"研究、发展平台，博物馆建设初具规模

率先提出了"王府文化"的概念，并将其作为清史的一个领域来研究。明确了把恭王府建设成为"王府文化"的研究和展示中心，王府文物和王府文献的收藏中心的总体目标。

搜集、整理恭王府和其他京城王府密切相关的资料、照片。出版了《老照片中的大清王府》《恭王府明清家具集萃》《清宫恭王府档案总汇——奕䜣秘档》《清宫恭王府档案总汇——和珅秘档》《清宫恭王府档案总汇——永璘秘档》《清代王府资料汇编》《清代王府文化研究文集》《恭王府与溥心畬》等专著及论文集30余部（套），出版、印刷图录108种，发表论文203篇。

持续推动以《红楼梦》与恭王府渊源为代表的众多传统文化的研究，不断丰富"王府文化"的内容和内涵。举办首届"王府文化国际学术研讨会"、第一届"清宫史研讨会"以及"纪念伟大作家曹雪芹逝世二百五十周年大会暨学术研讨会"。

四、树立"精、雅、文"的办展理念，形成交相辉映的展览格局，王府文化内涵更加丰富

从展览空间的规划和布局入手，明确了府邸集中举办各类展览，花园注重园林布局的整饬和环境营造的展示格局，并划分出观众缓冲区、游览过渡区、展览展示区、休闲服务区、体验互动区、接待服务区等12个展览区域，为游客了解王府文化、观光休闲提供了空间和场所。

确立了基本陈列、专题展览、复原陈列、原状陈列、准复原陈列、临时展览、特展等不同类型展览互为补充、交相辉映的展陈思路。明确了以王府生活场景、王府文化、恭王府历史人物展示为主体，红楼梦、福文化、家具、老照片展览为辅助，书画、文献、文物、图片、艺术品、园林艺术展览为补充，对外交流展览为纽带，增加收藏，挖掘资源的展览原则。形成了贯穿府邸花园的王府文化观览线。

"恭王府艺术系列展"的场次与质量逐年递增，通过展示传统、现代等多种艺术形式，不断提升文化内涵和品位。

五、文化、公教活动丰富多彩，文化空间氛围愈加浓厚

通过举办"恭王府里过小年""到王府过大年""二月二龙抬头""春

分祈福""海棠雅集""非遗演出季""端午诗会""中秋寄唱""梅香雅
韵"等贯穿全年、四季不断的系列文化、民俗活动，使恭王府逐渐成为展
示、传播中华优秀传统文化和技艺的载体和平台。"海棠雅集"已连续举
办四届，社会影响逐年递增，吸引了一批中青年诗人参与其中。时任国务
院副总理马凯同志每届"海棠雅集"都会专门发来贺信并寄诗作两首。

2014年3月起举办的"园林之光"活动，将成为每年中国与波兰、
俄罗斯、法国、德国同时举办的特色文化活动，并推动彼此的合作与交流
走向深入。

建立起一支优秀的志愿者队伍，2008年至今已累计注册340人。志愿
者们日常负责展厅讲解，节假日为广大游客、周边居民和共建单位开展讲
座等公益活动。还在每周末免费演出自编自演的历史情景剧《恭王府的主
人们》和《和珅奉膳巧荐红楼梦》。特别设立了残疾人接待日，强化了对
残疾人、老年人等群体的一对一服务，受到各界的普遍好评。特制了我国
第一本盲文导览图——《恭王府盲文导览图》，让视障人士能够用手触摸
历史，用心感知文化，受到了联合国秘书长潘基文夫人潘淳泽的高度
评价。

六、强化品牌理念，完善服务模式，
注重打造符合大众需求和市场规律的产业平台

在特色产品开发方面，加大了对富含王府元素、"福文化"特质的文
化产品的开发。通过举办"恭王府文化旅游商品设计大赛"，丰富了旅游
文化纪念品的种类。目前，恭王府的旅游纪念品种类已发展到近千种，并
取得了较好的销售业绩。

在丰富参观旅游内容方面，相继推出品茶、字画销售、古玩销售等个
性化的文化休闲服务项目，设立了龙王庙"请福牌""王府画廊"、展示
销售恭王府书画旧藏复制品等项目，专设了"非遗长廊"，尝试性地增设
了"王府茗园休闲区"项目，在丰富游览内容的同时，展示、传播了中华
民族优秀的传统文化和民俗文化，受到了广大游客的欢迎。

在旅游管理方面，通过实施团体预约制度，形成了团体电话预订、系

统开单、门票销售等一整套规范的程序，较好地缓解了旅游高峰期的压力。探索推出新的导游销售业绩奖励办法，有效调动了旅行社的客源优势和导游销售的积极性，形成了恭王府产业发展和旅游市场双赢双收的良性发展态势，开创了北京旅游景区的先河。

在旅游接待方面，提出"重视散客接待的服务质量与提升经济效益并举"的经营举措，在高端游客中实行全程专人讲解、体验式导览的活动内容，并在服务中开展引导式消费，为那些对恭王府历史文化感兴趣的游客群体推荐最能体现恭王府特色、品位价值较高的文化纪念品，满足了高端散客的消费需求，弥补了系列游服务项目的局限性。

在知识产权和无形资产保护方面，坚持合理开发、适度利用，有序开展恭王府及相关品牌、名称的商标注册工作。现已获批保护性注册商标138项，涵盖服装、饮料、艺术品、出版物、文房用品、演出、旅游等众多门类，为恭王府无形资产的保护、进一步的经营开发提供了有力保障。

七、加强对外交流，拓展合作渠道，积极推动中华传统文化和王府文化走出国门

恭王府博物馆积极参加国际性学术交流，从不同角度介绍恭王府在博物馆建设、公共文化空间营造、推动文化遗产保护等方面的做法和经验。通过形象宣传图片展、历史文物和场景再现展、旅游文化推介展三种形式，先后在德国首都柏林、丹麦腓特烈堡国家历史博物馆、智利首都圣地亚哥、波兰首都华沙皇家瓦津基博物馆内的"中国大道"举办了特色鲜明的系列展览，受到了当地观众及海外众多媒体的普遍好评。

近年来，恭王府博物馆先后应邀参加了"国际博物馆与肖像艺术馆馆长论坛""园林之光"合作论坛、"中欧文化对话"论坛、"中非博物馆馆长论坛""两岸创意产业合作论坛"等，并成为第五届国际肖像大赛和肖像展中国地区的主办方。在北京成功举办了"恭王府论坛——中欧王府与古堡遗址博物馆发展之道"，并与来自欧洲11个国家的17家王宫与古堡博物馆，以及中国9家知名历史文化遗址的代表签署了《中国明清王府博物馆与欧洲王宫古堡博物馆关于合作开展文化遗产保护和旅游开发的合作

意向书》。此外，还与波兰瓦津基博物馆签署长期合作协议，承担在波兰最后一个皇家园林修建"中国园"的设计和承建工作，该项目由中国工匠采用中国传统建筑工艺、材料和样式修建，是一个在海外宣传中国文化，展示中国古建艺术的窗口和平台。

在文化传播方面，恭王府博物馆奉行"引进来，走出去"原则，努力打造灵动"活态文化空间"，逐渐树立"精、雅、文"特色，形成文物、艺术、非遗、影响、园艺五大展览类别，根据展览形式、受众、效果、方向探索出动静结合的展览模式，承办推出了元旦欣唱、海棠雅集、中秋寄场、梅香雅韵等品牌文化活动，持续开展"中国园"和"园林之光"等国际合作项目。从社会公众到专家学者，从国内到国外，恭王府博物馆以"和恭仁文"的文化理念为核心，为传播中华优秀传统文化发挥了积极作用。

国际主流媒体视域下
"智慧北京" 建设的神与形[*]

高金萍^{**}

【摘要】 本文从智慧城市的三大核心要素（技术、体制及人）以及六大主题入手，对2017年度国外50家主流媒体及十大国际通讯社关于北京的报道进行了分析。从国际主流媒体报道角度来看，外媒对北京的城市建设总体是认可的，外媒点赞北京成为世界各国交流集会的中心，呼吁北京进一步开放市场、激发产业发展活力。当前，推动智慧北京建设需尽快加强对智慧公众的培育。

【关键词】 智慧北京　2017年度外媒报道　北京舆情

　　"智慧城市"指以一种更智慧的方式通过物联网、云计算等为核心的新一代信息技术改变政府、企业和人们交往，从而对民生、环保、公共安全、城市服务、工商业活动等各种需求快速、智能响应，提高城市运行效率，为居民创造更美好的生活。① 这一概念的提出已有十年，2008年11月，IBM首席执行官彭明盛在美国智库外交关系委员会的发言中提出IBM

---

　　* 本文系北京市社会科学重点研究基地重点项目"西方主流媒体涉华政治话语研究"和国家社科重大项目"冷战后全球主流媒体意识形态演变与人类命运共同体理念引领国际舆论对策研究"的阶段性成果。

　　** 高金萍，北京外国语大学国际新闻与传播学院教授、博导。研究方向为新闻理论、比较新闻学、外媒舆情分析。

① 张鑫洋：《北京"智慧城市"评价指标体系研究》，《中国外资》，2012年第10期，162—163。

"智慧星球"计划，该计划的核心即"智慧城市"。此后，新加坡、韩国、欧盟各国先后启动"智慧城市"（或"智慧国"计划），中国多个城市也由建设"数字城市"逐步转向"智慧城市"。截止2017年，中国已有500多个城市启动智慧城市试点。北京作为中国信息化程度最高的城市之一，于2012年开始"数字北京"建设，其智慧程度在提升城市综合实力及国际竞争力方面都发挥着举足轻重的作用。维也纳理工大学区域科学中心团队曾对欧盟28个国家、人口超过10万的468个城市进行了城市智慧化的深入调研，研究团队提出了"智慧城市"的三大要素（制度、技术以及人）以及六大发展主题（智慧治理、智慧经济、智慧移动、智慧环境、智慧公众和智慧生活）。[①] 如果把智慧城市视为一个形神兼备、神形一体的人，三大要素（制度、技术和人）就是贯穿其中的"神"，而六大发展主题则是智慧城市的外在体现——"形"。从"智慧城市"的神韵与形象角度来看，"智慧北京"在哪些领域对于中国"智慧城市"建设具有示范意义？"智慧北京"建设还有哪些亟待突破的瓶颈？未来"智慧北京"可从哪些方面着手，深化其"聚合效应"？这些问题是引领"智慧北京"建设持续发展的秉要执本。

"智慧北京"之神：制度、技术和人的发展

2012年3月，北京市政府依据《国民经济与社会发展第十二个五年规划纲要》和《"十二五"时期城市信息化及重大信息基础设施建设规划》中"智慧城市"建设中长期发展目标，制定发布了《智慧北京行动纲要（2011—2015）》。这一纲要直面北京城市发展中出现的一系列"城市病"，提出通过"八大行动计划"[②] 提升北京的城市综合实力和国际竞争力，以"普及城市运行、市民生活、企业运营和政府服务等领域的智慧

---

① 刘杨、龚烁、刘晋媛：《欧美智慧城市最新实践与参考》，《上海城市规划》2018年第1期。

② "八大行动计划"指：城市智能运行行动计划、市民数字生活行动计划、企业网络运营行动计划、政府整合服务行动计划、信息基础设施提升行动计划、智慧共用平台建设行动计划、应用与产业对接行动计划、发展环境创新行动计划。参见《智慧北京行动纲要》（京政发〔2012〕7号文件）。

应用为突破点，全面提升经济社会信息化应用水平，推动北京加快迈向信息社会"。"十三五"以来，北京市政府发布《北京市"十三五"时期信息化发展规划》，明确"以建设新型'智慧北京'为主线，以完善信息基础设施、构建信息惠民体系、推进城市智慧管理、培育融合创新生态为重点，全面推进大数据、物联网、云计算等新一代信息技术在民生服务、城市治理、产业升级等重点领域的深度融合和创新应用，为建设国际一流的和谐宜居之都提供有力支撑"。

根据《"十三五"时期北京市信息化发展规划（2016—2020 年)》，"智慧北京"的建设目标是："到 2020 年，信息化成为北京市经济社会各领域融合创新、升级发展的新引擎和小康社会建设的助推器，北京成为互联网创新中心、信息化工业化融合创新中心、大数据综合试验区和智慧城市建设示范区。"随着北京市流动人口、常住人口的增加，机动车保有量持续高速增长，交通拥堵、资源短缺、环境污染、景区超载等一系列"城市病"对北京城市发展的阻滞作用越来越明显。如何利用智能科技的互联和高效，依赖 IT 基础和数据资源，在解决北京各类"城市病"的同时，大力提升城市服务保障能力，促动产业融合创新发展，带动城市管理水平迅速上升，进入国内领先、国际先进阶段，这是建设"智慧北京"的现实目标。

从国内权威机构评价来看，"智慧北京"在全国智慧城市建设中排名靠前。2018 年 1 月由国家发展和改革委主管的中国信息协会专家委员会指导发布的《新型智慧城市惠民服务评价指数报告（2017)》评价结果显示，2017 年新型智慧城市"惠民服务优秀城市"副省级及以上的城市前三名为：杭州、宁波、北京。[①]

从国际主流媒体对"智慧北京"的报道来看，国际社会对"智慧北京"是认可的。2017 年 7 月 31 日新加坡海峡时报、8 月 2 日俄罗斯卫星通讯社均以《北京是中国的"最智慧城市"》为题，报道了由法国咨询公司益普索、中国人民大学重阳金融研究所和腾讯公司联合发布的一份关于

---

① 光明网：《新型智慧城市惠民服务评价指数报告 2017》，https：//baijiahao. baidu. com/s？id = 1589819470498622119&wfr = spider&for = pc ，2018 年 8 月 12 日。

无现金社会的报告，该报告称北京是中国"最智慧"的城市。这份报告通过对中国 324 个城市、6500 余名居民使用移动支付的情况进行了调查，通过多个指标评价"智慧城市"的水平，包括交通、教育、购物和食品配送等。

北京市政府从制度入手，把方向、管大局、保落实，塑造了"智慧北京"建设的神韵。制度建设推动了技术进步，制度和技术的最终目的是服务智慧公众。根据《关于北京市 2017 年国民经济和社会发展计划执行情况与 2018 年国民经济和社会发展计划的报告》，2012 年至 2017 年，"智慧北京"建设取得一系列进展，具体体现在四个方面：产业融合创新不断涌现；贴近市民生活消费需求；交通治堵工作取得显著成效；社会保障能力稳步增强。

"智慧北京"之形：六大发展主题的呈现

本研究使用道琼斯公司旗下的全球新闻及商业数据库 Factiva，以国外 50 家主流媒体和十大国际大通讯社为信息来源，以国际通用语言英语为检索语言，以新闻标题和导语中至少出现三次"北京"为检索限制，进行全数据库检索。自 2017 年 1 月 1 日至 12 月 31 日，国外主流媒体及四大通讯社共发布 8507 条关于北京的报道，比 2016 年报道（8264 条）同比上升了 2.94%。2017 年国外主流媒体关于北京的报道全年平稳，全年报道量最多的是 3 月（共 931 条），涉及主题包括北京空气污染和北京的交通变化；报道量最少的是 2 月（共 501 条）。此外，"一带一路"国际合作高峰论坛在京召开、百度首席执行官李彦宏乘坐无人驾驶汽车上五环等主题，也颇受外媒关注。

以"智慧城市"三大要素贯穿其中的六大发展主题，是衡量一个智慧城市的基本指标，本研究通过六大发展主题勾勒"智慧北京"的大致样貌，以此揭秘"智慧北京"之形。

其一，智慧治理。智慧治理指以大数据为基础，通过信息通信技术（ICT 技术）完成城市的整体管理，通过公众个体与政府机构的相互联系与相关服务，让城市作为一个有机体高效运行。本文从涉及北京"城市病"的突出问题解析其智慧治理,如环境污染、交通拥堵、社会安全等。以环境污染治理为例,政府运用通信技术加强对环境污染的科学监测和预警,精准施策,谋求实现现代化城市治理。

外媒关注北京制定多项方案,整体谋划改善空气质量。3月28日印报托以《北京计划到2030年达到空气质量标准》为题,报道《北京城市总体规划(2016—2035年)》,认为这一规划近到2035年、远至2050年,政府部门将使用更加严格的环境标准。3月24日纽约时报网站报道《北京拟在周边种植"绿色项链"以对抗雾霾》,称中国官员尝试通过局部改善的方式解决长期存在的空气污染问题。9月21日路透社报道《北京市政府通过互联网发布冬季工程禁令》,作为防尘措施的一部分,计划11月15日至下年3月15日将在六城区和周边郊区禁止道路、水利等工程项目及房屋的拆除等。外媒关注北京政府管理部门使用信息通信技术,以提高环境治理的精准预测和科学监测。3月1日印报托报道《北京的雾霾指数下降了30个点,但人们仍然表示担忧》,中国科学院研究人员发布了关于烟雾的成因、预警、预测和监测以及洁净煤技术的卫星数据,遥感卫星数据证明北京在控制烟雾方面确实取得了进展。5月16日路透社报道《今年前4个月华北主要地区的雾霾加重》,尽管北京出台了严厉的新举措,但是根据官方数据显示,前四个月北京周边华北地区的空气污染状况持续恶化。

其二,智慧经济。智慧经济主要指借力电子商务提高生产效率,并基于ICT技术促进运输服务业、信息通信技术的革新等。一方面,北京政府着力推动产业升级和产业格局调整,推动节能环保产业的发展。另一方面,也加强对智能技术使用的管理,防范利用网络科技和智能技术犯罪。

3月6日路透社报道《北汽新能源汽车将于2018年上市》,称中国大力推广电池电动和插入式混合动力汽车并推动其技术创新,以减少严重的城市雾霾。7月6日华尔街日报《百度在京试行无人驾驶——首席执行官李彦宏乘坐自动驾驶汽车参加人工智能大会,违反道路规则》,称周三百度首席执行官李彦宏乘坐该公司的自动驾驶汽车,赴国家会议中心参加百度人工智能开发人员会议。但是,国内尚没有关于智能汽车上路行驶的有关规定。7月27日俄罗斯卫星通讯社、美联社报道《北京警方逮捕9个恶意软件制作者》，北京警方称："作为国际网络社会的一员，中国致力于打击此类犯罪。"

其三，智慧移动。智慧移动主要指 ICT 技术支持下的综合交通和物流运输系统。例如，可持续、安全互通的交通系统以及可视化实时系统等。智慧移动倡导绿色交通方式，以及良好实时的公众服务。随着移动互联网的快速发展，以摩拜为首的共享单车应运而生，作为一种新型环保共享经济，共享单车发展迅猛，并入选 2017 年民生热词榜。2017 年 8 月 3 日，交通运输部等 10 部门联合发布《关于鼓励和规范互联网租赁自行车发展的指导意见》，明确规范停车点和推广电子围栏等，并提出共享单车平台要提升线上线下服务能力。

多家外媒关注北京共享单车让"自行车王国"盛景再现。3 月 25 日悉尼先驱晨报报道《北京支持自行车的共享精神》，称在北京取消自行车税和注册规则 13 年后，自行车突然卷土重来。9 月 1 日华盛顿邮报《中国向世界出口自行车革命》，称目前北京拥有 70 万共享自行车和 1100 万注册用户，几乎是首都人口的一半。价值数十亿美元的自行车共享革命已经改变了中国各地城市的景观。

外媒关注共享单车的规范问题。9 月 3 日纽约时报网站《当共享单车带来坏行为，中国问我们有什么错?》，称在交通拥堵的中国，许多城市共享单车的供应远超需求，给人行道、公交车站和交叉路口带来混乱，过度竞争正在毁坏一件好事。9 月 7 日印报托、《海峡时报》报道《北京街头叫停新的共享单车》，援引北京市交通委员会一位发言人说，委员会计划出台一项指导方针，以更好地规范共享单车，地区一级的交通管理部门应加强对自行车停放的监管。10 月 14 日《印度时报》报道《北京修建自行车专用道给骑行一线生机》，称北京到 2020 年，北京计划建设 3200 公里的行人和自行车专用道，自行车专用道将有配套设施，包括照明设备、垃圾箱和售卖轮胎的自动售货机。共享经济在中国多个领域的发展吸引外媒关注。8 月 19 日《华盛顿邮报》载文《在中国，请与我共享付费雨伞》，称中国的风险投资家们疯狂投入共享经济，为共享洗衣机、共享篮球和共享雨伞等公司提供资金。政府已投入资金，培育本土科技公司，并将其他公司拒之门外。据估计，到 2020 年，共享经济将占中国国内生产总值的 10%。

以 ICT 技术为支持、以燎原烈火之势迅速发展的共享经济,在 2017 年蓬勃发展,其优势与弊端也充分显现。政府及时干预,引导共享经济产业向着良性方向发展。外媒及时报道北京政府的各项举措,客观上呈现了一个主动作为、迅速发展的城市形象。

其四,智慧环境。智慧环境包括 ICT 技术支持的能源网络系统、污染检测和控制、生态城市规划、绿色建筑,以及可再生能源等。例如智慧路灯、废弃物管理、排水管网系统等的监测和评估,以减少污染,提升环境质量。

外媒不仅关注北京的空气污染情况,而且报道了北京未来加快智慧环境建设,与各国开展的技术交流与合作。5 月 18 日《阿拉伯新闻报》载《比利时索尔维 Hyflon © PFA 助力北京新世翼,为燃煤电厂开发高能效耐用型热交换器》,援引北京新世翼商务总监张方的话说:"MGGH 换热器使用从燃煤锅炉排出的废烟气所携带的热能,减少排放,并有助于满足十三五计划更严格环保政策的要求。"6 月 26 日《海峡时报》所载《新加坡副总理兼经济及社会政策部长尚达曼称天津生态城是一个模板》一文中称中新合作的天津生态城项目(TEC)建设 9 年来已经将盐碱地变成了高楼大厦和绿地。政府认为天津生态城是一个重要的范本,可以作为正在计划为北京、天津和河北服务的雄安新区的一个模板,尚达曼表示"这标志着生态城市可持续发展的里程碑"。

外媒也报道了北京政府通过控制污染空气排放提升空气质量。如印报托《北京考虑禁止燃放烟花以控制空气污染和事故》(9 月 21 日),日印报托《北京将减少冬季取暖排放》(10 月 22 日),路透社《北京为了冬季取暖将进一步降低居民用电和天然气价格》(11 月 7 日)。

其五,智慧公众。智慧公众主要指利用网络技术和 ICT 技术,让公众更便利地获取教育和培训,提升人力资源管理效率;更好地利用大数据,享受商品和社会服务。餐饮外卖是在 ICT 和智能手机广泛应用基础上出现的一种新兴服务,并且增长迅速。外卖业务改变了传统餐饮经营模式,外卖平台与餐饮品牌的合作带来参与者的双赢互益,成为企业经营中没有输者只有赢家的"非零和博弈"。3 月 28 日华尔街日报《奥林匹克选手对北京外卖小哥无能为力——服务遍及大街小巷,一小时派送 10 个订单》,称廉价劳动力和智能手机食品应用程序的组合，改变了中国的办公室午餐文化。

3月20日《纽约时报》报道《卫生间安装人脸识别：北京旅游景点防范卫生纸窃贼》，介绍了天坛公园洗手间的新机器。根据《北京晚报》报道，天坛公园卫生间试用了新型厕纸机器的三天时间里，平均每天厕纸使用量已减至原来的五分之一。新技术极大地提高了社会管理效率，降低了公厕运行成本。

其六，智慧生活。智慧生活主要指 ICT 技术支持下的智慧生活方式，以及安全、健康的居住环境。智慧生活与高水平的社会凝聚力和社会资本相关联，因此，无论北京的 ICT 技术如何领先，如果在人口管理和社会凝聚力提升方面进步缓慢的话，北京在智慧生活建设方面也有可能落后。就外媒对北京的智慧生活方面的报道来看，这一领域应有进一步改善。

5月8日路透社刊文《一些中国农民工感觉，北京清理胡同行动是针对他们的》，称北京正在清理古老的胡同小巷，这里有数百万农民工和成千上万的小企业被迫搬迁或关闭。5月14日《加拿大多伦多星报》载《北京的校规正在拆散外来务工人员家庭；数以万计的孩子被大城市的公立学校拒之门外，专家认为这个系统是为控制人口而设计的》，称农民工子女所面临的教育障碍根源于户口制度。9月29日俄罗斯卫星通讯社刊文《北京以 2300 万人口封顶，以保持城市的"和谐与宜居"》，称中共中央和国务院发布了一项新的法令，呼吁北京市"严格控制城市规模"，"到2020 年，北京的建设用地应该减少到 2860 平方公里，到 2035 年将减少到2760 平方公里"。北京的人口问题是限制北京城市环境改善的一个重要因素，但是这个问题的改善需要长时间的人口制度安排和社会结构调整。

发挥"智慧北京"建设的引领示范作用

2017 年以来，北京凭借 IT 基础和数据资源丰富等优势，在信息化的各个方面都取得了较大突破，实现了从"数字北京"向"智慧北京"全面跃升，城市服务保障能力进一步增强，产业融合创新发展取得明显成效，整体水平处于国内领先、国际先进阶段。智慧城市建设能为北京的可持续发展和科学管理调控提供强有力的平台。从外媒报道中可以看到，随着北京智慧城市建设进程的加快，能在一定程度上缓解北京建筑稠密、交通阻塞、景区超载、资源短缺等一系列"城市病"，引领智慧城市建设潮流。

1. 外媒对北京城市建设的发展是总体认可的

自 2008 年北京奥运以来，北京作为全球化的一个节点城市，在全球经济、政治、文化发展中发挥着越来越重要的作用，已成为全球化不可或缺的一支推动性力量。[①] 7 月 25 日路透社、纽约时报网站报道，国际货币基金组织总裁克里斯蒂娜·拉加德称，国际货币基金组织十年后可能会在北京设立总部。智能技术的广泛应用将极大提升全球城市北京的联通性——与其他全球城市（伦敦、东京、纽约等）和国内其他城市的信息互联互通，助力北京的国际化和全球化。

2. 外媒点赞北京成为世界各国交流集会的中心

继 2014 年北京 APEC 会议以来，2017 年 5 月 14—15 日在京举办的第一届"一带一路"国际合作高峰论坛成为 2008 年北京奥运之后中国最大的盛事。5 月 14 日华尔街日报《"一带一路"基建项目给西方企业带来巨大商机》，5 月 15 日纽约时报《美国企业也想从"一带一路"计划中分一杯羹》等，显示西方媒体承认"一带一路"倡议给本国企业带来机会。但是西方媒体也发表了较多的负面报道，即使在一些看似中立的报道中，也插入负面信息，反映出现行经济规则和秩序的制定者和受益者对一带一路影响的焦虑。

3. 外媒呼吁北京应进一步开放市场、激发产业发展活力

中国科技的发展，始终是外媒关注的重点。7 月 10 日俄罗斯卫星通讯社《志愿者将在北京生活于自我维持的"太空站"》，报道了由北京航空航天大学建立的"月宫一号"实验室开展的"月宫 365 计划"，这是中

---

① 高金萍、王纪澎：《奥运光环下北京的嬗变——2009—2016 年国外主流媒体关于北京报道的分析报告》，《现代传播》，2017 年第 6 期，39—43。

国第一个、世界上第三个空间基地生命保障地基综合实验装置，它将为中国未来的登月计划做准备。改革开放40年的经验证明，中国科技除了自主创新，还可以通过国内外合作加快产业发展速度。选择哪些产业、采取何种方式进行合作，政府应结合智能产业的发展，及时调整政策，既扶持国内产业优先发展，也支持国内外合作跨越式进步。7月6日《华尔街日报》报道《百度在北京进入无人驾驶——首席执行官李彦宏乘坐自动驾驶汽车参加人工智能大会，违反道路规则》称，中国政府没有给予国内外公司在无人驾驶汽车产业相同的准入政策和发展机会。《华尔街日报》的报道实质上给政府以预警，如何进一步开放市场，刺激智能产业的发展。

4. 外媒把京津冀智慧城市群建设与世界联系起来

在京津冀一体化建设中，智慧北京是龙头，北京还承担着引领、支持京津冀城市群发展的责任。《"十三五"国家信息化规划》要求将智慧城市的技术与产业投放到城市群的发展模式中，使城市群建设驶入"智慧城市群"，不仅要打破行政区的经济藩篱，加快生产要素的流动，提高产业集聚与关联程度，而且要进一步增强城市群内部各城市、区域的经济联系、信息资源共享，提升城市群全局竞争力，从而带动经济高质量发展。2月26日海峡时报《新加坡签署5项合作》、3月7日海峡时报《京津冀一体化：其他超级城市的模式》等，称京津冀通过改善交通联系，将成为中国其他城市群的典范。凭借这一经验，中国将能够为"世界其他特大城市提供一个整体解决方案"。然而，京津冀区域内部差距、人口集聚，大城市病和空气污染形势严峻。建设以首都北京为核心的世界级智慧城市群，需要北京政府和公众的共同努力，更需要与国际先进智慧城市的合作，吸纳先进技术和管理理念。

5. 推动智慧北京建设需尽快加强智慧公众的培育

智慧城市建设的核心是"以人为本"。"以人为本"就是从市民需求出发，通过建设城市智能基础网络，通过信息融合分析提供智能服务，协调并统筹城市各个系统与经济发展、城市管理和公共服务紧密结合，实现城市管理决策优化、产业空间扩展、城市文化特色及可持续发展，达到提高城市居民生活品质的目的。"以人为本"需要政府管理决策的"自上而下"与公众广泛参与的"自下而上"相结合，政府与公众共同推动城市建设与社会高度融合，让经济社会发展更加智能化，实现可持续性发展。智慧公众既是智慧城市建设的主要力量之一，也是智慧城市建设的六个主题之一。

就目前智慧北京建设情况来看，智慧城市的三大要素（制度、技术和人）中，北京的体制制度建设和信息化技术已经居于国内前列，但是智慧公众方面与国外智慧城市还有较大差距，换而言之，智慧北京建设在"神"上面还需要再下功夫。比如在共享单车及其他低碳设施的使用方面，如何从公众培育角度出发，提升公众对智能技术的合理化应用，提升公众的现代公民意识，是推进智慧北京建设的关键。只有形神兼备，智慧北京才会成为环境友好、资源高效的现代都市。

参考文献

郁建生等：《智慧城市顶层设计与实践》，北京：人民邮电出版社，2017 年版。

高金萍等：《北京镜像：2009—2016 年度外媒北京报道分析》，北京：中国人民大学出版社，2017 年版。

杨正洪：《智慧城市：大数据、物联网和云计算之应用》，北京：清华大学出版社，2014 年版。

当代中国与世界研究院课题组：《中国国际地位增强年——2017 年境外媒体涉华报道分析》，《对外传播》，2018 年第 3 期。

毕治方等：《国内外智慧城市群研究与实践述评》，《科技和产业》，2018 年第 5 期。

刘杨、龚烁、刘晋媛：《欧美智慧城市最新实践与参考》，《上海城市规划》2018 年第 1 期。

高金萍、王纪澎：《奥运光环下北京的嬗变——2009—2016 年国外主流媒体关于北京报道的分析报告》，《现代传播》，2017 年第 6 期。

于文轩、许成委：《中国智慧城市建设的技术理性与政治理性——基于 147 个城市的实证分析》，《公共管理学报》，2016 年第 4 期。

李春佳：《智慧城市内涵、特征与发展途径研究——以北京智慧城市建设为例》，

《现代城市研究》，2015 年第 1 期。

王静远等：《以数据为中心的智慧城市研究综述》，《计算机研究与发展》，2014 年第 2 期。

张鑫洋：《北京"智慧城市"评价指标体系研究》，《中国外资》，2012 年第 10 期下。

首都大学生文博资源利用
现状及优化对策

张菊玲　张小锋*

【摘要】 文博资源对传承和发展历史文化、促进国际文化传播方面具有得天独厚的优势。北京具有极为丰富的文博资源，拥有庞大的大学生群体。利用好文博资源对于培养堪当民族复兴大任的新时代大学生意义深远。然而调查显示，在走进首都各类博物馆的人群中，大学生的身影较为稀少，即使在平常时节，相对中小学生和社会大众而言，大学生走进博物馆、接近文博资源、利用文博资源进行学习的频率也偏低。故此，教育主管部门、文博资源部门和各高校要同时用力，既要考虑不断增强和彰显文博资源自身的吸引力，又要考虑不断优化高等教育人才培养的体系，为大学生接触文博资源提供便利、营造氛围。

【关键词】 大学生　首都　文博资源　现状　优化对策

文博资源对传承和发展历史文化、促进国际文化传播方面具有得天独厚的优势。大学生作为国家的未来、民族的希望，理应成为博物馆里的常客和传承文明的主力军。"大学生对文博资源的认知水平、熟悉程度往往是衡量一个民族文化繁荣兴盛的重要标尺，也是一个国家和民族走向富强

---

* 张菊玲，北京联合大学师范学院讲师，研究方向为党建理论、高等教育；张小锋，对外经济贸易大学公共管理学院、马克思主义学院，教授，研究方向为历史文化、文化产业、党建理论。

繁荣、实现伟大复兴的必要前提。"① 首都拥有庞大的大学生群体，具有极为丰富的文博资源，如何更好地培养和提升大学生的历史文化素养？如何让更多的大学生走进博物馆，接触、利用、认知文博资源？是亟需重视和讨论的重大课题。

一、北京大学生使用文博资源现状调查结果

笔者曾利用2016年9月—2017年9月在北京文物局为期一年的挂职时间，对北京市部分博物馆、文博资源场馆进行走访，与场馆负责人深入交流，对参观者进行了观察随访，与北京部分高校大学生进行了调研座谈，设计《北京大学生使用文博资源现状调查问卷》，深入了解北京大学生使用文博资源的现状、存在的问题，在此基础之上，提出了一些解决对策和思路，以供相关部门及有心人省察参考。

（一）大学生普遍认可文博资源的历史文化底蕴，在接触文博资源的过程中自主学习能力很强，并且普遍感受到了文博资源对提升自身素养方面的作用。

调研显示，51.03%的同学会有意识地留意文博资源。76.55%的同学认为文博资源的功能主要是增长对历史和文物的了解，领略历史文化底蕴，提高自身素养；65.52%的同学认为可拓展课外知识面，丰富历史文化知识；53.79%的同学认为有助于树立文化自信，增强民族自尊心和自豪感，继承并传播中华文化；41.38%的同学认为有助于增强保护文物的意识。

在参观博物馆的同学们中，72.41%的同学每次在博物馆参观1—3小时，能够比较深度的体验文博资源的魅力。38.62%的同学参观博物馆的原因是对文物感兴趣，陶冶情操，丰富课余生活；29.66%的同学希望借此了解和学习、研究历史，开拓自己的知识面；19.31%的同学为了娱乐、休闲。64.14%的同学观赏文物资源或者是参观博物馆之后略有收获；

---

① 张小锋：《让大学生走近文博》，《中国教育报》，2017年2月20日。

33.1%的同学收获颇多，学到了很多东西。75.86%的同学希望在博物馆得以艺术熏陶；63.45%的同学希望得以历史教育。

（二）由于各种原因，大学生利用文博资源的频率并不高，比较偏好通过网络等新媒体发现文博资源，以及获得接触文博资源的机会。

56.55%的同学一年去一次博物馆；22.76%的同学每月去一次。只有5.52%的同学表示经常去，每周去一次或多次。谈及影响因素，69.66%的同学觉得影响去博物馆的频率的因素是平时时间不够，课余时间较少；47.59%的同学觉得是因为举办的活动趣味性不够，没有兴趣。

大学生接触文博展览信息的渠道，71.72%的同学通过互联网接触文博展览的信息，49.66%的同学通过老师、同学介绍，40%的同学通过报刊、杂志等接触。如果博物馆常设展览免费参观，88.28%的同学希望通过网上预约的方式获得参观门票；41.38%的同学希望现场领取（每天限量，先到先领）。68.92%的大学生希望通过互联网获取博物馆展览、定期专题活动信息；56.76%的同学希望通过手机短信获取博物馆展览、定期专题活动信息，说明互联网、手机等新媒体已经成为大学生日常使用，获得信息的主要媒介。

但在导览形式上，大学生的选择偏向于传统的方式，36.55%的同学参观博物馆会选择的是用导览图；22.76%的同学会选择人员导览；22.07%的同学会选择语音导览器；18.62%的同学会选择手机联网导览。

（三）对于文博资源的选择，大学生喜好很全面，除了实物展示，大学生对纪念品、互动类的体验、参与类的体验也有很大需求。

71.72%的同学喜欢接触历史人文类（遗址、名人故居等）的文博资源；66.9%的同学喜欢艺术类（影视鉴赏、音乐艺术、画展等）；

43.45%的同学喜欢自然、科学类（先进科技、先进产品等）。77.24%的同学喜欢实物展示（例如：实体文物、复制品）；66.21%的同学喜欢参与式互动体验（例如：观摩文物修复过程、登上舰船实体参观、动手制作模型）。如果博物馆举办特别展览或体验类项目，需要收取门票，40.69%的同学接受的门票价格为10—20元；26.21%的同学接受的价格为10元以下。

72.41%的同学希望门票还可作为书签等纪念品收藏；64.14%的同学希望可展开成博物馆导览图；61.38%的同学希望可作为明信片。53.1%的同学希望在博物馆购买的纪念品是特色手工艺品；47.59%的同学希望购买文物复制品、衍生品；46.9%的同学希望购买展览相关的DIY创意产品；37.93%的同学希望购买展览相关专业书籍、明信片。

除此之外，64.83%的同学希望博物馆具有阅读室、图书馆的功能；60%的同学希望具有茶馆、咖啡厅的功能；44.14%的同学希望具有书店的功能。53.79%的同学希望参加博物馆组织的动手实践活动；52.41%的同学希望参加日常参观活动；50.44%的同学希望参加观看演出活动。

（四）文博资源与学校平台合作方面，大学生的态度比较积极，很多现实因素也需要解决。

调查显示，48.97%的同学表示，如果博物馆邀请他们所在的班级、社团开展一些有意义的活动，办一些高端讲座，在时间允许的情况下一定会去；44.83%的同学愿意参加，因为可以增长见识。58.62%的同学认为博物馆想借助学校平台与大学生开展实践活动，需要解决的问题是大部分大学生对于文博资源不了解；53.79%的同学认为需要充足的课余时间；42.76%的同学认为，需要多数同学的参与；42.76%的同学认为，需要一定经费的赞助；41.38%的同学认为需要专业老师的指导。

对于文博资源应该怎样增强自身的吸引力这一问题，73.1%的同学认为应该立足本地资源，推出主题展览；55.86%的同学认为应该改善自身条件，提高服务质量；47.59%的同学认为需要与高校进行合作，如开展"文博资源进高校"等活动。

二、首都大学生利用文博资源优化对策与建议

习近平总书记指出："中华传统文化是我们民族的'根'和'魂'。中华文化积淀着中华民族最深沉的精神追求，包含着中华民族最根本的精神基因，代表着中华民族独特的精神标识，是中华民族生生不息、发展壮大的丰厚滋养。"北京作为一个有着三千多年历史的古都，历史悠久，有丰富的文博资源，包括历史遗迹、文物、博物馆等。党的十八大以来，党和政府以及社会各界对文博资源的保护和研究得到长足的发展，特别是大学生群体对文博资源保护和研究意识逐渐增强。值得注意的是，文博资源对于大学生培养的深远意义，只有通过大学生亲自使用、参与、感受文博资源才能真正落到实处。如何进一步优化北京文博资源，让文博资源更符合教育职能的定位，更符合大学生的使用习惯，是文博资源开发与研究中应该重视的一环。笔者认为，应该在四个方面下功夫：

（一）明确文博资源的教育职能，鼓励大学生参与志愿活动，开设相关课程，让博物馆成为第二课堂

2017《非国有博物馆发展意见》指出，博物馆开展社会服务应当坚持为人民服务、为社会主义服务的方向和贴近实际、贴近生活、贴近群众的原则，丰富人民群众精神文化生活。在此条例中，再次强调了博物馆的教育、研究和欣赏的功能，并把教育放在首位。这种定义改变了传统意义上博物馆只是保护研究文物的老看法，采用了国际博物馆协会对于博物馆功能的定义。

《国家中长期教育改革和发展规划纲要（2010—2020 年)》确定到2020 年"基本形成学习型社会"。博物馆正是学习型社会的重要场所，这里收集了人类的记忆，珍藏着民族的灵魂。博物馆承担知识普及的功能更是游刃有余。对于新媒体时代习惯于在网络上获取信息的人们，平时忙于工作，希望周末远离喧嚣，可以走进博物馆，那里有真实的知识源泉，也能给心灵带来宁静的洗涤。

文博资源作为一种终身教育资源，可以和人们在不同阶段的学习有机地结合起来。学校可以和博物馆等文博资源丰富的机构合作，设计符合大学生的博物馆教育方案，使博物馆教育更加具有针对性、时效性，可以让更多大学生参与其中。在这方面，上海市的许多做法值得高度关注和借鉴。

（二）抓住新媒体时机，重视文博资源的宣传推广

博物馆等文博资源集中的场馆应该加强自我宣传和推广。树立博物馆的整体品牌形象，重视以藏品为核心的内容介绍，围绕展览展开的重点推广，以及周边讲座、开幕式、演出等其他信息的发布，力图使呈现的内容更丰富、更立体。

抓住新媒体时机，利用青年人喜爱的文化资讯获得渠道，比如豆瓣、知乎等网站进行宣传。做好自媒体，利用好微博、微信公众号等服务平台，及时发布相关内容。针对不同的媒体，博物馆应该采用不同的宣传策略：针对纸媒特点提供大篇幅深度解读，为电视媒体提供点状新闻性的信息，而为新媒体提供有趣的、花絮性的内容。注意大型展览的过程中采取不同宣传策略：预热期，陆续发布文物以及布展相关信息，适当做一些大众媒体的宣传；集中宣传期及时沟通媒体，发布通通稿，建立媒体群，陆续放出新闻点，持续获得关注。

除此之外，还可以考虑一些文化方面的梳理和故事性的讲述，提升博物馆的整体形象。好的服务本身也是广告，博物馆工作者应做好服务工作，提升自我服务意识。观众到博物馆参观得到高质量的服务，会对博物馆留下美好的印象，也可以间接地发挥博物馆的教育功能。

（三）深入开发文博资源创意产品

随着经济社会发展，文化消费日益增长，高品质、多样化文化产品潜力巨大。过去我国中央级、省级和副省级城市所属博物馆基本都开展了文化创意产品的开发，但存在经营意识和能力不强；产品创新能力不强、设计和制作水平较低；产品形式单一、供应能力不足等问题。2017 年《文

化部"十三五"时期文化发展改革规划》提出，鼓励文化文物单位和社会力量开发文化创意产品，满足多样化消费需求。做好博物馆文化创意产品开发已列入国务院《关于推动文化文物单位文化创意产品开发的若干意见》（国办发〔2016〕36 号）。其中明确提出，推动各类博物馆、美术馆、图书馆等文化文物单位发掘馆藏文化资源，开发文化创意产品。

《意见》还对文化文物单位开发文化创意产品提出了两个统一的要求：始终把社会效益放在首位，实现社会效益和经济效益相统一；充分运用创意和科技手段，推动文化资源与现代生产生活相融合，实现文化价值和实用价值的有机统一。《意见》提出推动文化文物单位开发文化创意产品，要充分调动文化文物单位积极性、发挥各类市场主体作用、加强文化资源梳理与共享、提升文化创意产品开发水平、完善文化创意产品营销体系、加强文化创意品牌建设和保护、促进文化创意产品开发的跨界融合等七项主要任务。

国家文物局等相关单位也积极营造良好制度环境，推动文博单位开展试点，允许相关单位依托馆藏资源，采取合作开发、授权开发、独立开发等多种方式，开展文化创意产品开发经营。鼓励博物馆与社会力量开展合作，拓展文化创意产品开发投资、设计制作和营销渠道，加强经营管理人才的培养。发挥故宫博物院、中国国家博物馆等国家级博物馆和省级综合博物馆引领作用，实施一批具有示范带头和产业拉动作用的文化创意产品开发项目。从实践来看，故宫博物院已经开发出一批符合青少年群体特点和教育需求的优质文化创意产品，自 2015 年始，年销售额就已超过了 10 亿元，文化创意产品开发呈现多元化发展，品牌影响力和社会知名度不断提高。南京博物院的一些特展尽管门票定价 30 多元，仍然吸引了大量市民参观。

（四）与现代科技相结合，丰富博物馆参观方式

大学生利用文博资源比较偏好通过网络等新媒体发现文博资源，以及获得接触文博资源的机会。许多博物馆，都在试图达到一种平衡，既想创造一种安静的、与历史、艺术交流的氛围，同时非常强烈地想和大学生、

千禧一代观众建立联系，吸引新的观众。文博产业化与互联网＋浪潮相结合，也是吸引大学生的主动走进文博资源的一种方式。

旧金山现代艺术博物馆关闭了三年完成扩建，增加了新的互动技术，比如在展厅的外面有互动式的触摸屏，可以了解更多展厅里看到的作品。他们还创建了一个手机的应用程序，让各种各样的人来做讲解，包括高空走钢丝艺术家菲利普·珀蒂。这个导览还会给观众精确的方位，以寻找某件艺术品或某类收藏。而当你站在某件艺术品前面，它就会自动开始告诉你有关这件艺术品的信息，因为 GPS 能够准确知道你的具体位置。

2016 年国家文物局、国家发展和改革委员会、科学技术部、工业和信息化部、财政部联合印发《"互联网＋中华文明"三年行动计划》，提出要把互联网的创新成果与中华传统文化的传承、创新与发展深度融合，深入挖掘和拓展文物蕴含的历史、艺术、科学价值和时代精神，彰显中华文明的独特魅力，丰富文化供给，促进文化消费。建设文物大数据平台，义物价值挖掘创新，文物数字化展示利用。提出了包括互联网＋文物教育、互联网＋文物文创产品、互联网＋文物素材创新、互联网＋文物动漫游戏、互联网＋文物旅游等多种方式使文博资源与新媒体碰撞，产生火花。

经典与通识

福柯主体理论及其女性主义应用

戴蓓芬*

【摘要】启蒙主义的主体哲学以一个关于"人"的概念作为一切哲学问题的基础。为了明确人的基础性地位,主体哲学对人展开了知识建构,人由此被建构成具有抽象性、普遍性与实体性的主体。福柯批判启蒙主义主体哲学的实质是对人的束缚,并且通过提出一种新型的历史观,将主体哲学历史化,以取消其作为普遍真理的地位,进而解构启蒙主义主体哲学所赋予的人的普遍本质。作为诞生于 19 世纪为女性争取政治权利的社会运动,女性主义深受启蒙主义思想的影响。这主要表现在女性主义试图以一个统一的女性主体身份作为其理论探索与政治实践的基础。但是,随着启蒙主体哲学的弊端日渐暴露,女性主义也开始反思一个统一的主体身份的适用性。20 世纪 80 年代,福柯的主体理论进入女性主义视野。福柯反启蒙主体的哲学立场,以及他对主体构成的知识与权力分析使女性主义获得重新思考主体问题的契机。

【关键词】福柯　主体　女性主义

一、福柯主体理论概述

福柯的主体理论以对近现代主体哲学的考察与反思为起点。在此基础

---

* 戴蓓芬,北京航空航天大学人文与社会科学高等研究院讲师。

上，他在知识领域以考古学方法将近现代主体哲学置于"知识型"（the episteme）① 的历史转换中②，取消其作为真理的超历史地位；在实践领域，他把这种转换的深层原因归结为，18世纪以"国家理性"③ 为核心的权力机制的运作，并提出主体是近现代权力机制建构的产物；最后，福柯研究了古希腊罗马的"关心自己"（the care of the self）的伦理思想④，提出一种不同于近现代主体哲学的主体结构，为重建现代社会的主体概念提供可能性。总的来说，主体问题是福柯哲学工作的出发点，他将其二十多年的学术工作总结为，"创建出一种历史，这种历史有多种不同的模式，通过这些模式……人被塑造成各种主体"⑤。

福柯对近现代主体哲学做出了已陷入"人类学沉睡"的诊断。所谓"人类学沉睡"即指人类被视为一种具有抽象性、普遍性与实体性的主体，并且这一主体成为包括认识与实践在内的一切哲学问题的出发点。⑥

康德哲学集中体现了这点。面对17世纪经验主义与理性主义对知识来源与基础问题的争论，康德扭转了近代认识论问题的基本思路。他提出与其在外部世界寻找知识的基础，不如先从内部批判人的理性能力，确立人类认识能力的界限。由此康德确立了一种独立于经验，又使得经验得以成立的条件——人类的有限性，并以此作为知识的基础。福柯认为，康德哲学的意义在于，首先他不再从经验知识内部寻求知识的普遍性基础，"将知识之所有经验内容都被置于括号内"⑦；其次他将认识论的问题转化

---

① Michel Foucault, *The Archaeology of Knowledge*, Tavistock Publications, trans. 1st ed. New York：Routledge, 2002, p. 211.

② "知识型"，法译为 l' episteme，英译为 the episteme。这一概念指某段历史时期内知识构成的条件与规则总体。福柯认为知识的历史不是基于人类理性进步的线性发展，而是具有整体性的知识之构成条件的串联。

③ "国家理性"，法译为 Raison d'État，英译为 the reason of the state，意指以国家作为合理性基础的近现代政治实践。

④ Michel Foucault, *The Hermeneutics of the Subject：Lectures at the College de France*, 1981 - 1982. Frédéric Gros, ed. 1st ed. New York：Palgrave Macmillan, 2005, p. 1.

⑤ 汪民安编：《福柯读本》，北京：北京大学出版社，2010年版，第280页。

⑥ 〔法〕米歇尔·福柯：《词与物——人文科学考古学》，莫伟民译，上海：上海三联书店出版社，2001年版，第445页。

⑦ 〔法〕米歇尔·福柯：《词与物——人文科学考古学》，莫伟民译，上海：上海三联书店出版社，2001年版，第323页。

为知识的普遍有效性与主体的限定性的关系的问题，"另一方面，存在着经验性领域与认识之先验基础之间的关系的问题"①。从笛卡尔的"我思"的主体到康德提出的具有有限认识能力的先验主体，福柯认为18世纪的哲学彻底陷入"人类学沉睡"之中，"这不是独断论的沉睡，而是人类学的沉睡"。②

以主体为中心的近现代哲学结构在实践领域表现为主体理性的扩张。而这种理性在近代资本主义社会又逐渐发展为工具理性。工具理论是一种仅仅以完成目的为原则，并选择与运用工具的计算理性。工具理性能够将一切事物视为工具，也就是将一切事物对象化。在工具理性的指导下，一方面主体确立了对自然的绝对权力，另一方面主体自身也成为工具理性的对象，从而导致了主体的异化。

可以说，18世纪启蒙时代以来西方社会的文明成果，比如技术进步、经济发展与政治民主化等，都带有工具理性压迫的印迹。主体被置于其为自身设置的樊笼之中。而这种统治了经济、政治和文化等领域的资本主义工具理性也成为20世纪哲学家与思想家批判的对象。马尔库塞（Herbert Marcuse）认为技术理性的进步使现代人陷入工具理性的逻辑中，人使自身成为工具，"技术的解放力量——物的工具化——变成自由的枷锁：人的工具化"③。而以工具理性为主导的资本主义同质化的生产方式已经使人丧失了对这种工具化逻辑的批判能力，并成为一种"单向度的人"。哈贝马斯（Jürgen Habermas）也认为工具理性的扩张已经形成一种"野蛮的客观化"，人类成为自身理性能力的认识目标与压制对象，这就是"理性的压制特征"，它"使得认知主体自身成为了客体"。④

福柯是20世纪批判主体哲学的思想家的代表之一。简单来说，他的

---

① 〔法〕米歇尔·福柯：《词与物——人文科学考古学》，莫伟民译，上海：上海三联书店出版社，2001年版，第323页。
② 〔法〕米歇尔·福柯：《词与物——人文科学考古学》，莫伟民译，上海：上海三联书店出版社，2001年版，第323页。
③ 〔美〕赫伯特·马尔库塞：《单向度的人——发达工业社会意识形态研究》，张峰、吕世平译，重庆：重庆出版社，1988年版，第135页。
④ 〔德〕尤尔根·哈贝马斯：《后民族结构》，曹卫东译，上海：上海人民出版社，2002年版，第183页。

主体观是一种对主体的历史研究。他并不试图消除近现代主体概念，实际上，对主体概念进行彻底消除的做法恰恰从反面承认了主体作为某种超时间的存在。由此，在福柯的主体研究中，他提出了一套不同于近现代目的论历史哲学的历史观，并以此作为其主体研究的基本框架。

这种历史观以非连续性作为历史的基本特征，即在认识论领域，知识的历史不是人类理性线性发展的历史，而是"知识型"的偶然串联；在实践领域，政治实践的历史也不代表政治思想正在趋于合理性，实际上，政治实践的历史变化与不同治理理性之间的转换有关。主体哲学就是处于这种非连续的历史进程中。它是 18 世纪人类知识型从古典向现代转变的结果，也是 18 世纪以"国家理性"为核心的生命权力机制对人建构的结果。可以说，近现代主体是 18 世纪知识型与政治权力实践的综合机制建构的产物。也是由此，福柯反复强调主体诞生的历史节点，"在 18 世纪末以前，人并不存在"①。

由此，福柯认为，主体不是实体，而是受到不同时期知识型与权力机制塑造的历史存在。他的工作就是描述并分析这一塑造的历史过程。在西方文化中，"人类通过不同的方式发展出关于自身的知识：经济学、生物学、精神病学、医学以及刑法学"，福柯的工作就是"勾勒出这一发展过程的历史脉络"②。

总的来说，福柯以三种方式研究主体被建构的方式和过程，即他在80年代《主体与权力》中论述的：知识对主体的塑造；权力对主体的塑造，以及主体对自身的伦理塑造。这是福柯对自己学术工作的总结性划分。此外，由于研究的时期与对象不同，这三种主体形式并不具有同等意义。具体说来，前两种主体形式研究是福柯对 18 世纪西方主体哲学的批判，而在80年代后，福柯的研究转向完全不同于近现代主体哲学的古代希腊罗马伦理主体，这是其为现代人走出主体哲学的压制提供的一种可能。

---

① 〔法〕米歇尔·福柯：《词与物——人文科学考古学》，莫伟民译，上海：上海三联书店出版社，2001 年版，第 402 页。
② 汪民安编：《福柯读本》，北京：北京大学出版社，2010 年版，第 240 页。

第一，阐述主体的知识构成。福柯在 60 年代的主体研究中确立了一种对知识的考古学研究方法。考古学旨在重构传统认识论的问题框架，并推翻知识历史的传统研究方法。具体说来，在认识论的问题框架方面，福柯确立了以揭示知识的形成规则，而非探寻知识的普遍基础的研究框架。在知识的历史研究方面，福柯创建了"知识型"这一历史单位以重新划分近现代以来西方认识论的历史。而由于知识型之间的历史转换具有绝对偶然性，他颠覆了以人的理性进步作为知识历史研究基础的目的论历史哲学传统。可以说，考古学的目的就在于考察不同时期不同知识型之间的内容与表现。

福柯提出，西方社会自 16 世纪以来主要出现了四种知识型：16 世纪文艺复兴知识型、17 世纪古典知识性、18 世纪现代知识型以及当代知识型。而在现代知识型中，由于知识的基础被奠基于人类这一抽象主体之上，主体哲学诞生，并且人被要求成为具有固定本质的主体。18 世纪的主体哲学将人的有限性作为人的本质。而为了明确人的有限性边界，19 世纪的人文科学又展开了对人的知识塑造。这即是主体的知识构成分析。

福柯的考古学方法正是通过将主体哲学置于其所建构的偶然性历史中，解构主体哲学的普遍真理地位，进而解构人在主体哲学中被赋予的普遍本质。也就是说，人作为知识对象被塑造，这不是现代科学进步对人之本质的去昧，而是古典知识型向现代知识型转变的结果。总的来说，福柯的考古学方法通过对近现代主体哲学的历史化，解构了近现代认识论赋予主体的普遍意义。

第二，揭示主体的权力构成。福柯在 20 世纪 70 年代的主体研究确立了一种对权力的谱系学研究方法。谱系学方法也是在对权力问题与政治实践历史问题的双重颠覆的基础上进行的。

在权力分析方面，福柯颠覆司法模式的传统权力观，即将权力分析置于压迫者与被压迫者二元对立的模型中，他提出权力是一种依靠知识合理性，具有特定目标与程序的机制[14]29。

在政治实践历史的研究方面，福柯颠覆了传统的视国家为实体的静态政治史观，提出国家是具有特定谱系的治理术的综合。国家出现的谱系为：在中世纪"牧领权力"（pastoral power）的影响下①，经过16世纪至18世纪一系列的复杂变化，以"国家理性"为核心的治理模式诞生。正是这种国家治理术，发展出一套以人的生命作为权力目标的"生命权力"（biopower）机制。② 至此，人类成为受到权力机制监控与管治的主体。这体现在两个层面："个体化技术"③——个人的身体成为"生命权力"规训的目标；以及"总体化技术"④——人口成为"生命权力"操作的目标。在此基础上，福柯提出主体是由近现代生命权力机制建构的"形式"。所谓主体是"形式"，是指权力机制建构了一套现代人能够形成自我认同的框架，使人在这个框架中形成自我认同的同时，也屈服于权力的控制。比如性作为一种主体"形式"使现代人将自我认同为具有生物本质的男性、女性、同性恋者或异性恋者。

正是在这个意义上，福柯指出，主体是现代权力机制建构的产物。通过对权力的谱系学分析，福柯为我们批判近现代社会的权力机制揭开了一个新的层面，即从权力建构主体的多重方式，而非权力压迫主体的单一模式来审视现当代社会的政治实践。

第三，福柯在20世纪80年代转向对古希腊罗马伦理思想的研究，也即主体研究的第三方面——主体对自身的伦理塑造。这种转移实质是通过深入一种与现代主体观完全异质的主体思维反思现代主体观。首先，福柯确立了一种新的伦理学研究方法。

从"关心自己"这个古希腊罗马伦理思想的核心概念出发，福柯指出伦理学研究不仅在于制定普遍的道德行动法则。伦理学还应包括，研究人如何确立与自身的一种积极关系状态，也就是人将自身塑造为主体的过程。古希腊罗马伦理思想的核心正是以自我为目标，通过一系列修身技

---

① "牧领权力"，法译为 le pouvoir pastoral，英译为 the pastoral power，意指以牧人与羊群的关系比喻神与人的关系的基督教权力模式。
② "生命权力"，法译为"bio-pouvior"，英译为"biopower"，意指以人的生命作为权力目标的权力机制。这是福柯为了说明现代社会的权力理性的实质所创建的概念。
③ 汪民安编：《福柯读本》，北京：北京大学出版社，2010年版，第285页。
④ 汪民安编：《福柯读本》，北京：北京大学出版社，2010年版，第285页。

术，将人塑造为积极自由的伦理主体。① 福柯认为，这种伦理塑造的实质是一种将人的生活作为艺术品进行塑造的美学实践。② 由此，这种主体塑造的方式与现代社会的主体塑造方式，即对主体进行知识塑造与权力管控，是完全异质的。

最后，结合现代人特殊的历史境遇，福柯提出了一种具有哲学气质的批判本体论。在这里，批判并非如同康德哲学所示，是对普遍真理的探求，而是人的自由气质的表现。正是这种哲学气质的批判能够使现代人考察主体哲学的界限，并拒绝这种哲学结构对人的本质化与同一化。

简言之，福柯反对自笛卡尔—康德哲学以来的"人类学"主体哲学，这种哲学结构将人类的内在本质视为知识的普遍基础与实践行为的统一来源。他以其非连续性的历史哲学为前提，搭建了一个全面且系统的主体研究框架：通过考古学消解了先验知识主体的普遍意义，通过探究权力的谱系批判了权力对主体的建构，并通过对古代伦理主体的探索为现代人走出"人类学"主体哲学的樊笼提供了方法。

二、女性主义与福柯

自 19 世纪启蒙时代诞生，一直到 20 世纪中后期，女性主义始终处于以理性主体为基础的现代性思维框架中。这意味着女性主义在这段时间一直以统一的女性主体身份为基础进行政治实践与理论探索。

女性主体身份的基础地位体现在两个层面。

第一，女性主义作为一种旨在消除性别主义与建立性别公正社会的政治实践，女性主体身份是女性主义政治的基础。一方面，为了描述并定位父权制与女性之间压迫与被压迫的社会结构，女性主义需要一个统一的群体身份以说明压迫现象的普遍存在。克里斯·威顿（Chris Weedon）认为如果父权制作为一种普遍的社会结构，那么女性的主体身份就在于说明这

---

① 〔法〕米歇尔·福柯：《主体解释学——法兰西学院演讲系列 1981—1982》，佘碧平译，上海：上海人民出版社，2010 年版，第 55 页。

② 〔法〕米歇尔·福柯：《主体解释学——法兰西学院演讲系列 1981—1982》，佘碧平译，上海：上海人民出版社，2010 年版，第 376 页。

种结构压迫的产生方式与原因。① 另一方面，女性主义需要政治行动的统一身份，也即"女性"以推翻这种压迫。戴安娜·法斯（Diana Fuss）认为，这种本质化的身份在女性主义的政治任务中具有策略性的价值。② 简·弗里德曼（Jane Freedman）也指出，女性是"一个具有集体身份的特殊社会团体"，而"正是这种集体身份构筑了女权斗争的基础"。③

第二，女性主义需要建构一种本质化的主体身份以抗衡父权制对女性本质的塑造。比如在 19 世纪末资本主义社会的父权制话语体系中，由于女性的生育角色被建构为女性的本质，女性的社会职责就被指定为承担家务和照料子女。可以说是父权制对女性母职本质的塑造致使女性被排除出公共政治领域。而女性主义围绕母职建构了一套相反的话语，法国女性主义先驱珍妮·德滦（Jeanne Deroin）也视母职为女性的本质。但与父权制的建构相反，她提出女性的母职代表了女性是"全人类的母亲"④。并且正是母性给予女性优于男性的特质，母职代表了女性拥有对全人类永恒的爱。对比之下，男性具有自私与残酷的特质。⑤ 以女性的母职本质为基础，德滦主张为了弥补男性本质的缺陷，女性必须与男性一同参与政治实践。

从女性主义哲学发展的历史来看，这种本质化的主体思想贯穿了女性主义的研究历史，并分别体现在自由主义女性主义、激进女性主义、马克思主义女性主义和社会主义女性主义四大主要的女性主义学说中。总的看来，这些学说或对女性进行了本质化的建构，或对父权制的压迫进行本质化的分析。自由主义女性主义视女性为与男性相同的理性主体。激进女性主义视父权制对女性的压迫为性的压迫，因此，她们主张建立一个独属于女性之性的主体话语以抗衡父权制对女性之性的塑造。而马克思主义女性

---

① Chris Weedon, *Feminist Practice and Poststructuralist Theory*, 1st ed. Oxford：Blackwell Publishers, 1987，p. 3.

② Diana Fuss, *Essentially Speaking：Feminism，Nature & Difference*. 1st ed. New York：Routledge, 1989，p. xii.

③ 〔美〕简·弗里德曼：《女权主义》，雷艳红译，长春：吉林人民出版社 2007 年版，第 15 页。

④ Joan Wallach Scott, *Only Paradoxes to offer：French Feminisms and the Rights of Man*, 1st ed. Harvard：Harvard University Press, 1996，p. 70.

⑤ Joan Wallach Scott, *Only Paradoxes to offer：French Feminisms and the Rights of Man*, 1st ed. Harvard：Harvard University Press, 1996，p. 77.

主义认为女性在现代资本主义社会中的受压迫的本质根源在于女性在资本主义社会中的阶级地位，因此，他们主张推翻资本主义社会以实现女性的解放。最后，社会主义女性主义提出了性别与阶级的双系统来阐释女性在现代社会中受压迫的原因。

但是，20世纪中后期，后现代主义思潮诞生，而其对启蒙现代思想的反思也冲击了女性主义对女性主体身份的固有认知。

首先，女性主义开始质疑女性主体身份在女性主义政治实践中承担的功能。可以说，一种统一的主体身份制造了女性与父权制之间的绝对对立，而这是对女性与父权制关系的本质化界定。这种界定将会抹杀在不同历史与社会中父权制运作的根本差异性。南希·弗雷泽（Nancy Frazer）和琳达·尼克尔森（Linda Nicholson）就质疑马克思主义女性主义者如南希·哈特索克（Nancy Hartsock）与激进女性主义凯瑟琳·麦金农（Catharine A. MacKinnon）本质化了的父权制的压迫形式——"她们全都声称找出了某种存在于一切社会当中的具有跨文化解释力的人类的基本经验"[1]，而这使父权制免受那种基于历史维度与社会维度的考察与批判。

其次，女性主义开始意识到建构一个新的主体身份有可能会在女性内部形成一种霸权话语。比如20世纪的黑人女性主义认为，美国女性主义者要求女性走出家庭，并通过就业实现经济独立与思想自由的主张实际是一种白人意识形态霸权的表现。贝尔·胡克斯（bell hooks）指出如贝蒂·弗里丹（Betty Friedan）的白人女性主义研究无法说明黑人女性处于性别与种族的双重压迫之中的复杂体验。就业之于黑人女性是维持生活的必要手段，并不会为黑人女性带来经济独立与思想自由。她认为任何一种试图描述女性共同处境的理论恰恰使"女权主义理论缺乏整体性，缺乏可以包含各种人类经历的广泛的分析"[2]。

正是在20世纪80年代，福柯的反现代主体哲学的立场，受到了正处于现代哲学与后现代思潮徘徊中的女性主义哲学的关注。福柯批判18世

---

[1] 李银河：《妇女：最漫长的革命》，北京：中国妇女出版社，2007年版，第114页。

[2] 〔美〕贝尔·胡克斯：《女权主义理论——从边缘到中心》，晓征、平林译，南京：江苏人民出版社，2001年版，第10页。

纪以来建筑在启蒙理性之上的主体哲学。这种主体思维将人类建构为一个本质化、抽象化与实体化的主体。他的主体研究将主体置于由知识构型与权力机制构成的历史转换所导致的实证场域中。也就是说，主体是不同历史时期的知识——权力机制的建构的"形式"，而非超越历史的实体。

福柯的主体观能够解决女性主义哲学在现代与后现代之间的矛盾。一方面，福柯关于权力建构主体的分析能够使女性主义重新思考父权制与女性关系。如果父权制的压迫并非普遍化与本质化的，而是根据不同时期的知识构型与权力机制发生变化，那么女性主义就不应再致力于描述一个超越历史的父权制的压迫结构，而应该直接深入父权制建构女性的具体机制与历史过程中，进行一种"局部的"与历史的批判。苏珊·海克曼（Susan Heckman）认为福柯的主体研究能够提醒女性主义，父权制的压迫是多元的，因此，女性主义的反抗就也应是策略式的，面向局部的。① 另一方面，女性主义也不应再致力于建构一个独属于女性的身份话语。这是由于，如果主体如福柯所示，其木身就是权力机制建构的"形式"，那么女性主义就应停止建构统一的本质身份，而应正视主体"形式"的可变性与差异化。加纳·萨维奇（Jana Sawicki）认为，福柯能够使女性主义建立一种不以统一女性身份为基础的女性主义政治，更重要的是，使女性主义重视女性内部的差异。②

自1982年以来，女性主义围绕福柯主体理论之于女性主义的意义展开了多维度、多层次和多视角的讨论。本文经过对这些研究的提炼与分析，从共识与分歧两个方面阐释女性主义对福柯主体理论的思考与应用。

第一，女性主义学者基本承认福柯对现代权力——知识机制建构主体的分析能够作为一种模型，相应地说明父权制作为一种现代权力机制建构女性的过程。这为女性主义批判父权制打开了一个全新的层面。

桑德拉·巴特基（Sandra Bartky）指出，福柯对存在于现代军队、学校和监狱等机构中的规训权力实践展开了细致的历史调查。这种规训实践

---

① Susan Heckman ed, *Feminist Interpretations of Michel Foucault*. 1st ed. Pennsylvania: Pennsylvania State University Press, 1996, pp. 10 – 11.

② Jana Sawicki, *Disciplining Foucault: Feminism Power and the Body*. 1st ed. New York: Routledge Press, 1991, p. 6.

围绕身体展开，在身体的空间活动和时间使用两个层面发展了一套驯服身体的微观权力技术。她认为福柯的微观权力物理学能够说明女性的身体正是在同样的意义上被父权制规训。她指出了三种女性身体被规训的方式。第一为身体的尺寸，对女性形体的要求随着父权制文化的变化而变化。现代社会已不再偏好丰乳肥臀的女性形象，而偏好一种近乎病态的苗条。苗条成为一种控制女性身体的新暴政。第二为身体的姿势，巴特基指出，和男性相比，女性的行动范围在各种场合都受到限制，并且社会对于女性的手势、姿态和表情也都具有严格的文化规定。第三为女性身体的装饰性。女性的身体必须得到装饰，化妆、皮肤护理和整形等各种装饰身体的技术也在严格地控制着女性的身体。[1] 巴特基认为，父权制已不再通过强制的律法控制女性，古代政治制度中被惩罚的女性身体已经不复存在。新的控制是通过匿名的规训技术进行的，主要方式就是"生产出适当的女性化身体"[2]。

乔汉娜·奥克萨拉（Johanna Oksala）重新分析了福柯的权力建构主体这一命题。她认为，福柯所指的权力建构主体与工业流水线机械化地生产汽车不同，权力是通过生产主体自我认同的框架来建构主体的，这种框架即是主体对于自身行为、意愿、欲望和动机的可理解性框架[3]。

福柯的权力理论对于分析女性与父权制之间的复杂关系具有重要意义。现代父权制已经不再通过剥夺女性的政治权利来压迫女性，实际上，父权制的压迫已经更为隐蔽，即通过生产女性自我认同的框架使女性成为自我监视的主体。女性如同处于全景敞视的监狱中，时时处于自我监视的状态。这种新型的压制方式必须引起女性主义的重视，因为，女性自我认同的过程极有可能正是女性内化由父权制建构的标准的过程。

可以说，福柯呈现了现代人被权力机制建构的复杂性，其中的关键环节为建构有关主体的标准，以及主体对这些标准的自我内化。权力机制不

---

[1] 〔美〕佩吉·麦克拉肯：《女权主义理论读本》，桂林：广西师范大学出版社，2007 年版，第 290—298 页。

[2] 〔美〕佩吉·麦克拉肯：《女权主义理论读本》，桂林：广西师范大学出版社，2007 年版，第 310 页。

[3] Johanna Oksala, *Foucault On Freedom*. 1st ed. Cambridge：Cambridge University Press，2005，p. 95.

再仅仅从律法的角度直接压制现代人，而是间接与隐秘地生产关于主体的标准。这也是现代人不易察觉权力存在的原因。女性主义利用福柯的这种分析模式考察了女性与父权制的关系，提出父权制也并不依靠限制女性的政治权利束缚女性，而是更多地采取生产有关女性标准的方式建构女性。并且，女性与这些标准的关系也十分复杂。在认同、服从、抵抗甚至是颠覆这些标准的过程中，女性生成了各种复杂的体验。因此，揭示父权制对女性标准的建构，同时阐述女性与这些标准的关系成为女性主义分析女性主体构成的重要维度。

第二，女性主义学者在福柯主体理论之于女性主义是否具有可行的意义这个问题上存在分歧。一部分女性主义学者认为，福柯的主体理论首先缺乏规范性基础，即他没有提出对一个公正社会的构想，这等于取消了女性主义的政治目标。其次他的主体理论取消了统一的主体身份，这将使女性主义失去政治行动的代理人。南希·弗雷泽（Nancy Frazer）认为福柯悬置自由主义政治体制规范性的做法具有深刻的批判性，但同时，他也悬置了一切可能的规范性政治选择。这不但会导致其理论的内部矛盾，同时也阻碍了女性主义重新界定启蒙规范性的道路。[①]

针对这样的质疑，又有一部分女性主义学者展开回应。一方面她们要求当代女性主义必须彻底抛开以启蒙理性为核心的政治实践框架，正视权力作为动态机制存在的事实。拉戴尔·麦克霍特认为弗雷泽对福柯的质疑是建立在人道主义的理论框架内，即以平等、自由和公正为原则批判某种政治制度，再以这些原则重新建立一个替代制度。可见，人道主义的框架是一种建构在某种核心原则之上的完整的论证体系。但是福柯的权力批判本身就是要跳出人道主义的框架。他不以理论完整性为批判的必要条件，同时，他要在实践层面建构一种全面的分析视野，这即是对现代知识——权力机制的描述的完整性。麦克霍特以 19 世纪监狱权力技术的变化为例说明了福柯如何在实践层面进行批判。[②]

[①] 汪民安编：《福柯的面孔》，北京：文化艺术出版社，2001 年版，第 122 页。

[②] Ladelle Mcwhorter, *Bodies and Pleasures*: *Foucault and the Politics of Sexual Normalization*. 1st ed. Indiana：Indiana University Press, 1999, p. 71.

另一方面，有女性主义学者提出福柯对古代伦理主体的探索能够使女性主义确立一种与父权制抗衡的批判方法，比如通过以"关心自己"为原则的自我书写等伦理技术开拓新的主体形式。乔汉娜·奥克萨拉认为福柯赋予伦理学以新的理论层次。对于福柯来说，伦理学不再是遵循抽象道德原则的学说，而是关于个人生存美学开放探索的学说。奥克萨拉指出这种生存美学并非自恋式的虚无主义。实际上，"生存美学"在福柯理论中的功能表现在这个命题延续了谱系学时期的主题，即主体对现代权力的反抗。如果说福柯在谱系学研究中批判了 18 世纪权力机制对主体的建构，那么伦理学则试图运用美学开拓一种全新的自我实践与自我创造，一种不同于现代权力强加于我们之上的主体化形式，"反抗规训权力的方式就在于创造性地塑造自我和自我的生活方式：通过探索新的主体形式的可能性，以及探索新的经验、快感、关系、生活模式和思维模式的领域"①。

最后，本文试图补充一种研究视角，即挖掘福柯自身对女性在 18 世纪生命权力机制中的历史位置的分析。福柯认为关于女性的话语在生命权力机制中具有重要功能。这主要体现在，18 世纪西方社会展开了对人类性本质的建构，有关女性的性本质话语是这种建构的重要部分。同时，生命权力正是通过性本质的话语来管控现代人的。因此可以说，女性的话语间接支撑了生命权力的运作。其次，根据福柯的主体理论以及他自身对女性问题的论述，本文认为，当代女性主义应该认识到女性主体的这种历史构成性。如福柯对主体的知识构成与权力构成分析所示的，女性主体也不是一个统一的固定身份。实际上，女性主体的内涵具有历史构成性，并且她与父权制的历史具有深刻的关联。而在 18 世纪，父权制与生命权力机制结合，建构了女性的性本质话语。由于生命权力至今仍在现代社会中存在，因此女性主义不能忽视女性主体的这种历史内涵。当代女性主义的主体重塑工作不是要重新建立一个普遍的女性身份，而是应该正视女性主体的这种历史构成性，同时建立一种持续的批判意识，解构缠绕在女性主体背后的本质话语。

---

① Johanna Oksala, *Foucault On Freedom*. 1st ed. Cambridge: Cambridge University Press, 2005, p. 168.

揭示生活与生命的本质

——阿涅斯·瓦尔达电影的美学探究

仝晓锋*

【摘要】本文通过对阿涅斯·瓦尔达重要电影代表作的深入剖析，从电影语言革命和生命现实揭示这两个层面，来细致探究法国新浪潮"教母"瓦尔达电影作品的艺术风格和美学特征。

【关键词】法国新浪潮电影　写实主义　实验影像

一、法国新浪潮电影的"教母"

阿涅斯·瓦尔达出生于 1928 年，父亲是希腊人，母亲是具有意大利血统的法国人。她在布鲁塞尔度过了自己的童年时光，1940 年，全家人离开了遭受轰炸的比利时，来到法国。她在巴黎索邦大学和卢浮美术学校学习，获得摄影专业技能文凭。1949 年应让·维拉尔的邀请来到阿维尼翁戏剧音乐节，随后加入国家人民剧院，成为职业摄影师。1954 年，她以独立制片的方式编导了自己的第一部电影《短角情事》，并以大胆创新的电影语言宣告了新浪潮革命的到来。

2003 年以后，70 多岁高龄的瓦尔达，又以不断推出的一系列影像装

＊　仝晓峰，电影导演、编剧、诗人，曾任教于中央美术学院城市设计学院电影与影像艺术系，现供职于西安交通大学。

置作品昂然加入当代艺术家的行列。她的作品曾参加威尼斯双年展、里昂双年展、卡地亚当代艺术基金会、巴黎的马尔蒂娜–阿布卡亚画廊、赛特当代艺术中心、41 届巴塞尔艺术节等，受到广泛好评，她是当代法国影坛最具国际影响力的电影艺术大师。

被冠以"新浪潮教母"的瓦尔达，在电影史上有着极高的地位。她曾骄傲地说："毫无疑问，1954 年，现代电影的大门由我敞开。把电影带向新的类型，拍的快、便宜、用自然光，那就是新浪潮运动，在这个电影运动里面，我是仅有的女性。"

瓦尔达的作品对法国"新浪潮"导演，尤其是早期的戈达尔与雷乃有着重大影响。譬如：多重声音的对话和双线复合结构；心理情绪的细腻表达和高度内心化的文学旁白；手持摄影机的实景捕捉与突兀迅疾的跳切式剪辑；还有明信片式的风景插入和手写小标题的段落划分等，这些不仅是瓦尔达电影中鲜明的风格标签，也是法国新浪潮电影运动的美学旗帜。

在瓦尔达的电影生涯中，短片与长片并重，虚构与纪录并举。她的影片向来蕴涵着一股对生命的热情与关注，并在叙述上进行一系列大胆的革命性探索。她认为"电影必须解决的问题是叙事方式，而不是故事"，并"一直在为电影的独立性和电影的视点而斗争"。这使她的电影始终呈现着一种在原创实验精神支配下的自由而优美的个人式书写和表达。

二、瓦尔达重要代表作品剖析

1.《短角情事》（1954 年，剧情长片，80 分钟）

1954 年瓦尔达自筹资金，以独立制片的方式拍摄了自己的第一部作品。这部在电影史上具有划时代意义的电影处女座作，借鉴了福克纳的文学作品《野棕榈》的结构模式，在两个截然不同的时空关系里展开。影片强烈的个人化实验风格后来成为新浪潮电影的基本特征：真实的环境、迷茫的边缘化主人公、简便的拍摄设备以及强烈的作者意识。影片大胆地把纪录片的风格与文学性的叙事交织推进，使《短角情事》石破天惊，成为现代电影的开山之作。整部电影的叙事在两条线索上交织展开：小渔村现实境况的困顿和一对青年男女情感的纠葛。两条线索的影像截然不同：一个是对客观现实的冷静描绘，另一个则是内心现实的象征表达。引发影片争议的是其革命性电影语言的处理：镜头在小渔村生存体察（客观）与主人公内在情绪（主观）间微妙转接和跳切，从而创造出一种多元和开放的意义表达。它从本体论和现代性两方面引发了电影史上最激进的美学变革。

这部离经叛道的影片，受到当时所有法国电影发行商的抵制，只能在艺术圈小范围内放映，却受到萨杜尔和巴赞等电影史学家和批评家的高度好评。安德烈·巴赞说这是"一部自由而纯净的电影"，"它在形式上有着彻底的自由，由此带给我们在电影中十分罕见的印象：它是一部只遵从作者的梦想与愿望的作品，没有任何外在的约束"。萨杜尔更是称赞其为"法国新浪潮的第一部电影"。

2.《幕府歌剧》（1958年，纪录短片，17分钟）

1958年，正在怀孕期间的瓦尔达拍摄了一部带有先锋实验气质的纪录短片《穆府歌剧》，她把这部17分钟片长的电影命名为一个怀孕女人的电影日记。这部影片拍摄于1957至1958年冬，源自1958年布鲁塞尔国际博览会实验电影展组委会向瓦尔达发出的参展邀请，片名和音乐来自德国电影导演乔治·威廉·派伯斯特改编自布莱希特歌剧的影片《三分钱的歌剧》。这部融纪录与搬演于一体的短片，具有强烈的客观呈现及鲜明的主观视点。瓦尔达在回忆影片拍摄经过时说："由于当时我已怀孕，影片回答了这样一个问题：在穆府附近，一个孕妇会有什么样的世界观？……"

这是一首关于生命及生存境遇的影像诗歌，影片中充满视觉隐喻的画面表达了一个面临生产的孕妇对生命的遐想和思考，既有梦幻的浪漫又饱含沧桑和艰辛。想象的场景极具诗意的美感，现实的铺陈又弥漫悲悯和慨叹，歌声和旁白在摄影机的推进和扫描中相互呼应。抽象和写实的双重影像都汇聚在一种瓦尔达式的手写标签下，以或精美或朴素的视觉对比来构成，并呈现出一种纪录写实影片和超现实主义先锋电影交织混合的美学特质。

3.《五点到七点的克莱奥》（1961 年，剧情长片，89 分钟）

真正给瓦尔达带来国际声誉的电影，是 1961 年她在巴黎街头以纪录片方式拍摄的一部剧情影片《五点到七点的克莱奥》。这是一部关于女人自我认识和自我觉醒的电影。影片前半部分，观众借助他人的目光看到一个被塑造的女主人公形象：情绪无常又极度自恋的女歌星克莱奥。镜子在其间反复出现，表征的是她虚幻和误识的自我。影片后半部分，克莱奥走出自我封闭的藩篱，独自徜徉在巴黎的街道和公园，反而让她看到社会和自我的真相。

这也是电影史上独一无二描绘时间的杰作。影片有意凸显电影中的钟表指针来不断强化时间的真实性，以使银幕时间与现实时间严丝合缝。片中不断出现的小标题文字，精确记录了克莱奥漫游之旅的时间流程，观众甚至可以对照巴黎地图，准确画出她在电影里的真实行程。

4.《向古巴致敬》（1963 年，实验短片，28 分 43 秒）

1963 年瓦尔达接受古巴电影学院的邀请访问讲学。在古巴游历时，她被古巴民族独特的民俗风情和地域文化所吸引，拍摄了 4000 多张黑白照片。回到巴黎，她把其中 1800 多张照片串接在古巴民族舞蹈的音乐和节奏中，制作了一部风格独特的先锋纪录短片《向古巴致敬》。这是一部主要由静态摄影作品剪辑而成的电影短片，以 1963 年瓦尔达在巴黎举办的古巴摄影展开始，应和着展览时古巴民间艺人的舞蹈和音乐而展开，上千张静态照片在眼花缭乱的快速剪辑中，显示出无与伦比视觉的节奏和张力。可以说，这是一部从形式到内容都不拘一格的先锋纪录短片。

5.《幸福》（1964 年，剧情长片，80 分钟）

1964 年，瓦尔达拍摄了一部真正意义上的彩色电影《幸福》。这是一部在视觉效果上华丽无比的影片。电影讲述一个年轻木匠的凄美爱情故事。这部影片不仅是一部有关色彩的交响音诗，同时也是一首关于幸福和爱情的哀伤挽歌，它让我们想起阿拉贡的诗歌："说到幸福，眼露忧伤。"

6.《杨科舅舅》（1967 年，纪录短片，18 分钟）

传统电影的叙事重在故事和情节的演绎，而瓦尔达却更看重拍摄现场的"即兴"发挥，以至"即兴"成为瓦尔达电影突出的个人标志。1967

年瓦尔达在美国访问期间，意外得知她从未见过的一个舅舅居住在旧金山，于是在事先毫无准备的情况下，她用两天的时间即兴拍摄完成了一部纪录短片《扬科舅舅》。瓦尔达认为，拍摄生命的状态与描述时间的流逝比讲述一个故事更重要："我是如何找到我的美国舅舅？他是怎样一个出色的波希米亚？这才是这部短纪录片要讲述的事情。"

7.《天涯沦落女》（1985年，剧情长片，105分钟）

1985年，瓦尔达拍摄的女性电影《天涯沦落女》给她带来了威尼斯国际电影节的金狮大奖。瓦尔达说："拍这部电影的时候我做到了：塑造强有力的人物，并能把她演活；通过虚构的方式，讲述一个不可能的故事；去很多地方，踏足不同地点，用纪录片风格拍剧情片；让观众感受，让观众思考，让观众见证。"

影片使用了大量的移动摄影镜头，其中表现莫娜毫无目的四处漂泊的推轨镜头一共出现12次，这种舒缓的镜头在音乐的伴奏下形成一种视觉上的暗示：莫娜被镶嵌在一个镜头前后两个冗余的物象之间。这种视觉表达似乎在说：自由是有限的，漫无边际的流浪游走，是被限定在严酷的现实境遇里的。或者说，这样的自由需要付出极大的代价：孤独、饥饿、寒冷、危险甚至是生命的代价。谈及这12个推轨镜头及音乐的处理，瓦尔达解释说："以间隔的方式组建这些镜头，并呈现镜头间的逻辑联系，不是一件易事。但我认为仍有些观众能察觉出这种环环相扣的联系，尽管这种联系不是实在的，而是间歇性的。这些镜头的意图在于说明，她的流浪不曾间断，尽管步行不断被路上发生的邂逅所打断，但最基本的事实是：莫娜的流浪以死亡为终点，其主题音乐却题为《生活》。"

如同安东尼奥尼的电影一样，环境和物象也一直是瓦尔达电影里的重要表征。树在影片中出现的很多，那些被砍伐的病树好像是主人公最后死亡的象征，树的形象也成为人物形象的一种延伸：孤独、坚挺、顽强。

8.《南特的雅克·德米》（1991年，黑白·彩色纪录片，118分钟）

1990年，瓦尔达的丈夫、著名电影导演雅克·德米去世。瓦尔达前后拍摄了三部有关德米的影片，来表达对丈夫的追忆和怀念。其中最著名的是1991年拍摄完成的《南特的雅克·德米》。

德米被认为是"卓有成就的法国新浪潮电影导演"，1931年出生在法国南特附近的蓬特夏托，年轻时曾就读于维吉拉照相与电影技术学校，50年代初开始从事电影创作。1960年，他在南特拍摄的第一部长片《劳拉》引起广泛的注意，一跃成为法国新浪潮的重要代表人物。

《南特的雅克·德米》以纪录与虚构交织的手法，表现了雅克·德米青少年时期的生活。瓦尔达在这部向丈夫告别的影片中，不但完美地融合了剧情与纪录的两种风格元素，还采用一种"双线结构"，即老年德米的回忆与青少年德米的成长相互交织，以黑白镜头表现德米的生活，以彩色镜头表现德米的创作，这种色彩的对比其实也正是德米的电影风格："以鲜艳华丽的布景对比角色日常生活的乏味和庸俗。"

9.《拾荒者与我》（2000年，DV彩色纪录片，82分钟）

1998年12月至1999年4月，年过七旬的瓦尔达带着数码摄像机，"游走"于法国的城市和乡村，拍摄了许多当今拾荒者的形象。

《拾穗者》是法国19世纪画家米勒的名作，以此为灵感，瓦尔达对现代社会中的浪费现象进行了深入探究。影片在呈现那些拾荒者生存境遇的同时，于不经意间拍摄到许多被大家遗忘的人和事。作为一部以第一人称叙事的实验性数码纪录片，它不停地在导演的"自我"和被摄对象"他者"之间巧妙转换，以此形成一部自我反射式的纪录片经典，此片在全球各大电影节赢得了30多个大奖。

10.《阿涅斯的海滩》（2008年，纪录片，110分钟）

2008年，八十高龄的瓦尔达在生日之际以《阿涅丝的海滩》这部充满诗意和想象力的纪录片为自己庆寿。这部奇妙的自传性电影，给全世界瓦尔达的影迷以莫大的惊喜。影片以超现实主义重构再现的手法，大胆使用了瓦尔达与丈夫德米电影中的一些片段来追溯她的一生。在这部充满深情的电影中，瓦尔达探讨了梦想、爱以及生命的意义。影片以娴熟的电影手法和诗一般美妙幽默的语言，为我们描绘了瓦尔达不同凡响的电影创作历程。

三、瓦尔达电影的艺术风格和美学特征

蒙田说"风格即人"。任何艺术作品都是艺术家自身世界观和审美意识的反映，它标志着艺术家的人格境界。

纵观瓦尔达的作品谱系，我们始终能发现两种不同的声音在互相盘诘：男性和女性、客观和主观、虚构与写实等等，以此形成她作品中交织回旋的复调式风格特征。

在剧情电影的创作上，瓦尔达是最早摒弃传统电影的制作方式的先行者。她喜欢采用独立制片的方式，以一种近乎纪录片的创作手法，细致勘察和研究的电影的时空形态，以求高度还原生活的质感。在她的作品中，我们总能感受到一种与世界"直击"式的相遇。这种相遇往往从形而下的"现实"出发，最后抵达形而上的"真实"。

另外，瓦尔达的纪录电影也常出现和写实电影格格不入的风格特征：想象性场景和超现实镜头时常会幻化为纯粹的电影画面进入影片，她大胆激进的电影语言探索，使她从一刻开始就超越了"写实"与"虚构"的电影形态壁垒。

也许，对瓦尔达来说"现实"和"真实"是两个不同的概念，"现实"只是世界的表象，"真实"才是存在的核心。这个意义上讲，瓦尔达电影揭示的是生活和生命的本质。

科技哲学对理工科大学生
素质养成的实现机制[*]

王　妍[**]

【摘要】实施科学素质与人文素质并重的教育，培养科学素养和人文素养兼备的高素质人才，是高等教育改革和发展的重要任务。科技哲学作为哲学的二级学科，有利于搭建人文社会科学与自然科学的联系桥梁，对提升理工科大学生综合素质具有不可替代的作用。

【关键词】科技哲学　理工科大学生　综合素质

自 20 世纪 80 年代以来，"素质"成为当代中国的一个热词，素质教育也作为一种富有中国特色的教育思想而家喻户晓。近年来，中国教育改革不断深化，素质教育的理念和思想逐步深入人心，正在深刻催化着人才培养模式的变革。党的十八大明确指出，高等教育的根本任务是"立德树人"，注重培养学生的社会责任感，创新能力和实践能力。因此，实施科学素质与人文素质并重的教育，培养科学素养和人文素养兼备的高素质人才，是高等教育改革和发展的题中应有之义。然而，受传统教育观念的影响，大学特别是理工科大学仍然存在过于强调科学主义和工具理性、人文教育一定程度上被弱化的现象，致使部分大学生曲解甚至漠视人文教育价

* 本文系北京航空航天大学校级教改项目"科技哲学对理工科大学生综合素质提升的研究与实践"的阶段性成果。

** 王妍，北京航空航天大学人文与社会科学高等研究院副教授，哲学博士，主要研究方向为科学技术哲学。

值和意义，难以适应社会对学生发展的全面要求。科技哲学作为一门新系统学科，有利于搭建人文社会科学与自然科学的联系桥梁，对提升理工科大学生综合素质具有不可替代的作用。

一、理工科大学生素质现状及人文素养需求分析

教育部在《关于加强大学生文化素质教育的若干意见》中明确指出，大学生的基本素质包括思想道德素质、文化素质、业务素质和身体心理素质四个方面。这四方面是大学生综合素质养成之根基，是提高理工科学生培养质量的着力点。

1. 理工科大学生素质发展现状及存在问题

在持续的教育改革推动下，大学对素质教育日益重视，培养模式不断完善，使得大学生综合素质获得明显提高，总体态势日趋向好。但同时也要看到，受传统应试教育的影响，还存在着片面重视专业素质的培养，忽视大学生的全面发展；强调文化素质的提高，忽视人文素养的提升；关注科技的学习，忽视科技的使命。这种教育思维和模式影响大学生综合素质的培养和提高，导致大学生综合素质低位徘徊、重理论轻实践、缺乏创新精神和社会责任感等现象的频发。

在我国，多数理工科大学通常以培养生产管理和服务一线的、具有较强实践经验的高素质研发和工程技术人员为目标，主要开展务实教育，侧重理论与工程的结合、教育与职业的联系，注重培养能够学以致用、具有较强理论联系实际能力以解决工程应用问题的人才。同时，受课时总量和重视程度影响，造成学校课程设置中往往忽视人文课程和人文精神培养，进而忽视人文精神等软实力在学生综合素质提升过程中的重要作用。这些问题如果不能及时解决，将不利于培养具备全面综合素质的社会主义建设者和接班人。

2. 理工科大学生综合素质养成中的人文需求

从总体上看，我国理工科学生思想活跃，易接受新生事物，能够快速吸纳新思想，绝大部分的学生具备一定的人文学科知识。然而，与具备全

面综合素质的社会主义建设者和接班人培养目标要求相比较，仍存在一定差距。根据理工科大学生综合素质的现实特点分析，应当使学生在人文知识、人文精神、心理素质、实践创新与哲学修养等方面获得和谐发展。

首先，人文知识的储备是大学生综合素质养成的出发点。人文知识是大学生文化素质的核心，也是人文精神的基础，没有人文知识的滋养，自然科学知识可能丧失价值导向。其次，人文精神的培养是大学生接受素质教育的立足点。人文精神以追求真善美等崇高的价值理念为核心，以人的全面发展、自由、解放和幸福为最终目的。[1] 缺乏人文知识，会使得学生同社会现实的脱离，在价值判断和选择能力上产生迷茫。再次，心理素质的提高是树立理想信念的基本点。心理素质以生理素质为基础，理想、信念是心理素质的核心，而快速的社会变革、文化变迁使得部分学生的理想信念发生某种错位，导致其学习目标不够明确、学习过程过于功利化。[2]最后，实践和创新能力是学生能动性与受动性结合的落脚点。实践观点是马克思主义认识论的首要和基本观点。而学生往往因局限于理论公式的运算推演，或是止步于实验室的模拟试验，难以应用于实践，进而难以做到创新。

二、科技哲学对理工科学生素质养成的作用机理

科技哲学作为哲学的重要分支学科，旨在探索自然界的一般规律，研究科学技术发展中的哲学问题，总结科学技术活动的基本方法以及探讨科学技术与社会的辩证关系。这一学科自身特点，有利于促进理工科大学生综合素质的养成和提高。

科技哲学可以拓展理工科大学生获取知识的深度与广度。科技哲学被称为一门年轻而又古老的学科。作为一门综合性的交叉学科，科技哲学是对科技发展时代之中自然、科学、技术以及社会等多方的、辩证的哲学回应。科技哲学以科技发展为基础，却又高于科技成果的理论研究。

[1] 张磊：《加强通识教育 提升大学生人文素质》，《中国高等教育》，2015 年第 19 期。
[2] 钟芸、毛建：《培养包容心态 提升大学生综合素质》，《中国高等教育》，2014 年第 2 期。

作为科学技术与哲学相连接的桥梁，科技哲学具有但又不完全局限于哲学的性质和层面，科技哲学主要研究自然界和科学技术发展中较为普遍的一般规律，具有哲学性质，但科技哲学没有停留于此，而是继续深入科学与技术形成与发展的细节、始末，甚至成为科技理论、科技成果的一部分；科技哲学主要面向科技发展之中所获得的成就、所发现的问题以及所面临的挑战等，对科学技术本身及其与经济、社会、文化相联系的各个方面进行哲学层次的思考和探索，以便掌握科技发展的一般规律，把握科学技术的社会影响，以哲学和文化的层面认识科学技术的性质。显而易见，科技哲学特有的学科性质与研究内容将使理工科大学生在所获取知识的深度与广度上得到极大的拓展。

科技哲学可以提升现代科技创新人才的潜在素养。科技哲学以自然界的哲学问题、科学技术研究和探索中的哲学问题以及科学技术在经济社会发展中的地位、作用、宏观规律等哲学问题为研究对象，主要内容包括辩证自然观、辩证科学观、辩证技术观以及科技与社会的互动研究。

在学习自然观的过程中，大学生可以掌握对自然界认识方面辩证思维的作用，进而为科学活动提供一种正确的世界观、认识论、方法论和价值论前提；在学习科学观的过程中，大学生可以在掌握归纳与演绎方法、系统思维方法以及各种非逻辑思维方法的基础上，深入领悟科学的本质特征及其发展规律，培养大学生的创造性思维能力；在学习技术观和技术方法论过程中，大学生可以深入探索技术的演化发展规律，进而树立正确的辩证技术观，明确科学技术在社会发展中的地位和作用；在学习科技创新与社会互动内容过程中，大学生可以树立以人为本的观念、坚持科学发展观，实现自身、人与人、人与社会可持续的协调发展。

三、科技哲学对理工科学生素质养成和提升的实现路径

科学技术作为极重要的生产因素，扮演着推动世界经济发展之根本动力的角色，而科技哲学以科技辩证观、自然辩证观、科学技术系统论和整体论直接培养理工科大学生科技创新的理论思维能力。加强科技哲学的学

习有利于理工科大学生综合素质的全面提高，不但能增强学生的人文精神，还能提升学生的心理素质和哲学修养，提高实践能力和创新能力。

1. 通过科技哲学促进理工科学生的知识拓展和融会贯通

科技哲学自身具备的交叉性和综合性，使其成为联结自然科学和人文社会科学的纽带，沟通科学文化和人文文化的桥梁。要引导理工科学生通过学习科技哲学，不断拓展人文知识，促进人文知识与专业知识的融会贯通，培养创新能力。

在促进人文知识拓展方面，要让学生通过学习科技哲学，深入探讨自然观、科学观、技术观以及科技与社会的互动，明确科学技术史在科技哲学学科中的核心支撑地位，以史为鉴，明晰当代科学技术发展的逻辑脉络和内在规律。在此基础上不断拓展人文知识，完善知识结构。在人文知识与专业知识的融会贯通方面，要让学生通过学习科技哲学，深入了解基础研究、应用研究以及综合研究的基本范式，帮助其交叉融合、触类旁通，打破单一学科研究的壁垒，促进多知识体系的相互借鉴、渗透、合成。

2. 通过科技哲学强化理工科学生的人文精神

理工科大学生对人文精神的体悟，不仅需要在人文知识上的积累、反思与提炼，还需要把目光从自我投向社会，从本专业投向全文化。要通过科技哲学的学习，培养学生具备综合性知识和战略眼光，以及面向全社会、全人类的人性关怀。

要引导学生以科技活动实践人文精神。鼓励学生探究人文精神的魅力，避免仅从自己学科的单一视角出发考虑问题，而能够站在自然和人类的高度全面把握所研究的问题，回应现实需求和社会关切，进而在宏观政策和战略措施上提出解决方案。要引导学生以人文精神引导科技创新。鼓励学生通过学习科技哲学密切关注科学技术的创新、发展及其对人类社会的影响，深入探究人文精神作为一种价值观念为科技创新提供正确的价值导向，必须注重科技创新与人文精神的高度融合。

3. 通过科技哲学培养理工科学生的科技伦理意识

近些年，科技工作者学术失范问题时有发生，引起社会广泛关注，要通过科技哲学引导学生探讨科技伦理建构基本理论，分析不同层面的科技伦理维度，考察当代主要科技领域的伦理问题，明确科技工作者的职业伦理和职业道德。

在探讨科技工作者伦理责任方面，要引导学生热爱职业、实事求是、勇于进取、团结协作，以造福人类为职业理想，以追求真理为根本任务，正确深刻地认识自己所从事的职业的社会价值和社会意义，充满热情、积极性和创造精神，为社会和公众牺牲个人利益。在支撑学生科技伦理观念构建方面，要教育学生遵循客观、公正、效率、公众利益优先等原则，引导其正确看待科技活动自身的伦理问题、社会中的科技伦理问题以及人与自然的科技伦理问题。遵守学术道德规范，使科技成本、效益和风险得到公正的分配，在科技活动中自觉接受学术道德约束。

4. 通过科技哲学提高理工科学生的实践和认知能力

科学技术是当代社会发展的核心驱动力，当今社会工业化、现代化建设中产生的各种各样的问题，几乎都与科学技术相关联。要引导学生通过科技哲学对科学技术在社会中的正负作用进行多方探讨，求解社会发展中各种现实问题，提高实践和创新的能力。

要引导学生深刻认知科技哲学揭示了一套系统的自然观、认识论、方法论、价值论和历史观，虽然其研究方法是多样的，但是最根本的是坚持辩证唯物论和历史唯物论的基本思想方法。通过科技哲学的学习和研究，促使学生具备科学思想，在其科技创新活动中更加自觉地不断向前；使学生们吸取科学哲学和技术哲学思想，品味人与自然的辩证法，探索科学发现和技术创新的机制，在实践中不断创新，在创新中不断实践，胸怀天下，境界高远，目光深邃，知行合一，在探索未知的道路上感悟自然的奇妙、世界的多姿、社会的演进和人生的真谛。

挑战与变革：哈佛大学通识教育观察

陈　绮[*]

【摘要】哈佛大学在独立性、影响力和多样性方面成效显著，帮助塑造了美国的高等教育体系。但在美国的高等教育面临诸多挑战的大势下，哈佛的通识教育也面临变革的必要。现行的通识教育在为学生的公民参与做准备、提高学生的伦理维度的认识、使之能够快速有效面对变革以及理解自己作为艺术、思想和价值观的产物和塑造者方面进行了大量的探索，以实现哈佛的三个基本价值观念：真理、卓越和机会。

【关键词】通识教育　哈佛大学　挑战与变革

本文是笔者于 2016 至 2017 年在哈佛大学做访问学者期间对哈佛通识教育的近距离体验和观察，以及其后对哈佛大学 2018 年通识教育改革的持续关注与思考。这个阶段，正是美国高等教育的价值受到社会挑战的时期，同时也是哈佛大学通识教育改革的转型过渡期，由此笔者得以看到其新旧模式的一些变化。

一、哈佛大学简介及早期通识教育改革

哈佛大学位于美国东部马萨诸塞州的剑桥市，始建于 1636 年，是美国最古老的高等学府。师资力量 2400 人，另有 10400 人在附属教学医院；

---

* 陈绮，北京航空航天大学人文与社会高等研究院讲师。

学生人数 36012 人，包括哈佛学院 6699 人，硕博学生和其他学生 13120 人，继续教育学院 16193 人（2017—2018 学年），在世校友人数 371000 人，其中超过 279000 在美国，59000 在其他 202 个国家。建校以来，共产生过 48 个诺贝尔奖获得者、32 个国家元首、48 位普利策奖获得者，校训为真理（veritas）。占地面积 5457 英亩。

哈佛拥有世界上最大的学术图书馆，总共有 28 个图书馆，除了华盛顿 DC 一个，波士顿两个，牙买加平原一个，佛罗伦萨一个，其他都在麻省剑桥市。这些图书馆，有 2040 万套藏书，18 万系列，4 亿手稿，1 千万照片资料，1.24 亿档案网页，这些由 800 位图书馆管理员在超过 70 个图书机构完成。而且哈佛的图书馆还和美国其他高校联盟，这意味着在哈佛没有的书可以通过网络向其他高校图书馆借取。

哈佛有 14 个博物馆，超过 2800 万件艺术，手工，物种，材料，器械等各类藏品。由于深深植根于学术与教学，这些国际性常展品在各个学科中具有了长足的发展和持续性。其中有些博物馆位居世界博物馆前列，（比如哈佛艺术博物馆，自然历史博物馆等），并对公众开放，每年迎接来自当地，国内和国际的 65 万访客。

目前，劳伦斯·巴科（Lawrence S. Bacow）是第 29 位校长。

哈佛由 11 个主要的院系组成，本科录取比例约为 0.058%。采取的是三学期制，通常情况下，1 月到 5 月是春季学期，6 月至 8 月是夏季学期，9 月至 12 月是秋季学期，1 月是寒假，8 月是暑假。但 6 月至 8 月的夏季学期鼓励学生进行游学或访学，学生也可以参加学校的一些暑期学校短期课程。哈佛学院（Harvard College）是通识教育所在地，负责所有本科的课程教学。

美国大学的通识教育有着上百年历史，其中最为典型的代表就是哈佛。但就算是哈佛，也不故步自封，而是在不断适应时代变化，对通识教育体系采取一系列改革措施。总的来说，哈佛大学产生过三种通识教育哲学理念。

首先是"课程选修理念"。即取消必修课，代之以广泛的自由选修课，认为学生可以通过选修课程对自身教育负责。这种理念源于艾默生的自我实现教育理念，可以追溯到法国启蒙思想家卢梭及浪漫主义运动。

其次是"博雅教育理念"。通识教育是博雅教育最富特色的关键组成部分，是以自由探究的精神开展，无关局部适应性和职业实用性，是公民和负责任的个人生活的必要准备。通识教育关注教育的整体目标和博雅教育目的等更基础性的问题，而不仅仅是专业知识。

再次是"分类必修课理念"。认为分类必修课应是通识教育的中心组成部分。这种理念的源头可以追溯到中世纪课程里的"七艺"。

哈佛大学最早的一次通识教育改革是在 19 世纪末美国内战后，正值美国高等教育体系重大变革阶段。时任哈佛大学校长艾略特（Charles Eliot）取消所有必修课，建立"自由选修制度"（free electives）。他对学生的尊重和对自由教育的倡导，为后来通识教育的改革奠定了基础。

之后，校长洛威尔（Abbott Lawrence Lowell）提出"主修与分类必修制"（concentration and distribution），要求学生在 4 年 16 门课程中，至少主修 6 门本学科领域的必修课，再从文学、历史、自然科学和数学 4 个分类中，各出 1 门，剩余 6 门课程自由选修。

1945 年，哈佛出版了《自由社会中的通识教育》（俗称《哈佛通识教育红皮书》），明确指出，通识教育应着重培养人"有效的思考、交流思想、作出恰当判断以及辨别价值"这四种能力，通识教育课程应包括"自然科学、社会科学和人文科学"三大部分。哈佛学生毕业前最少要修满 16 门科目，其中主修课程 6 门，通识教育课程 6 门，需从自然、人文、社会 3 大领域中至少各选 1 门，自由选修课程 4 门。

1978 年，哈佛发布了《哈佛大学核心课程报告书》（*Harvard Report on the Core Curriculum*），提出用新的核心课程体系取代原有的通识课程。学生必须完成 7 门核心课程和 3 门公共必修课的学习，并鼓励学生选修新生研讨课。7 门核心课程分别涉及外国文化、历史研究、文学艺术、道德评判、科学、社会分析和定量推理，3 门公共必修课则分别涉及说明文写作、一年期外国语言学习和数理应用。

2002 年 10 月，哈佛大学全面启动本科生课程改革，通识教育改革是其中的核心内容和中心任务。2007年5月，推出通识教育课程方案，并在2009级新生中试用。新课程计划中加重了科学的比例，并且强调"国际化视野"和"合作意识"。①

二、近五年来哈佛通识教育改革面临的问题和挑战

2013年哈佛新一轮的通识教育改革正式推行，重新划分了八大课程板块：艺术与诠释、文化与信仰、经验推理、伦理推理、生命系统科学、物理世界科学、世界中的社会、世界中的美国。但在实施过程当中，由于面对更为复杂的社会局面和更为多样化的学生群体，出现了新的问题，在通识教育课程上也很快显现出来。

首先，通识教育课程在身份识别和认同上出现偏差。各个专业的学生在经过通识教育以后对自身的定位表现出困惑。各类别学科互不相干，具体激励目标模糊不清，通识教育统领性原则和理念显得似是而非。

其次，课程板块覆盖面窄，导致跨学科课程无处容身，无法适应时代需要，也发酵了对现行通识教育课程的不满情绪。

再次，不同院系参与度差异很大，比如文史哲类申报课程数量就远远多于其他学科，导致学科结构不平衡，学生的选择面变小。

此外还有一些具体的问题，比如优秀助教比较难找，一定程度上也会影响了教学质量；在线选课系统不完善，导致一些选课漏洞，增加了成本等等。

2016年的《哈佛通识教育委员会最终报告》确定，通识教育的核心目是让学生理解各种公民参与的实质，认识到自己既是社会传统的产物同时也是传统的缔造者，能够知道自己言行的道德维度，在社会变革、科技

---

① 周京博：《哈佛再推通识教育改革：越是顶尖大学，越重视本科教育》，http://www.yidianzixun.com/article/0K2n4a2u。

进步和文化演进的过程中，能做出更具灵活性、批判性和建设性的回应。教育的使命是传授在世界上智慧生活的艺术。

在此基础之上，通识教育委员会又计划了最新的一轮通识教育改革，在 2018 年秋季试运行，并在 2019 年秋季正式全面推行。

2018 年秋季将推出的通识教育新框架主要由三部分组成：

将原来通识教育的"八大板块"模式改为"4 + 3 + 1"的新课程模式，即四门必修通识课程（General Education Courses）、三门分布式课程（Distribution Courses）和一门实证与数学推理课程（Empirical & Mathematical Reasoning）。哈佛本科生需要从"美学与文化"（Aesthetics & Culture）、"伦理与公民"（Ethics &Civics）、"历史、社会、个人"（Histories, Societies, Individuals）、"社会科学技术"（Science &Technology in Society）这四大板块中，分别选出 1 门通识必修课。

在"艺术与人文"（Arts & Humanities）、"科学与工程"（Science & Engineering）和"社会科学"（Social Science）分布式课程中各修 1 门分布式课程。而"实证与数学推理"作为一个课程类别被独立出来。哈佛大学成立了专门委员会负责细化课程目标，评估并指导课程做出必要调整。

新方案将从 2019 年起，完全取代之前的通识教育计划。2020 年及之后入读哈佛的本科生将会按照新方案学习。而在 2018 年秋季之前入读的本科生，依然按照之前计划学习，但允许拥有一定程度的替代方案，让他们有一个类似缓冲的时段。哈佛还给学生提供了个人化的培养建议和选课咨询，以确保学生能够得到最适合自己的培养。

此外，许多哈佛暑期学校的课程（无论是校内课程还是海外课程）都可以计入学生的成绩记录。2019 年秋季前入学的哈佛学生也可适用新的学分计算方式，只要他们在"实证与数学推理"课程上拿到成绩，就可从必修的 4 门通识课中任选一门，用"及格/不及格"作为课程成绩，且结果不计入 GPA。

笔者注意到，除了对学生方面的要求，哈佛大学也对授课教师提出了一些总体的建议。当然，为了不妨碍教师的自主性，哈佛也明确表示，这只是对教师有帮助的一个导向，而不是严格的标准。哈佛建议，在课程描述上，应以概念为导向，因面对的是非专业的学生，所以课程上不应该有太强烈的专业色彩，也不是要以说明特定学科的学术方法为中心。他们倡导使用不同学科的方法，以阐明课程的概念。在课程中，鼓励教师要明确建立课堂与世界之间、学生现在所学和将来所成之间的联系。换句话说，哈佛这一次的通识教育改革，更加注重大学和社会之间的联系，注重培养学生在多变多样的世界中的适应能力和领导能力。

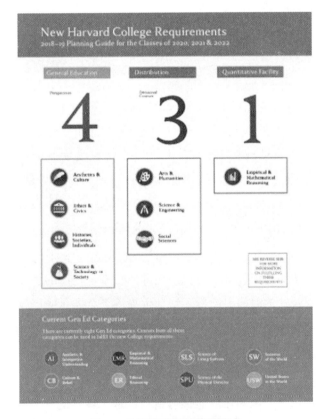

图一　全面改革后的课程要求

（来自哈佛官方网站 https：//generaleducation. fas. harvard. edu/new-requirements-beginning-fall-2019）

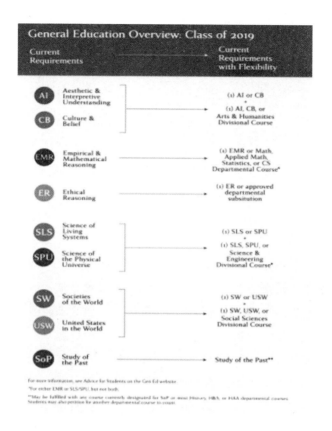

图二 缓冲期课程方案

（来自哈佛官方网站 https：//generaleducation. fas. harvard. edu/
new-requirements-beginning-fall-2019）

三、哈佛课堂观察

　　笔者在哈佛大学访学期间，选择了一些课程旁听。本文试举三例，从
中可见哈佛通识教育课程的一些特点。

　　首先是文理学院罗曼司语言与文学系的资深教授利诺·佩尔蒂莱
（Lino Pertile）教授的"《神曲》的宇宙"（The Cosmos of the *Divine Come-*
dy）。佩尔蒂莱教授是享誉世界的但丁研究专家，他开设的课程不仅吸引
了在校本科生，也吸引了校内外人士慕名而来，所以课堂上既能看到普通

的学生，也可以看到白发苍苍的老人。这门课程在设置上是比较常规的哈佛通识课程模式，教师讲授为主，学生讨论为辅。小班教学，全班共三十个学生，在一个学期内需要完成十次作业，课后每周需要组织学生进行讨论。上课之前，教师会在课程系统中告知学生需要提前阅读的材料和需要思考的问题；课后，则会有布置的作业，通常是论述题，学生的阅读量很大，思考的问题也比较有挑战性，但由于平时的作品占有成绩的比重是百分之六十，故而需要学生认真完成。教授的学识和授课均是高水准，能够旁征博引，信息量极大，真正做到了通而识。这样一学期下来，学生虽感课业沉重，但收获颇多。

值得一提的还有给这门课安排的助教。该课程共配有三名助教，均是文理学院罗曼司语言与文学系的博士或者博后，他们的职责是随堂听课，协助发布信息，批改学生作业，组织课后讨论以及答疑。这三位助教，一方面要求有相关的知识背景和良好的学养，一方面要求能够有很强的责任感和耐心，应对学生的各种疑问。

该门课的考核方式是期末的闭卷考试，题型上是选择题和论述题，要求学生对《神曲》的基本内容的把握和自身对于《神曲》的理解。

总的来说，这类通识课授课方式相对传统，但对授课教授的学识水平和讲授能力有很高的要求，而助教的配合也起到了很好的补充作用，学生能够在相关的知识获取上受益颇多，培养的是学生思辨的能力和搜集材料的能力。

和佩尔蒂莱教授不同的是，历史系的詹姆斯·汉金斯（James Hankins）教授的课程"西方智识史"（Western Intellectual History）的考核方式则更为发散，需要学生完成高质量的课堂报告。这门课既面向本科生，也允许硕士和博士参加。Hankins教授是世界著名的历史学家，尤其是文艺复兴时期的智识史，是他的研究专长。这门课主要分为两个学期，上一个学期讲古典，下一个学期讲现代。每学期的上半个学期是由他进行智识史的梳理，并选取某一些观点进行重点论述，下半个学期则要求上课的学生做20分钟左右的课堂报告。在他的课程介绍中，除了提及教授本人的课程内容和参考文献之外，也明确列出了学生可以选择的论题。学生可以进行自由选择论题作报告。论题通常带有很强的思辨性，需要学生在了解所涉及的时代智识历史的情况下进行深入的探讨，难度很大。再加上若有博士参加，本科生的压力会更大。但另一方面，博士和本科生之间的互动和互助也有利于弥补双方的缺陷。这门课程，在让学生获取相关知识的基础上，极大培养了学生的思辨能力和表达能力。

最后一门课程是罗曼司语言与文学系的弗兰切斯科·埃斯帕梅尔（Francesco Erspamer）教授的"意大利研究论坛"（Italian Studies Colloquium）。这门课是在授课方式上最为特别的一种，同时也是成本最高的一种。这门课主要是介绍意大利研究领域前沿知识，在全世界范围内邀请该领域的著名学者来介绍他们新近出版的著作，涉及文学、艺术、建筑、历史和社会科学领域。授课方式上，主要分为课堂和课后两部分。课堂部分，即是邀请学者在课上做一个关于自己最新出版的那本书的报告，让观众了解主要内容和思想，随后有提问和讨论。课后部分，则是要求学生在读完书以后对学者进行采访和撰写书评。而采访部分将被摄录，在美国的"纽约之声"上播放。

学生选课之前即可在课程描述中了解该课程一学期以来将会邀请到的学者及其新出的著作，选课后学生将会分组，两人一组，成为采访人和助理，此后选择分配各自的采访对象。他们需要事先认真阅读该著作，了解相关知识，做好采访提纲，然后在摄影棚中和学者对谈。通过这门课，学生能够获得最前沿的知识，也能够学习如何进行电视采访和写作书评，是对学生综合能力的培养。

四、思考与启示

哈佛的通识教育，在一定程度上赋予了哈佛学生独特的气质，也造就了哈佛独特的校园文化。笔者在哈佛访问期间，浸淫其中，深切感受到了在学生身上一些不可忽视的特质。概括起来，可以用几个词来形容：知识、敏锐、勤奋、活力和自觉。

哈佛的学生经过通识教育的培养，在掌握专业知识的基础之上也拓展了非专业知识，让他们思维开阔，能够旁征博引，触类旁通，在各种场合都游刃有余。在艺术博物馆里，经常有理科学生的身影，在一些计算机爱好者协会，也常常有文科学生的声音。

哈佛的学生对于现实世界保持了非常敏锐的感知力和创造力，善于在日常生活中寻找灵感和机遇，而哈佛也能够尽最大可能给学生提供帮助。例如，有个大一新生在一个学期之后，开发出了一个链接了哈佛各个食堂每日菜单，计算出卡路里的软件，让学生能够通过此软件知道每日各食堂的菜单和每道菜的卡路里，这对于既注重知识又关注健身的哈佛学生来说非常实用。在哈佛知道此事以后，帮助该学生建立了自己的软件工作室。

哈佛的学生，并没有因为自己是天之骄子而放弃努力，甚至可以说，哈佛的学生比一般的学生更为勤奋。一方面是课程压力大，竞争激烈，另一方面，也是校园文化熏陶的结果。无论是在图书馆还是在健身房，都能看到诸多学子努力的情景。哈佛培养的学生，由此也不会是不问世事、四体不勤的书呆子。他们充满智慧，精神焕发，活力充沛。

哈佛用他们的教育，教导学生要对自己有充分的认识，也要对自己所处的位置有充分的自觉。在哈佛校园，有这么一句话，无论你在哪儿，你都是哈佛（wherever you are, you are harvard），体现的正是这样的精神。而这其中，通识教育对他们的培养和打破边界的启示，功不可没。

2018年，哈佛新校长巴科上任，在就职演讲中，他提到，哈佛大学和美国所有大学的优点在于他们所代表的三个基本价值观念：真理、卓越和机会。在一个后真相（post-factual）的世界，需要强大的大学教育，让哈佛学生称为卓越的同义词，并赋予学生，包括低收入者家庭的学生以受教育的机会。而他也强调，为了这几点，广泛的人文教育变得尤为重要，哈佛有责任教育学生成为有眼力的新闻和争论的鉴别者，并让他们自己成为真理和智慧的来源。

百年来，哈佛不断完善自己的通识教育体系，并成功推动美国建设本土化的通识教育体系。自20世纪90年代后期开始，我国各高校先后开始探索通识教育，逐步推进通识教育的中国化进程。哈佛的通识教育及其改革历程，或许能给我们提供某些参考。

首先，教师、学生和教务系统的协同合作至关重要。可以成立由教师、学生以及行政管理人员等多方群体共同参与的调查委员会，对学校通识教育现状、问题和未来进行深入有效的调查研究，做到对症下药。

其次，在构建通识教育课程体系和管理方案时，应关注社会发展趋势和学生的兴趣和实际需求，一方面联系社会实际，另一方面也要联系学生的个体实际。哈佛推行的新方案就十分注重解决学生的实际需求，不论是学分计算方式，还是选课时间安排，都是为了保障学生更加自由、自主地选择自己感兴趣的课程。这也符合哈佛一直推崇的"鼓励学生们去探索、创造和挑战"的教育理念。

参考文献

李桂红：《哈佛大学通识教育课程改革研究》，《高教发展与评估》，2012 年第 2 期。

宁宇、卢丽华：《哈佛大学通识教育改革的新动态及其启示》，《世界教育信息》，2018 年第 12 期。

王蕙：《哈佛大学通识教育对中国高校的借鉴意义》，《中国青年社会科学》，2015 年第 3 期。

张会杰：《哈佛大学通识教育课程体系及其特点》，《高教发展与评估》，2013，29（2）。

张家勇：《哈佛大学改革通识教育》，《中国教育报》，2018 年 10 月 19 日。

周京博：《哈佛再推通识教育改革：越是顶尖大学，越重视本科教育》，http：//www.yidianzixun.com/article/0K2n4a2u。

专题研讨：绘画传统与艺术思想传承

延展与开拓

——改革开放 40 年山水画述略

张　巍　韩立朝*

【摘要】改革开放 40 年来，山水画的社会语境、审美风尚、文化意涵、精神指向、题材内容、创作手法、语言风格都发生了诸多变化。本文通过对此时期所经历的写生—创作模式的延续与拓展、黄宾虹热与笔墨之争、都市山水画的兴起、当代山水画笔墨变异与图示建构以及泛山水画的理路与形态等多方面问题的较为系统的梳理，对语言探索和观照现实等多个维度的析解，总结 40 年来山水画的得失，发掘山水画创新的规律，为今后山水画的进一步发展提供必要参考。

【关键词】改革开放 40 年　山水画　语境　语言嬗变

改革开放 40 年来，人们的生存状态、生活方式、审美理念和心理诉求都发生了巨大变化。伴随着这些变化，山水画形态也发生了一系列嬗变。其实 20 世纪初 "美术革命" 力倡科学主义和五六十年代现实主义的广泛推行已经为山水画的新一轮变革铺好了底色。改革开放，西方现代艺术大量涌入，中国画传统资源也大为开放，几经碰撞磨合，山水画家在借鉴中有扬弃，反拨中有参照，在 19 世纪 60 年代

---

* 张巍，中国科学院附属试验学校分校美术教师；韩立朝，首都师范大学美术学院副教授，中国美术家协会会员。

确立的"新山水画"① 基础上又有新的取向。40 年来的山水画既是前期的某种延展，又夹杂着回望传统和深层融合西方的新变，更有步入当代社会人们心理和视觉等的多重诉求，山水画实践呈现了活跃的态势。以世纪之交为界，40 年又可细分为两个阶段，前一阶段以延续和拓展为主，越到后来，越有一种当代转型的意味。

一、寻求变异：写生—创作模式的延续与拓展

改革开放新时期艺术家获得了创作的自由，思想与实践也逐渐活跃起来。山水画大体延续了 20 世纪五六十年代以来以李可染、傅抱石、石鲁等人为代表的写生—创作模式，即先对景写生，进而创作，强调深入生活的现实主义创作之路。写生对主客体的双向观照使种种变异与派生均能找到创造的原点，避免了构图、笔墨、图示等的重复和雷同。此时，"老画家中朱屺瞻、刘海粟、林风眠、陆俨少、李可染、谢稚柳、关山月、黎雄才，在台湾的张大千等都有新的变化与发展"②。除此之外，吴冠中的水墨画探索进入一个新阶段，赖少其也把主要精力投入到山水画中，何海霞、应野平、梁树年、罗铭、白雪石、魏紫熙、宗其香、宋文治、方济众、亚明等人重新焕发出创作活力。画家们从写生状态升华到创作状态，在山水画的笔墨关系、结构空间和意境营造上寻求新异，风格更为鲜明。1986年李可染再次举办个展印证了这些变化。③ 从李可染的学生黄润华、张仁芝、李宝林、李行简、张凭、张步、李春海等人也可以看到写生—创作

① 郎绍君：《二十世纪山水画的"承"与"变"》，《二十世纪山水画研究文集》，上海：上海书画出版社，第 25 页。"新山水画主要由写生加工而成，强调把自然风光与水库、厂房、高压线、铁路、火车、汽车、梯田或革命纪念地如井冈山、宝塔山、韶山结合起来，或直接图释毛泽东诗词。为了突出'新'，多把水墨改为青绿，把荒寒之景改为工整、漂亮、欣欣向荣之景，再点缀工农兵人物，配以招展的红旗等等。在画法上强调写实性，在趣味上强调通俗好看，在表现上强调正面歌颂。最初的作品，不免以'旧瓶新酒'的方式出现，约 50 年代中期以后，这种状况逐渐改善，出现了一批相对成熟的画家和作品。"
② 郎绍君：《二十世纪山水画》，《中国现代美术全集》（中国画·五·山水上），台北锦年国际有限公司，1998 年版。
③ 高名潞等著：《中国当代美术史（1985—1986）》，上海：上海人民出版社，1991 年版，第 519 页。文中谈到："1986 年的李可染似乎重新焕发了 50 年代的活力……1959 年以来的第二次个展于 4 月 28 日在中国美术馆开幕。"

模式的影响。

写生—创作模式是传统山水画"外师造化、中得心源"的惯有路径，通过写生能够解决心与物、自然形态与艺术样式、普遍性与特殊性、继承与创新、时代性与个性化等诸多问题。这个模式在历史长河中代有变异却也一直延续，说明它符合艺术创作规律，有其合理性，但同时也存在一些问题，如郎绍君所言："缺乏想象力和变异能力，笔墨修炼不足。这种状况以中国画教育中过分强调素描和写生训练而轻视临摹与传统学习有关。"① 随着画家写生范围的不断扩大，方式日益多样，注入新时代文化信息的诉求越来越强烈。李可染的学生龙瑞此时期的作品借鉴西方现代派的体面构成，说明他试图突破传统、融汇中西的努力；另一个学生贾又福写生太行山，注重图示的主观表现，在1984年第六届全国美展获奖的《太行丰碑》已然突破了写生的限定，提炼笔墨、概括意象的处理和浑然静穆的整体感给人留下了深刻印象。同样画太行山的吕云所，其作品相对写实，偏于苍茫粗犷的精神性表达；白云乡出生于20世纪50年代，他笔下的太行山有高山大岭，也有山中小景，与贾、吕不同，他的笔墨显出苍秀灵动的一面。当长安画派的主将赵望云、石鲁谢世后，崔振宽、罗平安、赵振川、苗重安、陈国勇等人是继起的代表性人物，他们在浑厚拙朴的地域性画风基础上更加注重有意味形式和个人风格的建构。总之，20世纪四五十年代出生的画家在观念上更加灵活和开放，在写生中多方参照传统资源，对西方艺术的借鉴也由开始时的相对单一生硬逐渐走向有机融通，画风与前人和古人都拉开了距离。

写生—创作模式的一个重要特点是地域性相对比较凸显，画家们可以借助地域性特征确立不同于其他地域的某种风貌。"山水画艺术个性的生成，不能离开某种特定地域的审美特征。对于视觉感受真实性的强调无疑会因为审美客体特征的不同而形成山水画的地域风格"②，同时，"地域性山水画群体风貌显然会因这种客体特征和地域文化结构的一致性而趋同。

---

① 郎绍君：《中国画教学断想——在中央美术学院中国画教学会议上的发言》，《中国现代美术理论批评文丛·郎绍君卷》，北京：人民美术出版社，2010年版，第82页。

② 尚辉：《从笔墨个性走向图示个性——二十世纪中国山水画的演变历程及价值观念的重构》，《二十世纪山水画研究文集》，上海：上海书画出版社，2006年版，第107页。

他们的难点在于怎样从传统笔墨中分解、整合、创造出符合特定地貌特征表达的笔墨语言，并将这种笔墨语言升华为个性才情和精神境界的载体，甚至成为地区性文化结构和审美心理的表征"①。可见，地形地貌、笔墨个性化处理是画家风格差异的两个重要元素。通常讲，北方山水画家多用皴擦，以雄浑朴厚沉凝为底色，南方山水画家多用柔笔淡墨勾勒渲染，以清丽雅致轻灵为大美。以地域性特征成就画家风格的，如广东的林丰俗、广西的黄格胜、河北的白云乡等人。随着交流和借鉴的深入，不少画家意识到突破地域性限定进入更深层面的笔墨个性的必要，遂产生了在地域性基础上强化从笔墨切入来建构图示感强烈的山水画。如罗平安画陕北，将类似于剪纸等民间视觉资源与平面化笔墨相结合，层层堆叠，笔拙墨厚，图示意味明显；方骏取材于烟雨江南，可笔下已不是某一具体实景，而是综合了江南山水的共美。在山水这种超世俗的母题和形式选择中，意欲获得当代感，往往弱化造型的客观指向性，而强化形式语言自身的趣味与张力，为山水画的时代精神演绎提供充裕的空间。

随着经济的飞速发展，交通通信及食宿条件的改善，极大地拓宽了画家们所能到达的范围，视野大开，更偏远的地方和景色被不断发现，山水题材也得以拓展。此时山水画家所追求的不单是过去的宏大叙事式样，一些小景和更为灵活的构图成为后写生阶段的偏好。另外，不像 20 世纪五六十年代的画家带着政治任务深入生活、写生现实，此时画家们在自由的写生氛围中找寻个人语言，想法越发多样，道路更为宽广了。近些年，写生似乎又有成为潮流的趋向，除了艺术院校、艺术机构和某些培训机构组织学生写生外，很多画家也自发组合在一起进行写生。

二、观照中西："黄宾虹热"与"笔墨之争"

经历了 20 世纪五六十年代写生大潮和 85 新潮美术的洗礼及种种形式

---

① 尚辉：《从笔墨个性走向图示个性——二十世纪中国山水画的演变历程及价值观念的重构》，《二十世纪山水画研究文集》，上海：上海书画出版社，2006 年，第 107 页。

探索之后，理论界开始反思①，画家们也由向外求转而向内求或以内求为主，试图从传统内部发掘山水画的时代转型。进入 20 世纪 90 年代，山水画领域兴起了"黄宾虹热"并逐渐升温。

"黄宾虹热"的兴起，一方面是对前期（偏于西化与过于现实）的某种反拨和对传统的回望，还有就是寻求自由的形式架构及当代转型，是笔墨本体语言再次强化的一个信号。笔墨与审美心理结构具有某种同构关系，笔墨本体的张扬意味着绘画形式深层关系的确立——在笔墨中找到更为本质和个性化的风格。回望传统，不是简单的回归，而是在新语境中发掘传统中能转化出新的那部分因素。黄宾虹笔墨兼具了结构、层次、空间、意趣、气象等诸多层面的新法，是从技术到理法乃至道的层面的完整架构，有着更多的转向现当代的内在蕴涵。仔细观察就会发现，黄宾虹复笔勾勒层层积染之中已然有向团块结构迈进的趋向，这与 20 世纪初西风东渐以来的中西融合取向不谋而合，西画体面塑造形体和传统中国画用线造型两相融汇，既有厚度、体量感，又能灵活多变。黄宾虹涵容之广大也在于此，他是传统笔墨的集大成，又是面向未来的分水岭，他把中国画的精神实质和审美理念发挥到极致，也令中国画步入了无比开阔的地域。传统型画家学到的是宾翁深厚的笔墨功力，现代型画家热衷的是笔墨解构与重组的多种可能，实验型画家哪怕借取黄氏作品的局部再略加改造就可获得足够的视觉张力和当代感。

"黄宾虹热"的结果是消解写生状态与写生中的地域性特征，画家们在形式选择上有更大的自由与空间，从前期的集体无意识转向对个性化笔墨语言的探求，更加注重笔墨趣味与形式张力。崔振宽、龙瑞、曾宓、范扬等人取法黄宾虹又根据各自性情生发出自我。崔振宽在探察黄氏笔墨内蕴中渐次走向抽象；龙瑞强其骨，趋于硬朗；曾宓用积墨短线，有种难得的自如与轻松；范扬舍去积墨而在节奏上强化其密，在放达纵逸的笔墨排列中写生山水。以"黄宾虹热"为契机，回望传统成为一时之兴，画家们

---

① 高名潞等著：《中国当代美术史（1985—1986）》，上海：上海人民出版社，1991 年版，第491 页。文中谈到："1986 年 7 月 8 日至 15 日在山东烟台召开。会议的总议题是：在西方文化的冲击下，当前理论思潮和美术理论研究的任务。"

在丘壑结构、笔墨意趣、意境营构上各有侧重、各有生发。王镛用排比式的笔线勾点，发挥其长于书法的优势，另有董欣宾、陈玉圃、朱新建、张志民、梅墨生、刘二刚、刘罡等人也强调书写性笔墨。

1992 年吴冠中提出惊世骇俗的"笔墨等于零"[①]，力图打破笔墨成法的束缚，这是继林风眠"革中锋用笔的命"之后对笔墨中心主义的又一次消解。吴冠中舍弃传统程式而转向更为洗练单纯的勾画与滴撒画法，强调从真实感受入手，独辟蹊径。严格意义上讲，他的画已经超出山水画界定（更近于风景画），他不再遵从传统山水画的各种法规，写生也不像李可染等人所走的现实主义路径，而是东寻西找，移花接木，具有很大的主动性。他极力推崇石涛，其精神与石涛的"笔墨当随时代""搜尽奇峰打草稿"也有一脉相承之处。他的创作及言论给当时的中国画界带来了不小的冲击和影响，山水画概念由此变得更为宽泛。张仃是 1954 年与李可染、罗铭力行写生的先驱性人物之一，1970 年代开始画焦墨山水的张仃此时已炉火纯青。他的焦墨山水笔墨微茫，肃然而灵动，精谨而有新意。他 1998 年提出"守住中国画的底线"[②]，意在强调笔墨的重要性。此处姑且不论吴、张之争的是非功过，知出乎争，两种艺术主张碰撞对于深化各自认知与实践都有助益，由此也大致衍生出传统笔墨、非笔墨或介于两者之间的泛笔墨的多种样式，艺术因此而走向多元。

无论是对黄宾虹的荣誉追加还是有关笔墨的辩争，客观上都极大地拓展了山水画的取法资源和开拓路径。吴冠中等人架构画面的方式是从写生对象中找到有概括力的线条和墨色，阔笔大墨，与传统讲求的微妙笔墨样态相去甚远，此种方式是山水画推演的一条重要路径，画家们在多种因素的碰撞激励下走向深入，有些画家尽管放弃了传统笔墨样态，却仍强调气韵、意境、诗性等山水画的核心价值观，周韶华、刘一原、蒋志鑫等人着力于类似宏大叙事的整体观照，凸显宇宙与宏观自然的表现，作品带有某种哲思性。刘巨德、杜大恺、杨延文、王玉良等人也是这一路径的代表画

---

① 吴冠中：《我负丹青——吴冠中自传》，北京：人民文学出版社，2004 年版，第 299 页。此文刊发于 1990 年代香港《明报月刊》及《中国文化报》。
② 张仃：《守住中国画的底线》，《美术》，1999 年第 1 期。

家。刘巨德笃信老庄又钟情中西融合，其山水画强调个人感受，大胆提炼形色，强化精神性和形式美感。杜大恺则在写生中发掘平淡隽永的诗意，在现实主义的文脉上开拓出具有当代性的语言方式；杨延文从写生入手，增加了墨和色的分量；王玉良的润笔大墨与传统勾勒皴擦点染迥异其趣，在传统写意精神中追求时代气息。

三、扩张题材：城市山水画兴起与山水画转型

传统山水画中存有朴素的自然观，无论是道家的"天人合一"，还是儒家的"山水比德"，都反映出山水画"饱游沃看""诗意地栖居"的特有功能。从"游观"到"居栖"再到"生产"这一沿着现实变革而演进的脉络似乎预示着新的走向。事实确实如此，城市化进程的加快，人与自然、画家与山水原有的关系有所异化，也由此产生了新的形态，这一方面是题材变异可能带来的形式新创，另一个诱因是，画家如果有美术史意识的自觉，便同样有笔墨当随时代的呼应，否则只是一种重复。"城市山水画"是随着城市图景的大量出现，在 20 世纪 90 年代正式提出并走进中国画表现领域的。① 严格意义上讲，城市山水画更接近人们心中习见的风景画，而非山水，但可视之为山水画的拓展与变体。作为改革开放的前哨城市深圳具有得天独厚的条件，其所属的深圳画院对于城市山水画的推进可谓不遗余力。1993 年深圳画院举办了一次关于城市山水画的艺术活动，此后相关的艺术创作及活动在全国范围内迅速展开，1995 年深圳画院邀请全国二十多位著名美术理论家和山水画家就城市山水画创作进行研讨，反响比较强烈，城市山水画越来越受到关注。

如同 20 世纪五六十年代画家们把工地、水库、汽车、桥梁、电线杆等新事物、新意象引入画面一样，画家们的视线转向鳞次栉比的城市景观，他们深知寻求内容与形式的突破与匹配，就必须再一次直面现实生活。城市崛起，激发了画家延展山水画空间与母题的愿望。这些钢筋

---

① 城市山水画的概念是由科学家钱学森先生提出来的。张珲中、郑宝森：《钱学森"山水城市"的由来》，《城乡建设》，2003 年第 3 期。

混凝土的物质结构成为现代人的公共视觉资源，成为不可或缺的生存生活环境。从农耕文明时期的自然山水到工业、后工业文明时期的人工（城市）山水，人们的心理感受、价值观念、语言方式也随之而变。都市山水画是走出传统山水画格局的又一步，是山水画当代转型的一个独特切入点和重要标志，也是现实主义创作路线在当代艺术语境中的延展与开拓。"城市所给予现代艺术的不仅是结构和形式，更是新的空间观、价值观和未来观。如果说，封建社会中的古典文化和艺术是通过它的理性和意志追求道德伦理的和谐一体，从而在对自然的关照与个人内心的沉思反省中体现出一种个体与自然、社会的统一；那么在现代主义时期艺术则反映了人类试图在瞬息多变的城市生活中力求捕捉万物变化之流和个体变幻迷离的感觉经验的努力。"① 从这个意义上甚至可以说集中反映了当代山水精神。换言之，"当代山水精神也正是以当代城市意识为镜鉴的。或者说当代山水的精神价值，只因城市文明而存在的"。就其功能而言，"她在城市中提供一种异于城市的景象。提供一种与城市可以互补的东西，从而滋润在城市文明中干涸的心田，找回在城市文明进程中丢失的记忆……"②

城市山水画兴起是山水画当代转型不可或缺的组成部分。"在艺术内容和形式上的转向意味着社会正在由以农为主的形态向以都市经济活动为中心的变化。"③ 题材内容之变，涉及形式语言的变化与跟进。城市视觉资源中不再有烟雨云霭、小桥流水，不再有"树无一寸直"的形态规限和一波三折、屋漏痕、折叉股等书法用笔和积墨破墨及各种皴染的定则，满目的是纵横交错的直线和弧线，是车水马龙和霓虹斑斓。原有的程式化笔墨不能表达新时空的鲜活性和现实性，落实到实际操作层面，则有以下问题需要解决：1. 传统笔墨与题材转换的衔接；2. 图示的机械化与意境营构之间的抵牾；3. 语言的时代性与经典意味之间的矛盾。其中重点是如何解决惯有语言和新鲜内容之间的矛盾，探索出表现城市山水的新的艺术

---

① 殷双喜：《城市·水墨·现代性》，《美术研究》2001年版，第2期。
② 牛克诚：《景观山水——当代山水画的主题展现》，《二十世纪山水画研究文集》，上海：上海书画出版社，2006年版。
③ 范迪安编著：《当代文化情境中的水墨本色》，石家庄：河北教育出版社，2001年版。

形式。敏锐的画家于是抛却笔墨的程式化组合，转而发掘笔墨自身的单元性、基础性元素（即独立的一笔一墨），回到笔墨纳入特定规则与评价体系之前的状态（主要指文人画强调书法用笔等语言法则之前的状态），对照城市或城乡接合部的各种丰富景色进行描画或借题发挥，由此不单笔墨获得了新生，新的笔墨关系组合也呈现出时代所需要的新图式和新形式。这种城市山水画，隐含着人与所生存环境共生共荣的密切关系，也许少了些"天人合一"的超然，却因为画家在现实中找到了诗意栖居的新空间而具有了介入社会的当代意义。

　　李可染、傅抱石、宗其香等人在20世纪60年代左右所画的城市建筑一类的风景画也可以归入城市山水画的宽泛范畴，具有开拓新路之功。吴冠中在20世纪八九十年代画了不少都市景色，大致用定点透视法，却减弱空间深度、凸显整体图示感，水墨与色彩并用，在具象景致与抽象结构关系之间驾驭平衡，风格清新绚丽，属于彩墨画范畴。除吴冠中之外，旅美画家徐希也是探索此类题材较早的艺术家，他的画冲水撞色，有类水彩，水墨淋漓，像雨中的都市朦胧而浑然，《麦哈顿组曲》《美利坚组曲》是表现外国城市风景的代表作品。此时杜大恺已由原来的具有构成意味的形式中发现了既有构成感又有现实性的可能，他画都市或都市边缘的风景，形态各异的块面与平直有韵的线条巧妙地组织画面，构建出当代视觉图示。孙志钧乌克兰之行所画的异域都市则充分利用了建筑街道等的结构之美与形色之异，较之他以前的草原山水又多了一层当代气息。深圳的董小明是城市山水画的积极推动者，曾组织策划88北京国际水墨画展、92深圳国际水墨画展、首届城市山水画展等展事，他也是一位致力于都市景致表现的画家，他的画在淋漓墨色中渐趋于抽象，有颇近于当代影像的某种意味。李宝林的《蒸蒸日上》、童中焘的《深圳》等作品在尊重真实性的基础上发挥传统笔墨的美感与意蕴，也是表现城市山水的一条路径。出生于20世纪五六十年代的画家常进、宋玉明、卢禹舜也有城市山水画问世。年轻一代画家方向等人则力图在传统的笔墨范畴里完成对都市风情的表达，画面繁复而不失情致。

四、整合语言：当代山水画的笔墨与图示

笔墨不仅有状物、达意、抒情的功用，还有个性精神及文化显现与承传性的意义。图示则包容了造型、空间及图形式样。笔墨是形成图示的重要因素之一。画家重视建构图示，意在提升作品辨识度，确立全面的艺术个性和风格。改革开放至今，时间跨度四十年，画家队伍的构成包括我们通常所说的 10 后、20 后直至已然登上历史舞台的 70 后、80 后甚至 90后，不同年代的山水画家在经历了艰辛探索和大量实践之后，其语言渐次趋于成熟和定型，整个山水画坛也变得博杂多样。无论复古以开新，还是借西以兴中，都是语言打散、重组的各种关系变更的结果，越到后来综合性越强。由笔墨中心转向关注图示（或者说消解传统笔墨、强化图示的当代感），在视觉层面看，即由笔墨的丰富微妙转移到图示的简洁强烈，这是当代山水画转型的一个特征①。

对李可染在 20 世纪五六十年代和后来 80 年代的山水作品作一比较，就可以窥见其中变化，尤其在图示方面的确立与升华，后者就颇得五代北宋山水画的滋养，雄厚深幽朴茂，无愧"现代范宽"之誉；陆俨少造境与笔墨更为娴熟老道，图示则以云水浩荡为特色；吴冠中用点线面的构成关系探索造化的永恒结构，形式语言从繁复丰富转向简洁概括，颇有新意。他们的学生辈则在乃师基础上生发出具有新时代特色的山水画笔墨与图示语言。

在语言整合与新创中，画家注重从写生中获取传统所没有的新图式，同时在取法资源上古今中西无所不用、更为多样多元。如刘进安画黄土高原，笔墨看似粗头乱服，图示看似随机自由，实则讲究"无法之法"，在笔墨的意趣和丰富性方面借鉴传统的同时，在图示方面又做了很大转化，观照现实，中西两参，赋予了作品陌生化与当代感。韩敬伟画陕北，则在笔墨与图示的严整气息与整体意味中寻其灵动性。有些画家力求从特殊的

---

① 尚辉：《从笔墨个性走向图示个性——二十世纪中国山水画的演变历程及价值观念的重构》，《二十世纪山水画研究文集》，上海：上海书画出版社，2006 年版，第 117 页。

地形地貌中获取笔墨与图示的新异，如李明久、韩振刚、郭宝君的雪景山水，大取大舍，巧妙利用留白（或用白色），笔墨洗练，营构苍茫而澄明的意境，图示感都很鲜明。交通便捷、信息畅通、交流频繁以及抽象形式的介入，使地域性特征趋于模糊，笔墨、意境更为自由多样。这批画家受到'85新潮美术、新文人画、笔墨之争等思潮的洗礼，开始关注多层面问题，如形式与内容、民族性与世界性、时尚性与永恒性等诸多关系。对于笔墨语言，一方面是消解笔墨样式化，一方面强化笔墨本体（基础性）元素，两种力量和方向彼此激荡，从而获得新的笔墨样态。

笔墨与图式的陌生化是实现山水画创新的最重要手段之一，作品既有陌生化倾向，又不失中国传统文脉并赋予当代性，是山水画的时代课题。其中有以地域性特征呈现的，有强化胸中丘壑的，还有介于两者之间的。童中焘继承了李可染的笔墨，雄中见秀，在取景造境方面更加灵活，注重格法情致；卓鹤君在空间分割与淋漓笔墨中寻求形式张力，颇有现代意味；卢辅圣用工笔勾染的手法营构单纯澄明的精神空间；陈向迅在近于平面造境的同时不失传统笔墨趣味与张力；陈平注重笔墨、图示及情境的主观营构，牵引观者进入其记忆深处的景致；卢禹舜钟情于胸中丘壑，在造境上有一种静观八荒的气质；赵卫在苍茫笔墨中寻找精微意味；常进在六届美展中崭露头角，几经变异，他的山水线条纤而不弱，造境颇得古人意趣，而形式属于当代；朱道平在点线面上做足文章；周京新从写生切入，面线互用，平面铺展而借助透视显现空间关系；牛克诚将青绿山水的视觉美感与栖居理想有机融合，在绚烂与厚朴里有着美好的田园意味；姚鸣京类似信天游的画面架构，自由酣畅；崔晓东从龚贤入手，写生现实场景；林容生从工笔类型的青绿山水转入写意，用色与造境更趋自由；刘文洁的山水画减少意象，强调空灵的笔墨趣味；何加林在写生中发挥江浙深厚笔墨传统的优势，古为今用，充实而秀雅。传统形态和笔墨趣味在张捷、张谷旻、王晓辉、郑力、林海钟、陈磊、崔海、朱雅梅、刘明波等人（截止到60后画家）画中得到了一定程度的保留和转化。

如果说20世纪五六十年代山水画是从传统山水的理想化和类型化转向现实化和个性化，改革开放四十年山水画之变则是将两者的部分元素优化重组加以整合，其中包含了回归和升华的多重意味。山水画在众多艺术样态中脱颖而出实非易事，画家们除了在地域性、笔墨组织关系、图示上寻求个性特征之外，新材料、新技法也不容忽视。有些画家注意发掘材料美感与视觉新意及特定的地貌地质的结合，如宋文治后期山水画用了类似盐粒滴洒画面形成微妙随机的色墨肌理，用以表现烟雨江南的微茫雅秀；方骏利用颜色的沉淀颗粒营构一种山石肌理，渲染气氛；于志学用加胶矾等新技法画东北地区的冰雪山水，一片冰清玉洁，这些皆不失为语言创新的一条路径。

五、走向多元：泛山水画的理路与形态

泛山水画是指在题材上超出自然山水，在形态上背离传统而在精神与功能上与传统山水又有相通性的作品。若溯其源，林风眠的彩墨风景画可以说开一代先河。林氏中西融合的艺术实践发端于留法归来，他将中国山水画重视诗性与意境的精神取向与西方现代派及中国非文人画传统（如画像石、砖，青花瓷图绘等）形式有机嫁接，成为20世纪融合派画家群体中的杰出代表。20世纪80年代，林风眠打破传统横构图或条幅的范式，在方构图中布奕形色，笔墨则脱开书法用笔的种种限定，造境清旷幽静，一洗陈法。1974年吴冠中的水墨风景则是乃师林风眠现代水墨的延续与展开，他观照对象之自然特征的同时概括其抽象结构加以升华，与传统山水画由局部笔墨推演而成画的方式大相径庭，在笔墨与图示上与传统拉开了很大的距离。吴冠中的学生刘巨德、杜大恺、王玉良、陈辉、赵际滦等人也大致参用此法而有新变。

台湾的刘国松在20世纪60年代就开始实验新的山水画，其省略繁杂意象，不留点景物，纯然山与水的构架彰显了某种宇宙意识、荒寒境界，舍人间烟火而与天地精神独往来，舍笔墨而多制作，采用揉皱、炮刷、拓印、喷色等多种技法，肌理效果显著，可谓别开生面，对大陆影响比较大，却也引发不少争议。① 有人认为，"笔墨语言之外重新创立一套能够

---

① 徐奇、彭一诚：《刘国松之于传统》，舒士俊编《叩开中国画名家之门》，上海：上海书画出版社，2001年版，第403页。

传达丰富的精神世界并可与古代水墨相比肩的语言系统，是不可思议的事。"① 此种判断有其民族文化本位意识的合理性，就传统笔墨的完备与丰富而言，几乎不可超越，但是如果意欲拓展新的艺术空间，必须破除原有的某些藩篱，正所谓不破不立。李可染的学生姜宝林较早触及构成山水，他有意识地舍弃皴擦点染的程式而不断抽离语言符号，用单纯的几何化墨线架构画面，作平面化处理，着力建构当代山水图示，别开生面。泛山水画的另一条路径是试图突破山水画界定，进入边界位置，只保留部分山水的样态或将山水只作为一个因子，譬如美国的王己千，湖北的周韶华、刘一原，上海的陈家泠、仇德树、王天德等人都可以归入此列。王己千山水意象已然趋于抽象；周韶华取汉唐精魂赋予山水以阔达形貌；刘一原打散山水固有结构，实则是一种心像山水；陈家泠用类似水印版画的淡墨平铺出一派清旷；仇德树用经过处理的各色纸张层层叠加出视觉新奇的山水意象；王天德则用勾画、烧熏、镂空等综合手法成就别致的残山剩水，总之他们不再遵循传统笔墨法则，或引入新的构成元素，或破除山水本有意象，或运用新技法。沈勤的园林风景已然逸出山水画的认知范畴，但保留了山水画的某种精神特质和意境美感，他用面化的淡墨铺陈基调，用机械性直线勾画出些许园林建筑形态，简洁单纯，这种形式对于当代山水画是一个有益的补充。刘赦将纷繁的园林景致归结到黑白灰层次中，少笔多墨，造境深幽静谧。还有如徐冰的文字山水，实则是借山水母题表现某种当代观念。在这些作品中，传统意义上的笔精墨妙被置换为更具有普适性的现代用笔或观念山水，更为自由开放，实际上已融入更加宽泛的山水画当代转型之中。

进入 21 世纪，画山水的一部分画家逐步由写意走到抽象，或者从地域性山水步入意象性山水，也有些原来从事人物画或其他门类的画家转向山水画或泛山水画创作。这两种力量推动了山水画的多元发展，使山水画的文化语义更为丰富，进入当代语境和国际视野的可能性增大。作为创作主体，这些画家往往能从一个独特角度切入其中。另一值得关注的是，一些画家引入抽象或构成形态，原有关系被打散重组，使笔墨趣味、画面空

---

① 郎绍君：《关于探索性水墨》，《二十世纪末中国现代水墨艺术走势》，天津：天津杨柳青画社，1994 年版，第 7 页。

间、整体效果都有新奇的力量和感染力。

余 论

山水画有着深厚的传统、特殊的文化内涵以及自身取材与形态的规约，它不像人物画容易介入社会、植入当代意识。人物画可以从人物的形态体征、穿着、道具、活动场景、精神面貌、性格气质等多个方面把握与表现，而山水题材即审美客体之时代变异微乎其微，从本体层面意欲扩展已然十分丰富的技法也常常被视为细枝末节、无足轻重，其创作主体与其他画科的画家并无分别，因而从创新角度看，其难度更大。尽管如此，山水画还是在延续中有所拓展，承继中强调创新——此亦是山水画文脉得以延续不绝的根本。

改革开放40年来，数代画家的努力探索使山水画具备了广阔的变异性。在特殊性与普遍性、本土性与当代性、民族性与国际性之间的关系把握，在具象、意象、抽象之间如何确立个人风格，如何提升山水画的品格和境界等诸多问题上，画家们的思想图谱和价值坐标越发清晰可辨。正是因为山水画边界的日益拓展与形态的不断丰富，为其勾画一条清晰的线索也绝非易事。直至当下，山水画越来越趋于综合性、多样性，譬如凸显某种地域性特征和消解地域性特征的两种类型同时并存，传统和当代及两者之间的样态并行不悖。在这40年中，20世纪八九十年代是艺术思潮碰撞最为激烈的两个十年，进入21世纪则大致趋于平稳和深化，画家们在原有基础上深耕细作，每个人的才能和探索方式各自不同，各擅其美。在肯定四十年山水画的成绩时也应看到，市场、资本、媒体等多方面因素推波助澜，某种意义上也规约着山水艺术的发展，在繁荣背后所存在的急于求成、盲目炒作、跟风模仿、粗制滥造的现象大量存在。

纵观改革开放40年来不同年代出生的山水画家的艺术风格确立和演变的轨迹，既能窥见代代不同，也能看到代代相传，每一位艺术个体在不同时期和阶段又有所变异和递进，生成了丰富多彩的山水画样态，蔚为壮观——这是整个山水画历史进程中的一个截面，其功过得失或许还需要时间加以检验。

从《女史箴图》看
顾恺之人物画的艺术特点

叶山岭*

【摘要】顾恺之的人物画是现在可以看到的我国早期人物画的代表。《女史箴图》是顾恺之根据晋代张华的《女史箴》所创作的一幅人物画长卷，虽为摹本，但是为研究我国早期的人物画提供了宝贵的研究素材。本文以《女史箴图》为例来分析顾恺之在人物画创作中的特点。既说明其在艺术创作中灵活地设置画面物象、将多种表现手法综合地加以运用，以及大胆地进行艺术创作等所长，也对其艺术观念和技法上的局限性有所揭示。

【关键词】女史箴图　顾恺之　人物画　艺术特点

　　《女史箴图》是现在可以看到的晋代顾恺之①作品的几幅摹本之一。原作距今年代久远，现在看到的虽为摹本，但仍是研究中国早期国画人物画的珍贵素材。

　　《女史箴图》有不同的摹本，藏于英国伦敦不列颠博物馆的一件在用线勾勒之外有设色，也被认为年代相对别的摹本更早，但损坏较为严重。藏于故宫博物院的一件纵27.9厘米，长600.5厘米，被认为是宋代摹本，

---

*　叶山岭，北京航空航天大学人文与社会科学高等研究院副教授。

①　顾恺之（公元348年—409年），字长康，小字虎头，晋陵人（今江苏省无锡市）。魏晋南北朝人士时期的画家、绘画理论家、诗人。

全画只以线勾勒、不设色，保存相对较好，我们就以这一摹本进行分析。

《女史箴图》是根据西晋张华所作《女史箴》的内容创作的。《女史箴》讲的是后宫女性的女德，文中还提到了一些后宫中的女性保护或是劝诫国君的典故作为事例。当然，所依的道德观具有那个时代的特点。《女史箴图》是一幅长卷，采用图画与所绘内容的文字相对应的模式，文字在右、对应的图画在左，以使图、文互现。

一、以表现画意为目的自由地设置画中物象

《女史箴图》是一幅人物画，而且，由于要表达《女史箴》的文意，所以对画面叙事性的要求很高。文字的表达特点是抽象，当要以直观的绘画去表现抽象的文字内涵时，首先，画者要去设置画面的内容。《女史箴》讲的是后宫的女德，所以涉及的人物自然是画面的主体，但为了使画面可以更好地表达文意，画者除了画出对应文字所涉及的人物外，还画了一些器物、动物等物象。可以看到，《女史箴图》中所设置物象，既以有利于表现《女史箴》的文意、不能臆造为原则，但又是非常自由、灵活的。比如"班姜有辞，割驩同辇。"一段（见图）。

班姜有辞，割驩同辇

这一段讲的是班婕妤拒绝与汉成帝同乘车辇游玩并劝诫汉成帝不要沉溺享乐而要多考虑国事的典故。因为这个叙事与是否乘坐"车辇有关"，所以画者在画中设置了车辇以及抬车辇的轿夫。由于"车辇"在这个叙事中起着关键作用，所以画者不仅设置了汉成帝坐在车中回望车外的班婕妤的场景，还对车辇进行了细致的表现。画者让这个车辇的形体很大，且由

八个轿夫抬着，车辇高大的形制和八个轿夫抬着所营造出的气派是对于车辇上坐着的汉成帝尊贵身份的一种表现。画者还细致地表现了汉成帝车辇上架着质地细密的帘帐——画者以很细的线精细地交叉排列去表现辇上帘帐质地的细密。可以看到，隔着帘帐，能够模糊看到车辇的另一侧抬车辇的轿夫的帽子，这说明帘帐是透明的，这也是对于车辇的奢华、讲究的一种曲折的表现。对车辇的表现起到的是突出汉成帝最贵身份的表现效果，这对班婕妤敢于以拒绝汉成帝的方式去劝诫汉成帝所表现出的勇气都是一种曲折的衬托。《女史箴》中记述此事的只有"班妾有辞，割驩同辇。夫岂不怀？防微虑远"这寥寥数言，但包含的内容很丰富。唐代的李善在注释这段文字时曾注引《汉书》中的记载："成帝游于后庭，欲与班婕妤同辇载。婕妤辞曰：'妾观古图画，贤圣之君皆有名臣在侧，三代末主方有嬖女，今欲同辇，得无近似乎？'"意思是说：史书记载，汉成帝要班婕妤坐进车辇里和他一起游玩取乐。但班婕妤拒绝说，我看古人的图画里，贤君都有名臣在身旁，而夏桀、商纣王和周幽王这三位亡国之君身旁则是得宠的姬妾，现在要我陪在你身旁与你同辇，这不就像那三代亡国之君的样子了吗。汉成帝刘骜（公元前 51 年—公元前 7 年）是汉元帝刘奭与孝元皇后王政君所生，汉成帝妃嫔众多，荒于酒色，使外戚擅政，政务几乎为太后王氏一族掌握，后终被王莽篡位。国君与嫔妃的关系是一种不平等的宠幸与被宠幸的关系，在这样的关系之下，国君要求嫔妃陪伴其作乐，嫔妃如果拒绝，就不仅违逆了"圣意"，而且这对于两个人之间未来关系的影响是敏感而显而易见的。画中，画者还通过对轿夫的表现，不露声色地实现了对于画中场景氛围的表现。画者对轿夫动作的表现有些夸张，这样的造型让这些轿夫看起来显得兴高采烈，这样的表现效果对画中场景的氛围起到了一种曲折的表现——汉成帝坐在车辇里玩儿的正在兴高采烈之际。在这样的情形下，班婕妤不仅敢于直接拒绝汉成帝让她侍奉取乐的要求，而且还毫不避讳地直接以三代亡国之君为对照来说明事理。这无异于是给正在兴头上的汉成帝泼了一盆冷水，这样做确是需要很大的勇气和气魄的。可见，画者对于车辇以及轿夫的设置和表现都是出于表达文意的用心，就整体效果看，对于实现画意是有益的。

在"玄熊攀槛，冯媛趋进。夫岂无畏？知死不吝"一段中（见图），对于汉元帝，画者设置了汉元帝坐着的坐榻这一物象。这一段画的是汉元帝观看斗兽时，一只熊突然跃出围栏，看到汉元帝有危险，冯婕妤挺身护主。画中，汉元帝本来是坐者的，发现熊正在袭来，惊慌地要起身，坐榻的设置对于表现其惊慌起身的形象是必要的。画者还为汉元帝设置了一个双手正持握一个棍状物的形象，这也体现出汉元帝看到熊后想要自卫以至于手边有什么就抄起什么做武器的惊慌失措。画中的汉元帝与熊的距离较远尚如此惊慌，双手空空而距离熊较近的冯媛却敢于迎着熊而上，这样的对比对于表现冯媛的无畏气概是有益的。对于冯媛身边的武士，画者设置了武士手里握着的长矛，让武士握有武器的物象设置与对武士侧对黑熊的姿态设置一起，表现出武士虽手握兵器但对熊仍是心有忌惮，这又是对于冯媛一心护主的无畏气概的一种衬托。

玄熊攀槛，冯媛趋进

此外，在"樊姬感庄，不食鲜禽"一段中（见图），画者表达的是楚庄王的夫人樊姬三年不食禽兽的肉以劝诫楚庄王当关注国事而不要沉迷于狩猎。为了表达文意，画者除了用让画中的两个人物相背而立且离得很远等姿态设置和构图手段外，还在樊姬面前设置了空无一物的条案。虽然条案上空无一物的画面设置对于表现樊姬的"不食鲜禽"只能起到暗示的作用，但是从这样的画面设置中可以看到画者的用心。在"卫女矫桓，耳忘和音"一段中（见图），为了表现齐桓公的夫人卫姬不听合乐以感化好享乐的齐桓公，画者在画中设置了表演音乐的两个人物和他们面前的编钟、编磬以及悬挂这些乐器的架子。这也是出于表现文意的需要。

樊姬感庄，不食鲜禽

"夫出言如微，而荣辱由兹。勿谓幽昧，灵监无象。勿谓玄漠，神听无响。无矜尔荣，天道恶盈。无恃尔贵，隆隆者坠。鉴于小星，戒彼攸遂。比心螽斯，则繁尔类"一段（见图）文字较多，文意也比较复杂，画者设置了众多的人物去表现。但是，画者认为对于这段文字来说，只画人物就足以表现画意了，所以就没有设置人物之外的任何物象，这反向地说明了画者对于画中物象如何设置的把握是非常灵活的。

夫出言如微，而荣辱由兹

有一些段落，画者画了两个人物去表现文意，但结合所要表现的文意的不同，画者对于画中除了两个人物之外的物象要不要设置、要如何设置会做不同的处理。比如，"骥不可以黩，宠不可以专"一段（见图），画者只画了一个女子和对这名女子摆手表示拒绝的男子，此外没有设置任何物象。而在"出其言善，千里应之。苟违斯义，则同衾以疑"一段（见图），因为要表现如果出言不善，则即便同床共枕也会心生猜忌的意思，所以在画中除了两个人物之外，就还画了床榻。可见，同样是以两个人物去表现对应的文意，但有的设置了表现场景的物象，有的则没有设置。这又说明，画者对于画中人物之外的物象的设置，完全是以是否有利于表现对应的文意为原则的，是非常灵活的。

骥不可以黩，宠不可以专

二、对多种绘画表现手段综合运用

在《女史箴图》中，可以看到画者对于多种绘画表现手段的综合运用。比如，在"樊姬感庄，不食鲜禽"一段中（见图）。这一段，画者画了一男一女两个人物，画者让二者相互背对且距离较远，让男的站立、女的坐着——二人身体朝向相互背对的方向设置，二人身体姿态的站与坐的不同，以及二人在画中的距离较远的构图安排。这些都是画者使用的艺术手段，这些手段让观者体会到画者想要表现的是，画中的两个人物是存在歧见的、有纷争的。这样，即便是没有"樊姬感庄，不食鲜禽"的文字说明，即便观者不知道画中的人物表现的具体是谁，也可以通过画者通过多种手段综合运用所实现的表现效果明了画者对"二人有分歧"这一基本画意的表达意图。

茫茫造化，二仪既分

细看这两个人物会发现，坐姿的女人衣服的下摆和裙带呈向身体后方飘动状，而男人的系着帽子的带子则是向男人的身体前方飘动的。由于二人是背对，所以，女人的裙摆和飘带的方向是指向画中的男子，而男子系帽子的带子的方向是指向远离女子的方向。在这幅画里，画者用多种手段表现了二人是有歧见的，那么衣摆、飘带和系帽子的带子的指向是不是画者对于人物关系的一种表现呢？如果是，系帽子的带子的方向是指向远离女子的方向，这与画者对二人有矛盾分歧的表现意图是相符的，而女子的衣摆和飘带指向男子，这与画者对他们有矛盾分歧的表现意图是不符的，这又会该怎么解释呢？画中这个女子的姿态是在桌前坐着，实际当中，在这样的坐姿下，人物衣摆和裙带是不会像画中那样飘动的。可见，画者对于这名女子的衣摆和裙带的表现是夸大了的、非现实性的，所以衣摆和裙带的指向不具有表现二人关系的表达意义。① 而对于男人系帽子的带子摆动方向的表现则有所不同。在《女史箴图》中，对于男人系帽子的飘带的表现共出现了三处：在"玄熊攀槛，冯媛趋进"一段中（见图），对于画中坐姿男人（汉元帝）系帽子的飘带的飘动感有所表现，向上的飘带和扬起的袍袖对于表现汉元帝惊慌中想要起身的神态是很有益的。在"夫出言如微，而荣辱由兹……"一段中（见图），画者对画面右侧最靠前的坐姿男子系帽子的带子也有所表现——带子呈向上飘扬状态。这个坐姿男子的左臂是在挥动的，带子向上飘扬状态对于表现这个男子动作的生动性是有益的。在"樊姬感庄，不食鲜禽"这一段中，画者已经用了多种手段表现二人是存在矛盾分歧的，在这种状况下，对于男人的系着帽子的带子飘动方向指向远离女子方向的表现，对于表现画中二人是有矛盾歧见的画意是有益的。综合来看，画中呈现的三处对于男人的系着帽子的带子的飘动感的表现，对于各自画意的表现都是有益的，所以"玄熊攀槛，冯媛趋进"一段中对男人的系着帽子的带子的表现是画者有意为之的可能性更大些。

人咸知饰其容，而莫知饰其性

---

① 在本文的"顾恺之在绘画技法和观念上的局限性"部分，对《女史箴图》中对人物裙摆和飘带刻画的一些不当之处有细致的分析。

"玄熊攀槛，冯媛趋进。夫岂无畏？知死不吝"这一段，要表现的是看到熊袭来的冯婕妤挺身护主的无畏气概。这段画中，画者共设置了6个人物。画者通过对这些人物的不同姿态的表现，多层次地突出了冯婕妤在危险出现时不顾个人安危的难能可贵。画中，汉元帝和身边的两个女子距离熊较远，但两个女子的姿势都是朝远离熊的方向转身而去的姿势，对二人裙摆和飘带的表现使她们这种意图呈现的很明显。汉元帝是坐姿，画者让汉元帝的袍袖和系帽子的带子都呈向上飘动的样子，这是对汉元帝看到熊后惊慌地想要起身的表现。在汉元帝与身边的两个女子组成的一组人物与熊之间，是冯媛和两个手持长矛的武士组成的另一组人物。可以看到，这两名武士都是身体侧对着熊，从在前的武士的脚指向远离熊的方向上可以看出，两名武士虽然和冯媛相比身高马大且并肩而立，手里还都握着长矛，但是他们对于熊是恐惧、忌惮的。在离熊较近的3个人物中，只有冯媛的姿态是迎着熊的。与身旁武士的身材比起来，冯媛的体型要小得多，而且冯媛手里没有武器，这使得冯媛迎着熊而上的姿态特点显得更为突出。同是女性，冯媛挺身而出，距离熊远得多的画中另两位女性所做的则是转身逃离，这种对比也是对冯媛无畏勇气的一种衬托。画者让冯媛衣服的下摆在身后呈拖曳的样子，又让冯媛的衣带呈向身后飘动的姿态，这都是对冯媛迎着熊而上的气概的表现。在这一段画作中，可以看到画者对于不同的人物距离熊远近的位置关系的设置，对人物姿态的、动作的表现，对人物体格、体态特点的表现和对于人物是否握有武器的设置，所有这些，画者综合地加以运用，实现了很好的表现效果。

三、表达画意的"迁想妙得"和对透视关系的处理

顾恺之在《魏晋胜流画赞》中说："凡画，人最难，次山水，次狗马，台榭一定器耳，难成而易好，不待迁想妙得也。""迁想妙得"，即大胆地进行艺术创造，在《女史箴图》中，这一点得到很好的表现。

"道罔隆而不杀，物无盛而不衰。日中则昃，月满则微。崇犹尘积，替若骇机。"（见图）这段文字比较抽象，意思是说，道没有浩大后而不衰败的，万物没有兴盛了而不衰落的，太阳到了中天就要西落，月亮满了

也就到了要月缺的时候，看似不可撼动的高山和堆积起的尘埃并不是绝对不可能相互转化的，命运的天差地别往往起于不经意却具有决定性的瞬间机缘。对于抽象的文意该如何以绘画这种直观的艺术形式去表现呢？画中画了一座山，从山繁复结构的表现可以看出，这是一座高山，画者以此来呈现"崇犹尘积"的句意。画中山顶的两边，画了云中的"朱雀"和"蟾蜍"，这显然是用"朱雀"代表太阳，以扣"日中则昃"的句子；以"蟾蜍"代表月亮，以体现"月满则微"的文意。对于"替若骇机"怎么表现呢？画者在山中画了飞禽和走兽，这既体现了山的大，又为对"替若骇机"的表现做了准备。"替若骇机"的"替"字讲的是"命运的更替"①，张华在《女史箴》中并没有明确这个"命运"的主体是谁，因为这是一个具有普遍性的法则。画者为了让"骇机"里的那个"骇"字得到精彩的表现，就设计了一个打猎的人正在瞄准猎物的场景。在山的旁边，画者画了一个跪姿的人物，这个人手里端着弩机，正在专心地瞄准山中的禽兽。画者没有清楚地去表现这个人物正在瞄准的是山里禽鸟或走兽中的哪一个，也禽鸟和走兽都是显出意识到决定命运的危险将至的样子，但是，一旦这个人手中的弩机发射，对于他瞄准的那只动物来说就到了命运攸关的一刻。没有意识到危险将至并不等于事实上的泰然，没被留意的瞬间就可以决定了命运的天差地别，这正是"替若骇机"所要表达的意思。画者以人物手里的弩机的"机"来形象化地紧扣"替若骇机"中"骇机"的"机"，能以如此以直观的"实相"去体现文意的"抽象"，而且让情节的惊险生动地体现出"骇"字的意味，这是很难得的。从中可以看出，画者在以画这一直观的艺术形式去表现抽象文意时大胆的艺术创造。

---

① 就"替若骇机"这一句来说，"替"指"命运更替"的意味并不明确。但是就这段文字整体来看，"崇犹尘积"和"替若骇机"所表达的意思大略差不多，但程度不同——"崇犹尘积"在前，"替若骇机"在后，且有一个"骇"字来加强文意，所以，"替若骇机"有比"崇犹尘积"意思更进一步的意味。"崇犹尘积"说的是无生命的自然，那么比它更进一步的文意当说的是有生命的自然，且"骇"字中所带有的"惊骇"的意思更使"替"指向生死攸关的命运更替更为贴切。顾恺之以猎人手中的弩机瞄准动物这一决定动物命运的生死攸关的画面来表现"替若骇机"，说明他也认为"替若骇机"的"替"意指有生命之物的命运更替。当然，"命运"也可以有更多的引申意。

道罔隆而不杀，物无盛而不衰

　　这段画中，手持弩机的这个人物与这座"崇山"放在一起，其身形显然过于巨大了。在顾恺之的时代，当画面中设计山水物象时，山水与树木、人物的比例该怎么处理是个没有很好解决的问题，画面上就呈现为物象的比例失调、不符合透视的问题。这个问题，在顾恺之的《洛神赋图》中也有体现。但就这幅画来说，这样的处理却有一定合理性。这幅画里，画者对人物精心瞄准的神态刻画突出了"骇机"中蕴含的"惊险"和"决定性"的意味。如果这个人物画的很小，在人与山的比例关系上看起来会显得协调些，但是，对人物的面部的细致表现就难以做到了，就无法通过对人物神态的刻画来实现对"骇机"的表现。而且，人物与山的比例不仅是失调的，而且是严重失调的，山与山中飞鸟、走兽的比例也是严重失调的，这种"严重失调"造成了画者所用的艺术手法是无意于写实性而突出其象征性、会意性的意味，具有启发观者去体会直观的画面之外的喻意的效果，这与这幅画对应的文字表现的是极为抽象的道理、具有高度抽象性的表达特点是相符的。

　　《女史箴图》是一幅人物画，画中除了人物之外，对于环境多以留白的方式来处理。但出于表达的需要，画者也设置了一些器物，从对这些器物的表现可以看出，画者对于绘画表现中的透视问题是有一定程度的把握的。比如，在"樊姬感庄，不食鲜禽"一段中，画者在樊姬面前画了一张条案，条案边放置着罐子等器物。画中的樊姬是席地而坐的，画者让桌子的高度与席地而坐的樊姬身体的高度是相适合的。这张桌子是以两边与桌面呈一定角度的搁板来支撑的，条案两端的搁板都是对称的，但细看会发现，这张条案两边的搁板与桌面的角度看着并不相同，这是为什么呢？画者所画的搁板的造型是不规则的曲面造型，且搁板上面有雕饰，这种轮廓不是规则的、平直的造型特点要在画中使其符合透视地呈现，这给画者的表现增加了难度。而且，由于条案是斜向地冲着观者的，所以在前的搁板呈现的是其朝向条案外侧的一面，而靠后的搁板呈现的是其朝向桌子底下的一面。另外，由于搁板的造型是曲面，所以虽然在器形上两侧的搁板是对称的，但是由于看到的是不同的侧面，所以这两面在视觉上看起来的差别是比较大的。画中条案两侧的搁板与桌面的角度看起来差别较大，这应是对搁板造型复杂且呈现的是不同侧面的表现。虽然画者的表现还有可以提高之处，但是画者敢于去处理复杂曲面的透视问题，这一点是很难得的。画者在条案前面画了一个器物并对桌子靠前的搁板形成遮挡关系，又让条案对其远端外侧放置的一个罐子形成遮挡关系，这样的相互遮挡，加强了对于器物间位置关系的表现，加强了画面的写实性。

又比如，在"卫女矫桓，耳忘和音"一段中（见图），画者在两个席地而坐的乐器演奏者面前画了成组的编钟和编磬和悬挂它们的架子。画者对于这两个架子的朝向的表现和对于演奏者坐姿朝向的表现是比较统一的，使两个架子端正地摆在演奏者面前的场景得到了很好的表现。这两个架子，每个架子上有两排直的横梁，上面悬吊着编钟和编磬，架子上方还有一根圆弧形的横梁，其两端饰以龙头，龙头的嘴里垂下饰物。画者对于

卫女矫桓，耳忘和音

架子与横梁，以及横梁与悬挂其上的编钟和编磬的透视关系的处理是比较成功的，从中可以看出，画者对于复杂物体如何进行符合透视关系的表现是有一定驾驭能力的。

此外，在"班妾有辞，割驩同辇。夫岂不怀？防微虑远"一段中（见图），画者对于车辇和辇上的帐子的结构和体积的表现；在"出其言善，千里应之。苟违斯义，则同衾以疑"一段中（见图），画者对于床榻的结构和体积的表现，这些都说明画者对于如何符合透视关系地呈现物体是有比较细致的考虑的。

出其言善，千里应之

四、顾恺之在绘画技法和观念上的局限性

《女史箴图》年代久远，我们看到的虽为摹本，但还是可以看出原画者多方面的用心和艺术修养，也可以看出画者对于艺术技巧的掌握。但是，画中也反映出画者在技法和艺术观念上的一些局限。

　　因为《女史箴》是以后宫的女德为关注点的，所以《女史箴图》中最丰富的人物形象自然是女性的形象。在表现这些女性的时候，画者很注意表现女性身着的衣裙和飘带的飘动感。将衣裙和飘带的飘动感表现的生动，这对于呈现人物的姿态、动态是有好处的。但是，如果对于衣裙和飘带的飘动感的表现并不符合画中人物的姿态、动态特点，那这种看似生动的表现所起的效果就不是有益的了。所以，《女史箴图》中画者对于女子衣裙和飘带的飘动感的表现是否起到了有益于画意的作用，这要具体地结合所表现的画意进行分析而不能一概而论。《女史箴图》中，对于女子衣裙和飘带的飘动感的表现产生了好的表达效果的是很多的。比如，在"冯媛挡熊"这一段中，汉元帝身边的两名女子看到熊而转身逃遁，画者对于她们的衣裙和飘带动感的表现使她们逃遁的意图被表现得很充分，这对于表现画意是有益的。对于汉元帝，画者让他的下半身的衣袍处于没有动感的状态，而让他上半身的袍袖和系着帽子的飘带呈向上飘动的动态。这样，下半身的衣袍的静态和上半身的袍袖与系着帽子的飘带的动态形成了对比，生动地呈现出汉元帝看到熊后的惊慌。这幅画中的主人公"冯媛"和两名武士距离来袭的熊的位置最近，画者让冯媛衣裙的后摆呈拖曳的姿态，又画出冯媛身上的飘带呈向身后扬起的飘动感，这样的处理对这幅画所要表现的冯媛不顾危险、一心护主的无畏气概是很有益的。又比如，在"骤不可以驟，宠不可以专。专实生慢，爱极则迁。致盈必损，理有固然。美者自美，翩以取尤"一段中，画了站立着的一男和一女。这段话说的是女子对男子的宠爱不能滥用，对博取男子欢心的主动追求不能偏激、霸道。画中，画了一位身体主动趋向身旁男子的女子，而男子的身体却呈向远离女子的方向移动的姿态且以手示意，表现出对女子的拒绝。画者给这两个人物的这样的姿态设置，对于这段文字表达的意思是相符合的。画者对于画中女子裙摆的拖曳和飘带扬起的表现，都使女子趋向男子的姿态特点得到了很好地呈现，很符合文意。

　　但是画者对于女子衣裙和飘带的飘动感的表现产生了不好的表达效果也是有的。比如，在"班妾有辞，割驩同辇"（见图）一段中，车辇中的汉成帝回头所望的女子应是拒绝与汉成帝同辇的班婕妤。这幅画里，轿夫抬着车辇往前走，班婕妤的位置是在车后。既然要表现的是班婕妤拒绝与汉成帝同辇的态度，班婕妤就应当是向着与车辇相反的方向移动，或至少是原地不动，否则就难以从人物的姿态、动作来很表现班婕妤的拒绝汉成帝的态度。但画者对班婕妤裙摆的拖曳和飘带飘动的表现，使班婕妤看起来是在和车辇同向移动，画面就形成了在车辇后的班婕妤看起来像是在追赶车辇的表现效果，这样的效果对于这段文字中所要表达的班婕妤拒绝与汉成帝同辇的叙事是无益的。同样，在"故曰：翼翼矜矜，福所以兴。靖恭自思，荣显所期。"一段中（见图），表达的是女人要谨慎矜持的意思，画中画了一位端坐着的女子，来表现女性谨慎、矜持的样貌。既然要表现的是"翼翼矜矜"，那么女子的姿态应当是端庄静坐，但是画者却让这位坐着的女子身后的飘带呈飘扬的动态，这与所要表现的女性要谨慎和矜持的文意是不符的。总之，画中对有些人物的衣裙和飘带的动态的表现与所要表现的文意是不符的，起到的是不利于画意表达的作用，是一种脱离画意的、形式化的滥用。

翼翼矜矜，福所以兴

　　《女史箴图》中，画者对于如何符合透视地呈现物象间的位置关系是有所注意的，对一些物象的透视关系的表现也做得不错，但是有些就值得商榷。比如，在"玄熊攀槛，冯媛趋进"一段中（见图），熊在画中的位置是靠近画幅下方，冯媛和两名武士的位置是在画面纵向的中部。一般来讲，物象距离画幅下端距离的不同表现出的是其在画中景深维度上的位置关系的不同。可见，熊与冯媛和两名武士这一组人物在景深维度上的关系上并不是处于水平的左、右相对的关系，而是熊在左斜下方，冯媛和两名武士在右斜上方。画中两名武士的姿态是侧着身，画者让被前面的武士部分遮挡的位置在后的这一位武士的脸孔侧向 45 度的朝向，这样的朝向和他的长矛的斜向下的角，都是指向自左下方来袭的熊的。但画者让冯媛的脸是以侧 90 度的角度呈现的，是正对着画面左侧，画者对冯媛身体朝向的方向，和通过对其裙摆的拖曳和飘带飘动的刻画所形成的对其运动方向的表现，也是朝向画面的正左方向。这就使得画中冯媛头的朝向、身体的朝向与来袭的熊都并不是正相对的。从画者一系列其他的画面表现中可以看出，画者想着力表现出冯媛所具有的大无畏的气概。但是，冯媛和熊的位置关系与朝向上的相互错位，减弱了对于冯媛迎着熊而上的表现效果，造成了对于冯媛所具有的大无畏气概的表现效果的弱化，所以，是不当的画面处理。

　　中国传统绘画有尚简的审美趣味，这一点，在顾恺之的这幅《女史箴图》中有所体现。可以看出，画者对于一些人物的衣纹的表现是明显经过了删选、简化的。但是，《女史箴图》中对于人物衣纹的有些表现显得重复、冗余了。比如，在"冯媛挡熊"一段中，对汉元帝腰部位置的衣纹、左侧袍袖衣纹的表现，对冯媛裙摆衣纹的表现；"卫女矫桓，耳忘和音"一段中（见图）对演奏者衣纹的表现；"班妾有辞，割驩同辇"一段中（见图）对班婕妤和一些轿夫的衣纹的表现等等，都可以再做一些避免笔迹重复、冗余的简化。

　　《女史箴图》中对于一些人物的形象、姿态的设置也是值得商讨的。比如在"班妾有辞，割驩同辇"一段中（见图），画者对于 8 个抬车辇的轿夫姿态的表现是经过夸张了的，这对于表现当时汉成帝正在兴头上的氛围是有益的。但是，由于轿夫的人数很多，所以画者对于轿夫姿态的夸张整体上就显得特别突出，客观上产生了喧宾夺主的作用，使对于班婕妤拒绝同车辇这一最需要被突出的表现对象相对被弱化了。以对轿夫抬轿动作的夸张去表现当时的氛围是可以的，但是要求画者对如何夸张才能获得最佳的整体效果的那个"度"要把握好。

女史司箴，敢告庶姬

在中国绘画而发展史上，"人物画"是最早成为典型化的绘画题材的。顾恺之对于国画人物画技法的探索对于后世人物画发展所具有的启发意义是不容否认的。现在所看到的《女史箴图》虽为摹本，但其研究价值、欣赏价值都是很丰富的，从中可以看出作为早期人物画代表人物之一的顾恺之对于绘画艺术的理解以及他对于艺术技巧的领会与把握。

人民大众的艺术思想

——从鲁迅《野草》到洪毅然《无名草》

刘军平[*]

【摘要】我国20世纪著名美学家洪毅然利用理论研究的空隙重新捡起画笔补练国画，在"杂花野草"中度过晚年的时期，最有代表的作品是国画《无名草》与诗歌《种草行》，这两件作品延续了鲁迅《野草》精神并深刻代表了其人民艺术的思想，如同鲁迅《野草》精神一样坚持一个坚忍不拔的底层人文意识，是一个学者孤独的心境体现。洪毅然对于"草与花"的哲理思考贯穿到他的人生的终极关怀上面，深刻体现了他对人民大众下层的文化意识的强烈关注。

【关键词】大众美学　《无名草》　艺术思想

1927年7月鲁迅出版散文集《野草》，鲁迅亲自题书名，孙福熙做封面画，"从图像的视角诠释《野草》意义内涵的是鲁迅的艺术家友人孙福熙，他用图绘性语言为《野草》设计封面图像，我认为是他首先用艺术语言阐释鲁迅'反抗虚无与体验死亡'的文本主题并使之凸显和传播"[①]。野草的精神代表20世纪以来人民大众力量的崛起，显示了以通俗性、人民性、日常性与公共性为特征的文艺逐渐成为主流。洪毅然作为著名美学家继承了鲁迅的思想，其野草绘画作品与诗歌从另一个角度对人民大众艺

---

[*] 刘军平，大连工业大学教授，中央美术学院博士，主要研究方向为艺术与设计理论。
[①] 黄薇：《鲁迅与中西艺术文化——以〈野草〉图像为例》，《中国文化研究》，2006年第3期。

术思想进行了诠释，两人对野草的理解异曲同工。

从洪毅然国画《无名草》落款可以看到这幅画作于 1980 年秋天，题记为"偶为无名草花并寄所感"，旁诗道："世人种花我种草，爱草如花从来少。草忽着花草亦花，花不开花花亦草。"题诗中丢掉一字，最后有补款"如上脱字'草'"。经过对其手稿的分析考察发现，这首题诗是写于 1976 年 4 月 5 日一首七言长诗中的四句，原诗是《种草行》（北国花稀，久欲莳草，林荫漫步，偶成此诗）："世人种花我种草，爱草如花从来少。世人笑我愚且痴，我笑世人多无知。人谓野草贱如泥，兼诚杂草有毒汁。我曰罂粟岂非花，花亦有毒何且佳？况今怎能别花草，辨析不清徒自扰：草忽着花草亦花，花不开花花亦草。是草是花名淆乱，有毒无毒尤难言。花花草草景色鲜，何必妄生分别见！是主名宾宾非主，宾各有主贵其实；名本无名道不衰，强名之名胡当执，执名弃实实更远，迷津不返堪好叹。竟夫世人竞逐名，自欺欺人泯天真。天真泯尽为无耻，童稚无邪反可嘻；是非颠倒已如常，我惟自乐行所是。"① 洪毅然这幅诗画结合的晚年作品是其艺术思想和人生追求的一个象征性写照，生动地反映了其审美主张和生活哲学思考。

一、《无名草》是洪毅然从大众美学 角度对现实生活的提炼

当时参加敦煌美学大会的刘纲纪、李泽厚、郭因、涂武生等人去看望洪毅然。郭因这样回忆道："屋外有一个小园子，里面不规则地种了些花草。他告诉我们，园中的花草，都是楼上人家淘汰后丢下来的废品，他随手用土埋了一下，也就都活了。他因此把这园子命名为'人弃我取园'。房子也就叫'人弃我取斋'。有一种草，虽是草却能开放相当好看的花。他十分喜爱，把这无名草画了下来……洪老爱'草亦花'的草，也很爱虽

---

① 洪毅然诗稿《敝扫集：笔奴诗存》，全诗为："爱花种花不惜花，并非爱花人。拾花不摘花，始见爱花心。"未刊，写于 1976 年 4 月 5 日。

然社会地位不高而确有才华的普通人的艺术作品。"①

其实，洪毅然艺术思想走向大众的倾向早民国时期已经形成，我们可以从洪毅然这些人生历程看出其艺术与大众的密切关系：第一个时期，1919年即他6岁的时候，跟着父亲店铺里一位姓蒋学徒学画民间大鲤鱼等，"有时背着父亲，常在包货纸上画给我看，于是我也跟着他照猫画虎。记得每片鱼鳞我都照着他的那样，一片一片极仔细地涂黑……后来才知道，他那画法，是来源于民间画工（藻扎匠等）等的传统装饰画法"②。民间艺术的感染影响到了其视觉图像的早期体系。第二个时期，1921年，他遇到了影响其人生的第一位老师张鲤庭。张老师传播新思想、讲过《国耻事略》，讲授《胡适文存》《独秀文存》等代表新文化的著作。鲁迅主编的《萌芽月刊》，以及其他左翼文艺刊物如《拓荒者》等一些苏联与日本的新兴文艺理论译著，成为他的思想来源。1930年，在那之前，他还曾与张漾兮、王朝闻等同学借成都少城公园通俗教育馆举办了一次"通俗画展"，展出水彩画作《人力车夫》《示威游行》等反映劳动人民痛苦生活和反抗斗争的作品。第三个时期，洪毅然在西湖艺专遇到了林风眠老师，林风眠的艺术思想影响了洪毅然早年思想的形成，"反映大众与现实从前面林风眠的社会和艺术经历，以及他的艺术思想和艺术实践中，我们可以看出他赤诚地投入中国社会变革的大潮中，艺术思想和艺术实践是完全一致的。在这一时期，他创作了《民间》《人道》和《痛苦》等巨幅油画……办学校，主张多开展览会，让艺术接近大众、面向大众；主张整理中国传统艺术"。洪毅然在此时的绘画作品《水灾》《铁匠》与一些文章可以看到受林风眠艺术思想的影响。第四个时期，1937年，在杭州国立艺专毕业，恰逢"七七"事变爆发，全身心投入大众文艺抗敌运动，这在其抗战艺术的《矿阴集》中有所体现。此时面临的首要问题是战争的残酷，人们的生存受到严重威胁，为艺术而艺术的理念在此时已经无法应对这些，文学艺术的民族化和大众化问题提到了议事日程，胡风这样论述："今天我们来提起大众化问题，不仅仅由于主观上的

① 郭因：《"爱草如花从来少"——忆美学家洪毅然先生》，《江淮文史》，1995年6期。
② 洪毅然：《故乡给我的哺育和培养——早期习画的回忆》，《通川日报》，1984年6月24日。

要求，一方面也由于客观上的比任何时候都优越的可能的条件……这个问题底中心点应该是文艺活动和大众生活的有机融合。而民族战争恰恰造成了这个融合的条件。"在抗战大后方，如何让艺术给予战争中的人们艺术的感染，如何让他们理解艺术并从中获得战斗的力量，因此，艺术的写实性成为重要的大事。在抗战大后方，胡风、蔡仪、洪毅然展开了重要的论述，普遍认为新写实主义是适应时代需要的艺术，新写实主义就是能面向大众的艺术形式，这将艺术的大众化推向一定的高度和适应时代的局面。洪毅然参与这场战争的时期是 24 岁到 32 岁之间，这是一个人生的重要时期，其后来的大众艺术思想的发展和转型基本上都与这场革命有密切的关系。总之，形成其晚年的公众物品艺术审美的思想与前面这些人生关键转折点有密切的关系，《无名草》这幅作品是他前面这些经历的一个象征。

洪毅然　无名草　国画　1980 年

二、《无名草》体现了其走向
大众艺术审美的终极关怀

中华人民共和国成立后，经过了长达 17 年的发展变化，在文学、艺术、美学等领域进行了广泛的讨论和改造，在美学界出现了批判朱光潜的美学大讨论，苏联文艺影响到了各个领域，"任何事物，凡是我们在那里看得见依照我们的理解应当如此的生活，那就是美的，任何东西，凡是显示出生活或使我们想起生活的，那就是美的"①。车尔尼雪夫斯基的理论影响了我国文艺，生活性美学思潮逐渐扩展。洪毅然的社会功利美学思想在美学大讨论中形成了广泛影响。随着美学大讨论的收场与转型，他正在对生活性的审美探索时，"文革"将这一切打断，"那几年他日写兰竹不辍，累计不下万张，床底下一捆一捆，塞得满满。正如古人所说，'喜气画兰，怒气画竹'，先生之画，无端狂笑无端哭，不似梁甫不似骚，泄露了不少天机"②。"文革"结束后，他的思想更为低调和走向大众层面，生命或人生哲学的体验离不开他对于所生存的社会现实的关注和经历；洪毅然将其现实生活感受融入他的象征性的艺术创造中，努力去挖掘哲学思考的深层内涵。涂武生从洪毅然家回来后这样回忆道："转过身来，在另一面墙上，我见悬挂着一幅淡淡的素雅水墨画。走到近处一看，才发现原来是洪先生自己的创作。几片兰草，粗细不同，没有开花，却生气勃勃，充满了生机。上面还有一首题诗，我不禁一字一句地朗读起来……念完后我即戏说：'洪老种草我爱草，家中养花花开少。'洪先生指着阳台外的一个小院说，学校领导几次要我搬到新楼去，我都舍不得离开这个杂草小园。"③ 他在失望与希望、实在与虚无的许多矛盾之间仍然坚韧不拔，正如他所说："把我放到喜马拉雅山上我也有我的境界。"鲁迅写道："野草，根本不深，花叶不美……当生存时，还是将遭践踏，将遭删刈，直至

---

① 车尔尼雪夫斯基：《艺术与现实生活的审美关系》，周扬译，北京：人民文学出版社，1979 年版，第 6 页。
② 高尔泰：《纪念洪毅然先生》，《南方周末》，2012 年 12 月 8 日。
③ 涂途：《"世人栽花我种草"——与美学家洪毅然的交往》，《美与时代》，2006 年 1 期。

于死亡而朽腐。但我坦然，欣然。我将大笑，我将歌唱。我自爱我的野草，但我憎恶这以野草作装饰的地面。"①

洪毅然在诗中开头所写"久欲莳草"说明其很早就想像"种草"一样培植大众艺术的发现与成长。"世人种花我种草，爱草如花从来少"开门见山用"花""草"点出了"精英"与"大众"的寓意，其意思是别人种花一样关注"精英"式的艺术，他自己关注日常生活中普通大众的艺术，这表明其"大众审美的不可忽视性"观点。其实，他在《大众美学》第二十节"红花还靠绿叶扶"也阐述了这个观点："'美'和'不美'（丑），既是互相对立的，同时又是互相依存的。所以，两者的矛盾，其实不是绝对的，而是相对的（美的和更美的相比，便会显得并不怎样美；丑的和更丑的相比，便会显得并不怎样丑；均可为证），相反相成，两者实亦存在着彼此相通的一面（用哲学术语说，就是具有"同一性"）。故在一定条件下，可以互相转化。"② 他在诗中进一步阐释其坚持的大众美学或许会被别人认为愚昧和迟钝，但是他还是坚定地认为大众审美的重要性，而且他会对嘲笑他的人说明"这是无知"的表现。他用哲学的辩证关系进一步说明"花"与"草"的可转换性和易混淆性："况今怎能别花草，辨析不清徒自扰。"魏传义这样评价道："先生在从事理论研究之余，今年又积极从事国画实践，他的国画花卉，虽属小品，确意境高超，颇富天趣，堪称传神妙品。"③

美学家洪毅然用"草忽着花草亦花，花不开花花亦草"将主题思想推向明晰化，他在早年的《艺术家休养论》里也阐述了这种观点："真正的画家与文学家的定义应该以其是否生产着画或者文章一事以为其判定的基准，至于其 Manner 是属于何种类型却对于他是否画家或者文学家之判定上没有影响。"④ 联系到这首诗句也就是说不开花的花也不是花，不用创作作品实力证明的艺术家也不是艺术家，只要开花的草也是花。这句话是

① 鲁迅《野草》题词，转引自祝宏编：《最美最哲理 穿越时空的经典美文》，长春：吉林人民出版社，2010年版，第74页。
② 洪毅然：《大众美学》，西安：陕西人民出版社，1981年版，第86页。
③ 魏传义：《钟灵毓秀，蔚启文人——看四老画展》，《通川日报》，1984年2月12日。
④ 洪毅然：《艺术家修养论》，罗苑座谈会出版，1936年版，第10页。

对指向其公众审美的层面的肯定，尤其是对日常生活中物品审美的终极指向。两年后他在另一首诗《爱花》中继续阐明了这个观点，"种花不惜花，并非爱花人"①。正如汪晖在研究鲁迅时出现的同样问题："深深地感觉到历史的过程仿佛不过是一次次重复、一次次循环构成的，而现实——包括自身所从事的运动似乎并没有标示历史的'进化'或进步，倒是陷入了荒谬的轮回。"② 洪毅然在诗句和图像上都在叩问这些"荒谬的轮回"，正如高尔泰所言的一样《无名草》也是"郁积的宣泄"和"无端狂笑无端哭"的体现，这时候其绘画作品是在寻求艺术之外的解脱，当时在场的高尔泰对此理解得很充分，在洪毅然的绘画上这样写道："闲却经纶手，高楼画竹枝。先生画外意，难画亦难诗。"③ 画外意和诗外意才是此时寄情与笔墨的原因所在。

---

① 洪毅然：《敞扫集：笔奴诗存》，全诗为："爱花种花不惜花，并非爱花人。拾花不摘花，始见爱花心。"未刊。
② 汪晖：《反抗绝望——鲁迅及其文学世界》，河北教育出版社，2005年版，第291页。
③ 高尔泰：《纪念洪毅然先生》，《南方周末》，2012年12月7日。

关于体验和呈现的对话[*]

刘巨德　冯秋子　蔡劲松[**]

【摘要】藉刘巨德先生在京举办个展之时，2016 年 11 月 23 日，刘巨

---

* 这篇谈话完成于 2016 年 11 月 26 日，时值刘巨德先生在北京 798 艺术区圣之空间举办"回乡的路——刘巨德艺术作品展"之际。一年后，2017 年 10 月 20 日至 29 日，"混沌的光亮——刘巨德艺术作品展""寻归自然——钟蜀珩绘画作品展"大型个展在中国美术馆拉开帷幕。刘巨德、钟蜀珩这对艺术伉俪专注于艺术探索，创作兼具中国传统文化底色与新时代精神的宏大气象，同时艺术风格淳朴归真，闪耀着精神的光芒，引起了强烈的社会反响。展览作为 2017 年度"中国美术馆学术邀请系列展"的重要部分，开幕当天盛况空前，来自文化、艺术、哲学、科学界的嘉宾云集中国美术馆，共同见证这对伉俪艺术家的首次大型个展。清华大学原副校长谢维和、中国美术馆馆长吴为山、中央美术学院院长范迪安、数学家丘成桐等嘉宾在开幕式上致辞。"混沌的光亮——刘巨德艺术作品展"位于中国美术馆一层的 1、8、9 号三个展厅的展览中除了 20 世纪八九十年代，刘巨德创作的乡土系列水墨作品之外，多数为近年鸿篇巨制新作，其中位于代表性圆厅的《生命之光》长达 27 米，高 2.49 米，让人想到毕加索的《格尔尼卡》，而这一幅水墨画无论在尺幅、表现题材和语言上都不亚于《格尔尼卡》。在刘巨德先生近几年的新作中，野草、奔马、胡杨等是反复出现的题材，他不断回溯自己的记忆，回到艺术的源头，实现艺术的超越。此后，"浑沌的光亮——刘巨德艺术展""寻归自然——钟蜀珩绘画作品展"，于 2017 年 12 月 15 日 24 日在河南省美术馆、2018 年 9 月 1 日至 24 日在山东美术馆巡展。特别是山东美术馆的巡展，刘巨德先生展出作品 150 余件，包括国画、油画、雕塑、装置、陶艺等类别，体现出他对艺术生命精神的思考与探索。其中，彩墨《孔林》和雕塑、装置《响沙》《求雨》《生命的回响》等均为新作。钟蜀珩先生展出的油画、水墨、水彩等作品有 50 余件，反映了她在艺术上寻归自然、尽精微、抒广大的诗性之美。美术评论家普遍认为，刘巨德与钟蜀珩无疑是当代中西融合之路的代表，他们都在导师的巨大光环外找到了自己的语言。刘巨德先生对中西艺术比较研究颇有心得，他认为中国画是"以看不见的画看得见的"，而西方绘画是"以看得见的画看不见的"。他的绘画图式语言正是打通中西的结果。钟蜀珩先生则"寻归自然"，在自然中寻找和构建自己的精神家园，在生活中化掉中与西的对立，剩下的只是真与善的人性光芒。

** 刘巨德，清华大学首批文科资深教授、博士生导师，清华大学美术学院原副院长、学术委员会原主席，艺术家；冯秋子，中国作家协会创联部副主任，作家、艺术家；蔡劲松，北京航空航天大学人文社会科学学院（公共管理学院）院长、人文与社会科学高等研究院院长、艺术馆馆长、教授、博士生导师，作家、艺术家。

德、冯秋子、蔡劲松三位学者型艺术家、作家，从各自角度出发，就刘巨德先生个人的生命体验，长期的艺术实践和思想求索，展开探讨。涉及艺术的本源与生命精神，绘画的文学意蕴与价值，诗性空间与哲学义质，民族文化与历史烙印等诸多议题。解析艺术如何从心里生长出来，心觉之后才可能创造；万物于己平等，与物相融而再生；艺术为什么是用生命体验生命的释放……生命与成长，觉悟与精神，生活与艺术，远足与回乡，简洁与繁复，大小与收放等等艺术之渊境。艺术与人文交织、碰撞、促动，也在交流现场发生。

【关键词】 生命体验　艺术精神　思想传承　创作实践　文学意蕴

蔡劲松： 我们从展览开始。上周六，11 月 19 日（编者注：2016 年），我们在 798 圣之空间观看了刘老师的展览。展览呈现了刘老师近年创作的 60 多件作品，包括水墨、油画、陶艺、青铜、玻璃多种艺术门类。本来是一个内部的学术交流展，没想到去了那么多人，可以说是高朋满座，说明刘老师的艺术影响力非常大。

我回顾了一下，刘老师 2009 年在北航艺术馆举办插画展，今年 10 月份在乌克兰国立美术学院美术馆举办画展之后，这是第一个综合性的艺术作品展，因为前两次都是专题展览。网上有报道说，刘老师明年还会在中国美术馆做一个综合大展，那么，这次作品展应该说是一个预热吧。乌克兰的展览和这次 798 的展览，都把主题确定为"回乡的路"，是否意味着地理上的故乡和精神上的故乡，在您的艺术生涯中占据着越来越重要的分量？

回乡，作为一个展览的主题，一个关键词，或者艺术生长轮回的永恒的课题，那么这条漫长的路径，在今天繁杂纷扰的时代，和艺术、和艺术家之间的关系，到底应该呈现出一种什么样的底色或者状态？您是怎么看待这个问题的？

刘巨德： 人生心安是归处，都想有一个心安的地方。我经常说自学是为心安，修艺也是为心安，为心安而去。哪儿才能心安呢？是有一个精神的家园，这个家园会让你达成心安。那么为了这个精神家园，你就会不停地去向那儿奔跑。不管有多遥远，多么望尘莫及，你听到她在呼唤你，你的心里老有这个声音呼唤你，你就跟着她去走。

你知道，这个路没有终点，你不可能走近，但是你还是在这个路上歇不下，停不住脚。所以我就叫"回乡的路上"。这个乡，那天王鲁湘说，其实就是我出生的故乡，生长的故乡，养育我的故乡，也有让我做梦的故乡。这里面是童年的故乡，文化的故乡，宇宙的故乡，还有母体子宫的故乡。

人总是希望，自己的心在有限的空间内走向一个无限的空间去，精神家园也好，梦乡也好，都是无限的空间。虽然我们的肉体可能在现实的世界里，但是我们的灵魂总是在天外。那么这就是我们的人体，他和天宇、和天体相连，在中国文化里也好，我们人生的欲望也好，可能这是最大的一个精神上的故乡。

当然童年的故乡是可以看到的，她会给你很多美感的底色，对生命体验的底色都会很牢固。我作画的时候，常常画我体验过的。实际我是一种体验性的表现，不是模拟的，是我体验过的。你经历过，抚摸过，为她欢喜过，或者流泪过，都是经历过的。

所以我非常喜欢用体验和冥想这两个词。这个艺术，我就感觉贵在体验和冥想。那么童年好多生活是一种体验。对文化的故乡，我也很想去体验，比如说庄子的思想，我也很想去体验一番。不光是读了他，能够背几句，我特别想体验，体验这种文化内在的东西，那种他和生命连接的神经，那种天宇的博大和你微妙的神经之间的关系，也很想体验。

当然到子宫的故乡，我也很想认识、体验。我到底是一个什么样的人，我的母亲给我天性里、秉性里、心性里，带了一些什么来，我很想知道。因为小时候出生的衣包留在故乡，那个衣包和你是紧密相连的。那个信息感觉是不断的，它在呼唤你，它也在你的心性里冥想。

所有这一切，真像万有引力一样，不自觉地吸引着你。所以我叫了一个"回乡的路上"。有人说叫"回乡"得了，你还来一个"路上"。我说我还在路上，这个路很遥远，也许我一生，这个生命都不可能到。因为我知道这是一个没有终点的路，要长跑的路，但是你歇不下，所以就叫在路上，是我体验的那种感觉。

蔡劲松：可以说，艺术家的人生旅程和艺术生涯，都是以故乡为起点的，回乡的路，其实就是体验和冥想、不停追问生命的一个过程。冯老师和刘老师一样，都是从内蒙古乌兰察布走出来的，您怎么看刘老师的创作？

冯秋子：听刘老师讲，更多理解了您创作的回乡路上。"回乡"，不完全是具体的故乡这一种单纯、可视，可以抵达的现实、物理中的故乡，这样的容易完成。它应该有多重意味，精神的和物质的，现实的和非现实的，生活中的和灵魂里的，感知到的和经历过的，甚至是处在两极、处在中间地带的，含义复杂、丰富，还有我们仍然未知的层面，这么看，是在路上。不是说回了乡，就叫作回乡，现在更理解了。刚才您叙述的，着落到一个思想点：一个人艺术的原址，关于艺术、生存、思想和灵魂归属的那种原点；您选择从原点起步。

刘老师讲到冥想。它是一些能够感受世界、觉悟灵魂的人们的一种深刻的精神状态和思想状态，也是生活状态。好像是他的心灵与宇宙万物衔接、对话、知觉的一种内心活动，有自身的节奏，是他感知这个世界的其中一种方式，是他需要的，他的生存所必需的。我写东西的时候，也涉及冥想的问题。

从刘老师的创作行为看，在形式上，在实质方面，是在这样的路上，在这样的完善、完成过程里。而您的能力是向外拓展的，哪一种形式都不足以概括，没有必要概括，它决定了您的生存方法和创作方式。我理解，随着年龄、时间的推移，刘老师越来越多地聚集起这一生命特质下可能有的触觉、知觉、嗅觉和领略与觉悟的，越来越多地聚合和酿造了这种能量。

回乡的路上，"的"字或可去掉？

刘老师在画展开幕式上讲到生活阅历，这无疑是重要的。觉悟靠多种因素促成，所谓天时地利人和，这些是能看见的。另外一些元素也必不可少，人和这个世界发生了连接之后，经过磨合、实践和锻造，可能对这个世界的更多层面有所领悟。

现在还有很多东西，您本身，和您创作的作品，仍然有待我们发现，有待我们认识和体会到它。就说色彩，有的是在中间地带，中间色，越来越多次地出现。在感觉里出现越来越多的时候，发现到它，捕捉到它，并且一定时候能够正视它的存在，顺应它的存在。这些全在您"回乡的路上"，看起来是您想要继续完成的体验和表述。

其他层面，意识能够往前走的，可能存在着您另外一些使命？

在北方，一些具有混沌状态的人，用一种简单的方式生活着、完结着，那是这一个体生命被规定的命运轨道，总是以他们能够的方式延续。不少这样的人，长此以往生活着、追寻着，在不期然的时节，酝酿出一个具有灵性的人，感知这个世界，倾听这个世界，体会这个世界，领悟这个世界，对这个世界包含的原始质性和动静，了然于心，然后顺应自然，朝向世界，再把感念和经验，以他能够拥有的方式呈现出来。

我读过一些刘老师的著述，比较早的时候跟刘老师有过交流，留下印象，您是属于被选定承担那种责任的人。虽然能够看到具体的艺术作品，但是还有一些重要的元素被包含进这些艺术作品里面。即使在很现实的，比如《黑白相随》中两只兔子，它是具体的，简洁、干净，很正常的状态。但是宗教情怀在其中。举这个例子，不是说只有这件作品有，在别的作品中，同样存在安静、本分、旷达、谦逊，或者蓄势待发、含蓄中彰显的东西，这是不是您审美的尺度或者说规矩？不止有汉文化、儒家文化的规矩，作品自身还有一些秩序，不是谁教授给你必须如何，而是从作品内部自然分发出来，像《草原悲鸣》《英雄起步的地方》。就是说，它在内部完成了。当它呈现在一个空间的时候，这件作品自然地拥有来自里面的秩序，不可多、不可少，分寸谐和、恰当。里面的秩序，以及这一具象之外的其他东西，自然简洁，是人人能够审美和接纳的，并内化于心。这一点，佛教的原义即在。

刘老师成长的过程，佛教已经被另当别论对待了。那会儿我生活的半农半牧旗，民族文化色彩和宗教影响稍重一些。刘老师家乡商都县也差不多。我姥姥家在商都县，我有时候在那儿待一些时间。常能看见隐藏的萨满教、汉地佛教和藏传佛教的元素，那些有宗教传统的地方和人家，跟这个世界的关系会有一些不同。

从您身上，感觉到神性，有超越生活本身的认知和悟性。画作也是，它是生活中的，人人能欣赏和接纳，它的肌理、它的灵魂中，生长着超拔的佛性。在蒙古高原，佛教气息是长在土地里的，不是浮游在上头的。生活中，常能看到有些演员拿着姿势，飘着，所作所为跟真实的人没多少关系。而北方的传统文化是跟你有关的。在北方草原，不少老人坚定地走路，八九十岁也走得很有力气，天然的自信。他拥有什么，能够自信到拥有一种力量，自信到朴素、简捷、不为任何东西所动摇？他心里有坚持的土地道德、生命原则，有日常艰苦生活磨炼出的持续理由和耐心。在行走过程中，他完成了全部的和解、妥善，完成了他生命里应该有的和不容易有的。所有应当协调解决的全能安顿下来，人也差不多到岁数了，于是人更加地坚定和有力量，能够面对死亡。于他，跟土地相关的、生命里面的东西已在心里了，他心满意足。所以，画面上，简单的形象里，尽是和人休戚相关的东西，那些东西又超越了生活本身。

超越了画作本身的这部分东西，是什么呢？

某种意义上，您作为一个先行者，去体验、去感知这个世界，认识这个世界，甚至在这个过程也建设了混沌的东西。一些清晰的人，也许是天赋使然，可能看见非清晰的东西，体会非清晰的东西。而混沌的人的模糊内容，也有清晰的时候，继续陷入模糊，继续实现清晰，他一生处于这样的循环往复状态，持续"混沌"。

您是美院的教授，把实践上升到理论，把理论梳理清楚，再去关照实践，然后继续提炼，这是您的职业。但您心里比那个走得远，那又是一重内容，和那些工作一样，需要梳理。您在混沌状态里拿到的、聚合的，就是在身心里加工的，它像一个车间，像一个工厂，像一台搅拌机，每天在那里酝酿产生，远远超过所谓理论概念。那些东西如果清晰的话，会出现什么情况？有的人表现出残酷的一面，即他的理论清晰了之后，艺术行为停滞不前，艺术方式粗暴、残忍。您在节制和内敛中，有韧性地期待对土地有更多的发现，对艺术表现的可能性有更深透地理解和表述。

回到作品。它的具象，不是简单的。那个作品给出了内容。兔子，不少人喂养过、触摸过。这幅《黑白相随》的作品让人不断想到它。刘老师怎么给这个形象里面注入的东西？如何给出那些东西？那个生命体不单纯是画儿，它的生命建立起来了，这幅作品建立了生命。

物体的生命，您的理解，您能够面对的东西跟这个世界的关系，您对它的敬畏，您对存在的尊重，您和物的关系，你和自然的关系，所有这些给出来的一种分量在这里面。那天观看的时候，我想，这里呈现的存在有多少呢？

其实画面并不复杂，甚至有点简单。前些天我拍了自己速写本里的几幅新画，发给蔡老师看，蔡老师说更喜欢第一幅。第一幅树，画面简单，用时最短画的。我理解蔡老师的意思，不是说那幅多好、我画得多好，只是它跟别的不一样。蔡老师也不会因为不一样就说好。道理在于，简单里面有一点生动之处，有存在的理由吧？刘老师的画里，没有强加给别人什么东西，而用最简单、最正常，最没有喧嚣，没有咄咄逼人的方式表达。简洁、准确的画里，尊贵有加，趋向文明，担待生灵的苦难，与之和衷共济。老实说，这是不太容易有的，刘老师拥有，并且在意识里根深蒂固。

这些画作里面包含着经典意义。不同材质、形式的画，分寸准确，也是很自觉完成的。我在舞台上做舞蹈剧场那些年，体会表演艺术，感觉到一个好演员不用担心他能不能做什么，而重在他怎么把所做的控制好，有节制力，能掌握住分寸。有不少很好的演员，在舞台上、影视作品中，喜欢痛快、喜欢铺张，狠狠地过自己的瘾，经常性表演过火，对演员来说这其实是忌讳的。过自己瘾的时候，跟现场有关的其他人，都没有被尊重，那时候，他只想到自己，如同醉酒的人，让自己随意铺张、任性挥霍，别人清醒着，只有他放弃自我和专业责任，让别人迁就他、担待他，让别人忍耐他、宽容扮演的人物。演员的行为，在他失去分寸那一刻，就和艺术拉开了距离。对个人的放任，多多少少标志着行为不成熟，是个人成长的阻滞和遗憾。刘老师的作品，每一幅分寸都在，气韵是聚合的。刚才讲到佛教文化的影响，在刘老师作品中，佛教对汉文化影响以后浸漫到人们的生活和精神里的影响，佛教之于蒙古民族的影响所形成的特殊文化氛围，都在您的体悟里慢慢聚合和生长了，加入了您的觉察和消化。当然，您不是为了表现它而去做的画，是说您的画，有来自这个体会、思想和觉悟方向给出的支持。

在北方生活的很多人，那个地域给出来的教育、影响，在他身上表现为各是各的，不管是蒙古族还是汉族，他们没有办法让这些东西同时存在，并且合理分布。刘老师是不同的，您愿意倾听和感知世界，体察现时和过去以及将来，瞭望物质的存在和精神的存在；体察现实的有和心里的无、现实的无和心里的有它们之间的辩证关系。

这样一种生命体验，基本上是灵魂境地的活动，这使得每一幅作品的气息系念在根本的地方。那天首展现场有一个艺术类杂志采访到我，我说，蒙古人根性上是谦逊的，但不是一直这样。他的谦逊，只有认准你，我要把这个给你，才给你。你不是的话，或者我没办法拿准，不知道怎么跟你相处，也不给到。我谦逊，因为你是上宾，你是我的朋友，你是我心里的，你有多大？你的大甚至超过我的生命。并且这种谦逊和接纳，他是能够承担起来的，所以他能够这样出发，去承担他接纳过来的，整个过程，他愿意倾听你。刘老师说冥想建立在倾听，有道理。每一个时间里面，他的状态都在"进"，都在接纳和倾听；而他"出"的时候，他是用体会到的东西去激发和鼓励自己，勇敢面对和担当外部世界的挑战。

说到体验，我很理解。刘老师的生活状态是这样子。他和作品本身、和这个世界的关系是正常、健康的。因为他们是互相敬重，建立起了正常、平等、合作的关系，没有什么不好的东西在里面。那些作品的确立和存在，提出来一个议题：每一个人和他人的关系，人和物的关系，人应该有的形态，该是什么样子。

蔡劲松：挺好，您的理解也启发了我们对于刘老师作品的认知。原来我们看刘老师的作品，单幅的看得多，画册看得多，在您的工作室看到，在您家里也看到过。它们往往以那样一种方式堆在一起，有时候露出一个小面目我们看一看。上次，2009 年在北航艺术馆展的是插画，当时有《九色鹿》那一系列的作品出来，大家都觉得比较亲切。

这次在 798 展览，虽然规模不是太大，但是也不算小了。60 多件作品，多种艺术门类，既丰富又多样，展陈也恰到好处。我的整体印象，跟过去看您作品的感觉是大不一样的。好像这些作品陈列在展厅里，既跟您有关，又跟您没关系。面对您作品的时候，一方面感觉很沉浸、很安静，甚至很沉醉，但是另外一方面，也有一种沉重，当然也有触动和激动。

冯秋子：确实画里有悲伤基调。

蔡劲松：所以我说感觉沉重，像冯老师讲的。我一直觉得刘老师跟别的艺术家不一样。别的艺术家可能更多的他会强调，我用了什么观念，形成了自己什么样的风格。但是我觉得您首先是一个哲学家，这一点，半个月前我邀请您到北航高研论坛做"混沌的美神"讲座的时候，就认识到了。从传统文化到古今中西，从经典故事到艺术审美，从艺术本质到生命精神，您的讲座既有哲思，又有深刻的人文观照，还有对真善美本质的揭示。我在主持和聆听您讲座时就在想，您的身份到底首先是艺术家，还是哲学家？我想，有一点是肯定的，传统文化、自然哲学、生命精神在您的艺术创作中，一定是一种自觉的状态，您的艺术更多的是以审美的形态，探讨和揭示哲学层面的课题，这其中既包括宏观和中观层面，也包含许多微观层面的元问题。

平时我们感悟到的，觉得您是作为长者的宽厚，对每一个学生，每一个同事，每一个朋友，都非常地谦逊，很真诚，让大家非常感动。另外一方面，我跟冯老师交流过的，可能您天生就是有这么一种大的格局和大的情怀，让您有一种创造力和创作力。

我是这样感觉的。特别是在看您作品的过程中，感觉好像是平面的画，平面的作品或者三维的雕塑，但实际上我们却能听到一种声音。有时候想，这种声音，这幅画，是刘老师在说，但是天外也有一个声音在说。这种感觉确实很强烈，有一种力量感。

刚才冯老师反复的叙述里面，我觉得她也是有这种强烈感觉的，您跟别的艺术家是不一样的。那天在798展厅和王鲁湘老师交流，他说他三十年前认识您的时候，您就一直在研究"混沌"与艺术的问题。如今三十年过去了，您展览中那组十余件陶艺人物作品，比如《后草地的姑娘》《草的女儿》《诺子》等等，可以说是您"混沌"艺术观念的最好呈现。王鲁湘老师说，您终于找到了一种最适合表现您"混沌"思想、美学思想或者哲学思想的艺术方式。

我们看外形，中国的雕塑界没有一个做人物雕塑的像您这样创作。技法并不复杂，就是很纯净，就是一个胚胎，单纯的简洁的塑造，一个型，就出来了。又很圆润，又很稚嫩，但是它很青春、很年轻。她是一种生命体，有生命的张力，有饱满的情绪，有生长的姿态。仅仅简单地用线条概括，用曲面构成，眼睛、嘴巴、鼻子呈现出来，生命的意味扩展出来，既具象又抽象，非常清晰地就把一个生命活化了。

这里面，我们联想到更多的，其实还有您对作品的命名——《草原的女儿》，类似这样的命题。你这些命题的指向，一下子把我们带到了远方，虽然我们并不十分熟悉，但是那片茫茫的草原，那苍远的原野气息真的让我们感受到了。又好像听到您画面里面和您雕塑里面发出的声音，也能够感觉到泥土的气息、青草的气息，都在暗示或指引着观众的心觉，将大家的欣赏引导到您那条永无止境的艺术回乡的路上。

这个"路上"，其实就是艺术的本源。您以前常常说的，艺术把生命照亮，生命也需要艺术关照。这一次在展厅里面，我反反复复看，每次转到不同的角度再去看一遍，感觉又是不一样的。

冯老师刚才讲，有些作品看起来很简洁，比如说画花卉这一部分，画鸟的那一部分，很纯净、很纯粹，也用了西方的很多技法，但您用的都是传统材料。整个创作与构成，实际上打通了中西文化，把自然和生命连接起来。所以让观众看，如果真是以生命体验的视角去看，把他的生命感悟投射进去，把他的冥想加进去，那将是一片多博大的思想领地。我觉得，欣赏您的作品，如果观者真正沉下心去，以清悟的态度和方式看，那他感受到的艺术的力量，一定是无穷的。这也应验了，艺术应当以生命体验和生命关怀为终极使命，艺术是可以成为每一个生命个体的精神支撑的。

冯秋子：蔡老师讲的这些，不少还可以深入展开，有很多的信息。蔡老师自己做雕塑，接触这方面的艺术家多，有切实的体会。那些艺术家实验的东西也多，蔡老师说这个话是有比较而言的。刘老师的作品，我感觉到每一幅都是最少的线条，包括材料本身，最少的材料铺排，最小的动静。以最少的方式，呈现最圆满的结果。

整体上看，这些作品，包括"青春"这个内容也在里面，但是无论是婴儿、童年的孩子，少年的、青年的，甚至再大一些的，每一个形象里面都有圣洁的东西。刘老师说到胎衣，的确有的像是裹着胎衣的，有的是挣扎了好久能够留下来的净物、生命里的干货，在那些形象里是很强烈的。但是无论他们是怎么创造出来的，走了什么样的路，他们身上竟都有圣明、神性，都有简洁、澄明的质地，那种完成和消化了复杂内容之后蜕化出来的单纯，所谓事物厚积薄发，出落之大。

我理解，现在的简单，包含人走过来，走出去了，完成之后。就像伸出手，有功夫的人，手指、手心、手相，倒是柔和的，而不是绝对化地、僵硬地出去，那样拦腰一砍就有可能折断。但是当柔韧地出击的时候，你砍它，任意打击它，你感到疼痛，你可能被反弹回来。而拥有那双柔韧的手的人完成了他的起手、迎接，没有喘息、张皇，气息如常。他的力量是自然的、安静的，能够回到原地的。那些画作，它们的形象都是能回到原地的，放出去，经过各不相同的磨炼以后，能够自觉地回来。再看出生不久的原初的孩子，也是有内容的，里面埋藏着很深的让人动容的世界大同路径上的内容，足以让一个举起屠刀的人放下它，立地成佛的力量——当然是那个人具有灵魂被触动，能接收生命感召的信息这样基本涵养。展厅里那些有阅历的塑像，是能够扎进土地的，有力量回归的。所以它有完成了的感染效果，像《舞蹈家》，它里面有完成了的完美和熨帖，触动人心。

在这里面，创作者可以忽略那是什么，因为要靠观念去让自己怎么样的时候，内在的支撑也许已感到乏力。现在仍然是在混沌状态。混沌是非常多东西凝合成的一种状态，它不是单一性的，不是勉强的和空洞的，就像心脏，有的人有循环的机能、回收的机能、支撑的机能，因为他具有这样的能力，具有这样的自觉需求，具有自行搏动和推导血液周身循环的能量。有的人并不是完全具有这种机能的，他必须靠外部的理由支持。现在这些作品的出发，就像是没有任何规定性，它就该那样，但当它出现之后，又不仅仅是它本身了。蔡老师刚才说的感觉确实是那样，你说每次看，会有收获。为什么那种简单里面具有复杂性，简单里面有了这些丰富的内容？

蔡劲松：其实，大家也都想了解，刘老师在创作作品的时候，最通常的状态是什么？先有一个大的场景，还是先有一个主题，还是先有一个冥想的点，还是体验过什么东西，什么样的情况多一些呢？比如说您画草原的时候，您那几幅大的作品，或是以草为背景，或是让草、花草融浸在寂寥的草原大背景中，最初要创作这件作品的时候，您是怎么构想的？

刘巨德：我是糊涂人，其实我脑子并不清晰。我做什么，怎么做的，不是很清晰，是一种糊涂状态，我自己叫它跳深渊。就是往下跳，胆子大而已。小时候，我的母亲曾经告诉我：孩子，你肩膀上有两盏灯，一盏灯是给你照路的，一盏灯是给你驱鬼的。你走夜路千万莫回头，你就大胆地往前走。

这个画画，像走夜路，不是很清楚。也像去寻一个文物，你可能踩了一脚，但不知道里面到底是什么。我就大胆地往下跳，那么去面对一个丈二的空白纸。我没有小稿子，既没有手稿，也没有腹稿，更没有照片，我是最反对照片的。因为我理解的艺术，不是照片，不是照相，也不是模仿自然，它是让你去代替自然。它是什么呢？它就是你的心理，你自己精神的节律。在那个空间内，那个生命的体验内，你的反响就是这样。比如说我在草地上，为什么说我画的都是我体验的？我是体验以后才去画的。我也跟我学生说，我说你要画这个画，你一定要想你就是那幅画，你就是这个杯子，你就是那根草。你想想，你在长，你在收缩，你在膨胀，你在心跳，你就会看到不一样。不是眼睛去看一个小孔成像，这样就和你用眼睛看是不一样的。

很多东西不是眼睛看到的，是心感觉到的。我的那个老师经常给我上课，他说你要学会闭着眼睛触摸心底。他说你闭着眼睛，用手触摸你的头颅，或者触摸你的手，然后你再去摸着画。它是一种心觉，心的直觉，它不是你眼睛看到的。

所以，我一直在总结东方艺术，我说是用看不见的去画看得见的。就是我体验到这句话，我说西方的艺术，是用看得见的去寻找背后看不见的，最后在看不见的地方相遇了。所以心觉很重要。我也很幸运，那天开幕式上讲了。为什么很幸运呢？因为有我的老师庞薰琹先生，他是这样一位大师，他的教学和其他任何人不同。

这个心觉里面，我后来体会到心范儿。人说你怎么发明这个词？你看铸铜有铜范儿，青铜有铜范儿，绘画有形范儿。因为你是心觉，所有的万物生命进了你的心觉以后，他就有你的心范儿。再流出来之后，已经都变了。它一定带着你心灵的烙印，就是你的心跳，你的灵魂，你的美感，你的经历、学养，从你那儿出生了，重新出生了，就像一个种子种植以后，从你那儿出生了。

蔡劲松：从心觉到心范儿，流变的是艺术创新的基因和烙印？

刘巨德：对。我觉得这就是心范儿。每一个艺术家，真正的艺术家，他出来以后都有自己的心范儿的烙印。但是这个心范儿，像青铜的范儿是硬的，我说艺术家的心范儿是软的，是非常柔软的、流动的，而且它越柔软，就越敏感；越柔软，它会对外界所有的这种接受，和它的心迹就会印得越深，它就会带着你的心性跟着走出去。所以艺术家的心范儿是柔软的，它也是流动的。这是我讲到的心范儿的问题。

人们说书上没有这样讲的。我说，我讲的话，经常都是我体验出来的，我不是非要照本宣科去讲这个问题。所以你一看，每一个艺术家，面对的自然对象都差不多，童年也有很多故事相似，老年也有很多故事相似。但是他是从他的心范儿里出来的，所以他的心态不一样。

因此我说，你不要故意去设计风格，设计样式，或者去搬人家的样式，照人家的模式说话。你若真诚，你就敬畏一切。刚才说我谦虚，其实也不谦虚，是我很敬畏这些生命。有一个敬畏的心以后，你感觉上就会不太一样。就这张纸放到我们面前的时候，我虽然大胆地跳下，大胆地落笔，但是最后，我跟着我的画走。

我知道它的力量，知道这个空间的力量，哪怕丈二的空间，哪怕是三面的空间，那个力量是很大的。它对你会有要求的，是有愿望的，你有你的愿望，它也有它的愿望，这个愿望我们还得顺应它。所以我和它是平等的，叫一种交流也好，或者相互推动，我们现在叫升华也好。所以我画的画都不一样，一样不了。再去模仿哪张，我模仿不出来，而且也不想模仿。因为我看到每一个情景的时候，接收的信息和感觉不一样。

他们现在都很喜欢我那张《春雪》，就是雪地上有好多白鸟。其实那就是我一瞬间的感觉。一天早上，我看见院子里下雪，雪不大，上面都是玉兰花的"苞"，它没开过，它明年春天开的时候有苞。但是因为下雪，它都变成白白的，有大有小，满树都是。再加上整个灰蒙蒙的日子，一下子给我一个感觉，完全一瞬间的乐观直觉，就让我想到了树上这么多鸟，白色的鸟，其实一只鸟都没有。

你觉得是错觉也好，冥想也好，但是一下回到我童年。童年在雪地里看到的那些鸟，看到天和地，白茫茫的，你看见的和你原来的底色就合上了。最后发现，你看到的一切，一定和你经历过的事会合起来。它会重叠，它不知道什么时候又掉出来了，甩出来了，是你记忆的重叠，也是经历的重叠。

我经常感觉，你的童年是你审美的底色。实际上，那个审美的种子，早在你童年的时候就已经种下去了，只是它后来破壳，慢慢地长出来。早前已经有了，如此看来，这个故乡就显得是一个隐下去的底色的故乡，或者是河床的故乡，和那些流动的东西一起存在。

它以一种很柔软的、简洁的形式出来，像冯老师说简洁的问题。其实这个与我文化上有关系。我很信仰中国传统文化里有关大简微妙这种美，很大，又很简洁，又很微妙。你看中国的佛造像，它气势多大，它总是有一种无限感，很大。它总在强调大，再大的就是太阳，太阳最大的就是极。你要让你的画能够达到一种大，大到太，太到张，这种张力，到一个极致，就是最好。

这个大是一种气象，是内在的一种力。它在长着，它的力又是很内敛的，但是又很大，这个很重要。我很欣赏一些经典的石刻，那个力就是有雷霆万钧之力，但是它蓄势未动，它没有彰显出来，我很喜欢这种内敛的、大的，宏阔、雄浑的力，含蓄、凝聚起来，膨胀起来，但是它没发出去，我很喜欢这样。

像米开朗基罗的画也是这种感觉。我去西斯廷教堂看《最后的审判》，感觉那就是天庭里来的一种力。它来了，但是它凝聚着，就像——我打一个比喻，暴风雨前的阵势，它不是一下倾盆大雨下来了，它凝聚着、含着。

中国文化里很讲究把这个力含起来、藏起来。我老师庞薰琹先生讲过装饰艺术，我跟他学的装饰艺术和西方艺术的比较。美术界对装饰这个词，常有一种贬义的认识。你这个装饰画，就像一个画品一样，摆在桌上没用的；或者你这个家居摆装饰，并没有任何艺术上的意义。其实我老师的那个所谓"装"，就是藏起来的意思。他说，装，藏也，藏在里面的宇宙之理。就是那个道理。无限的宇宙大的道理，你看不见，它是藏在里面的。画也是这样。真正的绘画都是如此，藏在里面，含蓄起来。这个大，就来自这里。为什么？它就是把一个有限，走向无限的境地；而且这个无限，是凝聚起来的。

然后，是"简"。"简"就是简洁。混沌是最简洁的，因为简洁，它才能把所有复杂包在一起。她刚才讲的很对。都包在一起了，蕴含在一起。所以简洁是复杂生成的，不是简单生成的。但是为什么叫"洁"呢？你只有很纯的时候，才能"洁"，就是说"简"和"纯"是在一块儿的。我们喝的好酒很纯，很纯，它就很"洁"，很"简"，它就有力量。所以这个"简"，是混沌一个很大的特征。只有"简"，混沌才能显现出来。混沌最后呈现的是一个"简"。你看上去，它是这样。但是，你什么复杂的东西也看不见的，它未必就是"简"。

蔡劲松： "简""纯"是相对的、辩证的，其内在很丰富，很复杂。

刘巨德： 对，内在很复杂，但是它外面看着很"简"。混沌，相貌就是这样。所以为什么混沌没有五官？很"简"，混沌没有五官，不像我们有复杂的五官，它没有。它的五官在哪儿呢？在里面。它是心觉，它的心觉非常地微妙、敏感，任何一个角落，它都能感受到。从混沌的形象了解庄子，你就知道它是非常简洁的，你看不见它那么复杂。它外在是这样。

所以，简洁做到了像混沌那样，没有五官，那是不容易的。因为它把那些门户，能够只看外表的那些门户关闭了。它不要从视觉上看到，而把那些门户关闭了。这是因为，你看见的并不是真实的，它是一个纷乱的世界。像刚才冯老师讲的，它有秩序，这个秩序因为什么呢？简洁了，它外表上简洁了。你用眼睛看见的，都是混乱的。你要模仿你眼睛所见混乱的，肯定不是真正的意识。只有你心觉里，不是眼睛门户能够看见的，而是心觉，我刚才说是体验过的一种表现，它是一个心觉，心灵的艺术，只有用心灵去体验，然后表现你心灵感应过的东西，这个时候它一定要求你是简洁的，是有序的。

我给学生讲过一个例子。我说，有一个学生画画，他拿两支笔，一边跑，一边画，跑到画面那儿的时候，下来一张画。我说这个，跟她刚才讲的很像，它可以叫行为艺术。但是它成为绘画艺术的时候，不完全是这样的。它一定是、也能够是有序的，但是你又不是很清晰的，又清晰又不清晰，又有意又无意，这么直接画上去，它才有一种又熟悉又陌生又很危险，感觉你跳下去很危险，你这笔落下去很危险的，因为你不知道它会走向哪里，它是有一种不确定性，但是你的心很平，它面临危险，但它会化险为夷。这些都是造成简洁的一些过程。

微妙，就是微，它有一种妙。这个微，很微小，不是说你不要有任何细节，而是说这个细节是很微妙的。我经常希望，我的那些细节是大刀阔斧的，用笔过程中带出来的，不是我故意描出来的。所以我用一米长的大笔去画。我觉得，再小的画，你一定要用大笔。大笔画出的线，大笔画出的画，它会产生微妙。但是这个微妙是不失大气势的，你若要雕出那个微妙，它跟那个大气势是分裂的、脱节的，它跟你心范儿流淌的是不合拍的。一定要跟这种心理的涌动合起来。

我画的过程，所有的用笔，其实是我心里的涌动，我并没有想到我一定要画成什么样。它的那个用笔都是在涌动，它涌动之后，它就让我到那儿去，真是这样，到左边，还是到右边……那天有希腊的艺术家，他看我，他说你这个画，所有的作品都是你心里涌动的结果。确实如此，就是我心里的涌动在告诉我，这笔怎么下去的。然后下去以后，切下去那笔，它又会告诉你，你下一笔到哪里去。这个非常像水与火，火在往上升，水在往下流，它自己就这么走了。

蔡劲松：顺其自然。

刘巨德：对，就顺其自然，如烟就上，如水就下，就这么出来。这样的微妙，它就可能与更大的气势相合。这样的话，你就不会老趴在画上画画，我离得比较远，笔也比较大，就这么一个过程。你说那些画怎么产生的？比如说草原，这个草也都是我记忆的、体验过的草。你真要去现实里，找不到这个草。可能找到一枝，找不到一片。我画的都是我认识过的、体验过的。我甚至把它摘下来，拔起来，拿回家——不知道为什么，对草有一种感情吧，每年回老家，一定要抱些草回来。我小时候，说起来，经常小裸体跑在草丛里，那个时候觉得草很高。现在回去，草最高的也能没过我的头，那是枳芨草，很高，现在还是这么高。其他的草，一般够到我的大腿就不得了了。再往下面，一些苋草只到脚腕，能到膝盖就不错了。这种草，有的是狼针草。狗尾巴草就不用说，我们那儿叫毛友子，这种草很多。还有灰菜、艾草、沙蓬草，很多的。每到秋天，草像风车似的，在地上转，在地上跑，很多很多。

我画的那个草，是为老牛割的草，它长一个小疙瘩，这个疙瘩会开花，一般开紫色的花、红色的花，黄色的，都有，很大。这个草，我看了，内蒙古有，东北也有，其他地方我还没见到。我画它，因为我小时候经常在那个草里面掏鸟蛋、抓老鼠、挖野菜、拾牛粪，在那里面钻来钻去。有时候躺在草地上，睡在草地里。你会听到草籽在里面噼噼啪啪作响，它落在地上，它的响声像惊涛骇浪那样轰鸣。在你心里，感觉它就像一个海洋。所以我就把这个草画成很壮阔的，草很有生命力。你可能没挖过草？我小时候经常去割草、去挖草。我知道草梗，像苋草的草梗，一蹿千里，很长很长，特别长，你不砍断它，你就会一直跟着它走。就像莲藕梗似的，但是莲藕梗没有那么长。这个草非常长，又细，然后从每一节上生出草根，就像莲蓬似的，它是从藕梗每一节上生出来的。草梗也是从每一个节点上长草，所以一连一大片，你就会感觉那个草生命的顽强，而且长得很快，我就感觉，它是追日草。我自己这么叫，是我一种体验，是我一种冥想，实际它并不叫追日草。当然我曾经想象这个草，也是夸父逐日以后，他的毛发长成的。所以我就经常在想，它的祖先是夸父。

蔡劲松：您的作品里面，有一种神秘感，刚才您这样一说，我更理解了。再看这些作品，特别是您的《追日草》这一系列，我从里面看到一种文学性。好多人反对艺术作品的文学性，但是我觉得在您的作品里，文学性和艺术性，还有审美性，是作品不可缺少的重要方面。而且您的作品打动人的地方，我觉得非常重要的一点是它的文学性。

刘巨德：我没有想。

蔡劲松：您可能没有想，但是您的草生命力很顽强，它的高，它的壮阔，其实从您小时候光着身子在草地里面玩耍去看，地比人高，就是那种视野，一直到您现在，回乡的路上，您几十年的艺术生涯，都在看这个草。

刘巨德：我还是那个视野看那个草。

蔡劲松：对，我们的视野，不同的视窗，看到同样一个景象，或者同样一个壮阔的生命的意向，它给出的力量是多大啊。而且透过您几十年的历程，我们看到的不光是这个画面本身。对于一个有生命体验的艺术家，去看这件作品，你的体验是你的体验，你的冥想是你的冥想，你对草的认知，你说它是夸父的头发，它是"追日草"；其他的人，他的体验可能是不同的景象。他不同于你的体验，也可以参与到你的创作里面去。某件作品出来以后，在展厅里面，某种意义上，我甚至感觉这已经不完全属于艺术家个人了，它就是呈现在公众面前的一件作品。这个作品，它带给不同人的视觉冲击和精神映衬，是不一样的。

比如刚才冯老师讲的，她是那种感觉。可能另外一个人走过去都不会看一眼，因为他的视野、他的心智不在这个地方。对有些人来说，可能看过以后，从此会改变他的人生，因为作品能触动他的心灵，能够让他沉浸下来，让他从漂移不定的状态，回到可唤作精神故乡的最亲切的地方。

刚才刘老师问我，你可能没有感觉到那个草。其实，我有过这种经历。小时候，我们家几姊妹砍过猪草卖。我回老家石阡，到马鞍山我外婆家，曾随外婆一块儿去放牛。那会儿还没有上学，在山间下坡的小路上，我突然被牛给拱下去，幸好被一棵树拦住了，没出什么事，但把外婆吓坏了。现在回想起来，童年那段经历看起来好像比较艰辛，但那是跟自然、跟生命的原乡最接近的地方。那个时候，没有任何物质上的可以让你炫耀

144

或者挥霍的资本。我从贵州的大山里、小县城里面出来，到西安上大学，再到北京工作，这个过程中最美好和值得留念的东西，仍然是童年的梦幻与记忆。

在我的思绪里，其实一直存有一个主题，就是故乡与异乡的关系。现在我们再回到故乡去，已经大变模样了。不知道你们的乌兰察布草地还是不是原来的样子？我的故乡已经完全不一样了，大家交往的方式也完全不同了。高铁、高速都通了，在外的人可以十分方便地回去，可精神上的那个故乡呢？或许已经永远回不去了。故乡，这时候仅仅是地域上的称谓，它也完全被改变了，跟其他中心城市也没有多大区别了。这种文化记忆和情感记忆的存续，有时会让我们很尴尬。

刘老师讲，您从一开始，从糊涂开始，去向混沌大简式微去追寻这条路。我觉得这个路径对我来说，一方面有很好的启示，另外一方面，我在创作的过程中间，可能也是不自觉地在这样做。我没有专业地学过多少技巧，我的创作不是因为谁要我画一幅画，而是因为我可能就是想画了，这种想法是心里面奔涌出来的，是一种回乡的体验和与故乡对话的需要。或者我突然就想到了故乡，比如说石阡的马鞍山，比如说思南的五老峰、万胜屯，这样一些场景，我在一张纸前，就开始画了。从一个石头开始，从一朵云开始，或者从一棵树开始。开始下笔的地方也不一样，也很偶然，开始就开始了。笔墨往哪儿走，就随着我的心性，随着我的记忆，随着我的心觉，能走到哪儿，就算哪儿吧。

在一个人的时间里，有的时候画画也是一种历练。我画山水，不画照片，也很少写生，更多的是画记忆中的那片故土与山水。我沉醉于这种创作的方式。有时候人问，你画的是什么地方？我说就是我的武陵山脉，我的乌江。是我心中的那一片山丘，胸中的山水。当然，也可能不是任何地方，你到我所指的那个地方，也找不到。但是这样的山水画出来后，正如刘老师刚才讲的观点，我深有同感：我就是那座山，我就是那棵草，我就是那棵树，我就是那座房子，我就是那里面出来的人。要是里面没有人，我或许正隐在那山居里，一面画着画，另一面却被画外的人或景观照着。

不管我画得好不好，我得先把它画出来。就像您刚才说的，往深渊里跳。我不是往深渊里跳，我在往山上跑。不管什么方式、哪种技法，我用虔诚的心智把它表达出来。我上大学的时候，开始诗歌、散文、小说写作和摄影创作，也是站在山上眺望的方式。这种方式，我曾自诩为"自由的知觉"，我不自觉地尝试将绘画、雕塑创作与文学写作打通。

现在，无论画一幅画，还是写作，我经常在思考一个问题，我们当下创作的氛围或空间，其实最缺少的是诗意栖居的空间、精神交往的场所。当然，最近听了刘老师的"混沌"讲座和在不同场所的讲话，您和混沌的大简式微的关系，我觉得深受启发。其实，越简单的东西越有力量、越有诗性价值。文学作品也好，艺术作品也好，好看不是标准，审美才是，生命关怀和精神意蕴才是。就是说，我更加看重艺术创作背后的体悟，有时候表面上是含蓄，或愉悦或悲伤，甚至是平静，像一摊平静的水，但背后却可能蕴含着无尽的生命体验与思想能量。

冯秋子：刘老师跟蔡老师讲的，都是体验过的。

刘巨德：对。

冯秋子：刘老师，您的艺术观、艺术理论，感觉是体验着、摸索着建立起来的，是这样吗？

刘巨德：我没有理论，我就是体验。

冯秋子：我这么感觉，在体验的过程里，体验的秩序，体验的深度，感知到那种义理和吸收方式，很少是外部加给您的，而是从里面出来，由内部体验到的。所谓理论，能够自圆其说，有充分的事实依据支撑论点。好的理论，具有普遍的认识价值，无论对自己还是对他人都有共融互通的意义，因为它总结了经验，总结了现实成像，总结了其他作为依据的东西，归纳得出来的使自己通达了，对他人也同样具有指导意义。您的理论是在自己和他人实践的过程里形成的。哲学家正是从大量的事实依据里面寻找到事物的规律。您的创作理念也是这么生长出来的。

蔡老师刚讲，有时候感觉您的作品已经不属于您，是同样的道理。不是说从形式上不属于了，是从内涵上讲不完全属于个人。是这个东西能够代表他人的审美也好，生活的信念也好，生活自身赖以立足的感觉，等等，除了代表你，也能够代表他，代表我，成为大家共同认可的，是与大家的审美趋向一致的了。所以，具有经典性意义的作品，在某种层面上讲，不完全是创作者个人的，而跟我们大家都有关。经典的东西好，是说，它的好，是经过历史和大众的检验，获得历史和大众承认并自觉珍视和传承的东西。在大众的心里，它和大家是相互关联的。它有长久的美感给到大众，对他们来说，它具有经久不衰的魅力。经典意味着超越历史和个人，合理元素长此以往地持续延展。经典意味着要经过差不多所有人的心里，一次次地过滤，一次次地被检验，而能够适可的、承认的，并且接纳它成为"我的""我们的"；给人们无穷无尽的滋养，同样给到"我"那样的力量。如此这般，帮助"我"和生活建立起具有社会价值和历史参考意义的、更完整的、合理的关系。从这个角度说，它已经不仅仅属于创作者个人了。但是，一个东西，给到别人时也能够得以成立，那确实是大的东西。而不是那种小的、极端个人化的东西，不是那种局部意义上的东西。你心里能够装载多少——您刚才说到"装载"，并且把装载的东西消化好，消化合适，消化彻底，消化出世界原本有的、或者应该有的式样和含义，这样出来的东西就可能拥有那样的意义。

你能够有多少，你也能创造的话，有可能是跟它相映的、相随的。有位少数民族作家，作品里比较多用到一个词语，叫"顺应"，您刚才也讲了顺应那样的意思。少数民族对于顺应，很多时候比较自觉，接受自然规律，顺应自然的棱角和强弱态势，摸索自我的栽种、成活、优越可能。强调顺应，就像一棵草，从草尖到根系，从栽种到长成这个过程，主观的人、掌握它命运的人，愿意保持耐心，跟随它的全程，体会它由稚弱到成熟有力的那些环节，做一个扶助它、并从中获得裨益和乐趣的人。

我听下来，您的确是那块土地孕育、生长的人。这个话很平常，因为老用，但确实是这样，就是那个土里刨出来的，跟那块土地融合得十分紧密。你看，体会那个草，在北方，说实在话，能长的东西是很有限的，土地贫瘠，无霜期短，降雨量小，盐碱含量高，风强沙劲，没风的日子少之又少，赶上哪天日头柔顺、风沙谦和，人们欢喜得像过节一样。那儿的人对经受的苦寒习以为常，跟戈壁荒原结下的关系一个比一个深到。乌兰察布市的商都县还好一些，它还有农业、工商业的历史基础。但是那里不少地方10年里七八年有自然灾害，20世纪六七十年代，人们养活自己比较困难，劳动越多，挣下的工分越多，年底结算，拿到手的钱越少，还可能倒欠队里的。一个精壮劳力，一天挣10个工分，个别的能挣12个工分，一个工分六七分钱或者一毛一二分钱，刨去当年赊账的基本粮油，几无所得。而家里很少有多余出来的东西，那些年土地给到农民的特别少。可是现在看见，您得到的并不少，您得到的恰恰超常地多。这就是那片荒原的神奇之处以及它和您的关系。苦寒中长大的人，格外地努力，用心尽力，硬是从那个苦寒的土地里挣扎向上，汲取所有的好，装备起自己，而尊严与人性也在那个过程里牢固地建立起来。不是说艰苦好，是说艰苦没有打倒不愿意被打倒的人，艰苦使人更加懂得怎么样是好，什么是该珍惜并努力去创造的，什么东西是不需要的。那个地方，拉开距离看，它是寂静、孤独的，于是，倾听和感受，变成日常功课，内心世界由此可能开阔起来。我体会到您刚才说绘画的时候，您幻化成那个东西本身的生命，也许就是自己的生命。

我写作的时候，也体会到类似的情况。我多次写到草原，那个幻化的景象，甚至能感觉到从那个土地的缝隙里升出来烟气那样的东西。有的时候，我觉得确实有那种神秘性。你能感觉到那片土地埋藏的，能够感觉到那种生命的信息，感觉到世界能够有的东西非常地不同，不仅是面上的东西，历史的、被时间埋藏的东西比起面上的并不少，那种丰富和贫乏，恰恰特别多地表现出来，有很强烈的时间烙印。可见真的心灵是一重，物质世界是另一重。在完成物质世界塑造我们形，并且帮助这个形成长的时候，心灵的长成同样会经历一些艰苦路途。

刘巨德：我就想，艺术它就是用生命，去体验生命的一种能量的释放。它本身也是一种能量。它就是用生命体验生命的一种能量，这么一个释放。它那个里面，有一种你的灵魂和精神的节律、节奏在跳动。把那个东西放出来了就最好，当然没有人用这种方式解释艺术，因为这个艺术现在也说不清楚到底是什么。定义有多种多样，很多。但是从我个人体会，它是用生命体验生命的一种能量释放。它里面包含了艺术家的精神，那种节律和灵魂跳动的痕迹。有这种东西存在。所以，就像平常我们说，你想要了解一个人，就要站到他的立场上去想他，才能够更多地理解他。

那么你表现对象，你画的过程，实际也是对他的理解过程。你设身处地，你是他，你进去了。所以最后我发现这个艺术是你进到万物里，进到自然里了，进到生命里了，然后在那里面，你和你自己相遇了。这个时候你才明白，要画什么了。就说平常那个自己，实际你自己并不知道。我老说，我是一个很糊涂的人，他们都说我是很糊涂的人，确实是很糊涂的人。只有在那一刻的时候，我把我想成是它的时候，我才清醒一些。

然后那个时候，我下笔的时候，我才那么果断，才胆子大。我为什么敢往下跳？我把我想成它了。像是我画的草，我就想我是草。我进去了，进去的时候，每一次我进去，开始的时候，他们看不出这是草。慢慢就变成草了，开始还是抽象的、形而上的，落笔下去都是抽象的。它是一个什么东西呢？它是一个草的那种成长的节律和你的精神的节律共鸣的时候下去的东西。所以你这个时候，下去之后，胆子很大，你虽然敢于跳深渊，但你知道跳下去以后，肯定不会死掉。就这样，所以就敢下去。就这么一个过程。

冯秋子：说得好，原来不知道，我今天听的，感觉特别好。平常听课，最好的课就是讲课的人把心里的东西讲给你听，讲的是他心里长出来的东西，思想过程和精神之旅完成以后的东西，是他自己体会出来的东西。这是特别的、个人的经验，个人的思想结晶和劳动成果。这个思想和美学架构是他自觉进行和建设的，不是公共常识或仅只复述别人的东西。

刘巨德：就是他生命里体验过的，他得有自己一定的特殊性。但是他这特殊性里，就像刚才蔡老师说的，他还有像"大我""无我""超我"这样的东西在里面。我有一次考博士生的一个课，有个题目就是出的这个，论艺术的这个问题，这里有一个什么呢，就说艺术有时候，我就想其实这些话我都给学生讲过，马良书（北航工业设计系副教授，刘巨德先生的博士生）他们都听过。但是每一个人领悟不一样，即使你听懂了，和真正变成你心里的，还是两回事。它有一段距离，它还有一个过程。它必须有一个你确确实实的体验。体验实在太重要了。就像你跟你儿子讲了半天，你要这样、要那样，他听不进去。因为他没有这种切实体验。

蔡劲松：就像是在跟小孩讲大道理。

刘巨德：对，他就感觉你是在讲大道理。没有体验，他就不能和你的话形成共鸣，他就不会听你的。就是这么一个道理，所以艺术，它并不是好传承的。齐白石是大师，就一定传他的儿子？艺术它不完全是那么回事。

蔡劲松：又不是"非遗"（笑）。

刘巨德："非遗"好多传承，也已经传得走样了，我看到的好多"非遗"，传得已经不是那么回事。

蔡劲松：前一段清华美院不是有一个"非遗"培训班吗？您还给他们讲过课。

刘巨德：对，他们上次就是有一个造纸的班。我就跟他们提，我说你们这个"非遗"传承，什么时候能造出我在"文化大革命"前买的那种纸？那么好用，怎么现在都没有了。学员说造不出来了。为什么造不出来了？他说自然被破坏了。

蔡劲松：草已经不一样了。

刘巨德：对，它的皮没有了。他说这样，所以就没有办法。我说即使没多它总还有少，肯定有。我觉得也有传承人的心理，对它的那种体验还不够。现在变成大规模生产以后，讲求经济效益，纸的质量不好了。所以传技术，可以传，艺术还真是不好传、不容易传。

蔡劲松：传统文化需要传承，艺术需要体验。

刘巨德：艺术需要体验，需要解放它，需要解放你的孩子，解放你的学生，解放人的思想和意识。每一个人，包括解放你自己，然后让你的心性能够自觉地去体验去。

蔡劲松：从心性到心范儿，是不是意味着通常说的风格逐渐形成的过程？

刘巨德：对，就是这么一个问题。所以吴冠中先生说风格是背影，你看不见。只有你自己心性出来。所有你画的，都是过了你的心的，而不是只派用你的眼睛。

蔡劲松：对，风格不是需要刻意去追求，它是自然养成的。

刘巨德：不是策划的，是养成的。它自己自然长出来的。就像你自己，你自己长成什么样，是不能策划的，它一定是有基因的。风格不是策划的，也不是谋划的，它一定是跟你生命本身联系在一起的，是其他人不可能代替的。人家的，你也是不可能模仿的，即使你模仿得很像，那也只是一个"蜡像"，它是没有生命的。

蔡劲松：刘老师，您做雕塑是最近几年才开始，还是以前就做了？

刘巨德：蔡老师，我跟你说，你问起来雕塑，我很惭愧。我没学过雕塑。我只是读大学本科在陶瓷系，学过一点拉坯、成型，学过铸浆、成型。然后老师带着我到故宫去看了一些原始彩陶和一些原始的陶艺，包括民间的陶艺。那时候老师们带我去——为什么说我很幸运，来到工艺美院？我那天讲了，一进门，他先把我带到故宫去了，带到历史博物馆去了。他先让你看这些最原始的艺术，再从头开始讲起。陶瓷系的课程就是从那儿开始的，从彩陶开始讲，他从原始艺术开始讲。然后汉砖、石刻、青铜、陶俑、壁画，包括殷商的那些玉器，所有的战国时期的这些东西都讲。我的老师还让我多去看内蒙古的、云南的那些少数民族的铜饰，那些青铜。看完了以后，在你脑子里积淀了很多，那些实际就是雕塑。但是我没有做雕塑。我学的时候，开始的时候，那就是进门的、入门的功课，我等于是从立体造型入门的。陶瓷系就从立体造型入门。

蔡劲松：这次展览，您的雕塑集中呈现了一批，也算是艺术之路回到源头，也是这个意思吗？

刘巨德：对，学艺也是回到源头。我老讲，我们必须回到源头。艺术的创新，它是一个回到源头的路，在源头厚积薄发。而且回到源头，才可能顺流而下，这个过程就像大马哈鱼一样，它在大海里，它要生育下一代的时候，一定要逆流而上，你看过那个电视吧？那个片子介绍大马哈鱼，它逆流而上之路的那个艰辛，可以说一千条鱼里上去以后，就剩那么几十条，大部分都回不去，都遇难了。不是让狗熊给抓跑了，就是被石头撞死了。要不就是跳不过去，体弱过不去了。各种各样的状况、情形，所以回去的没多少。没多少能回到它的那个高原湖泊上去产卵，而且即使回去以后，它完成了产卵，就都牺牲了。

它就让它的孩子把它吃光了，然后孩子们长大以后，再顺流而下，回到大海。所以说，艺术新的生命的诞生，一定是回到源头的。它是一个逆流而上的路，这个回乡的路，是一个逆流而上的路。为什么我在路上呢？我还不知道我回去回不去，也许我像一条大马哈鱼，中间就没了。

冯秋子：永远在路上。意义其实也在路上。

刘巨德：对，所以我强调"在路上"。他们说你就叫回乡多好，我说不行。

冯秋子：那是具体的。

刘巨德：我说不行，"在路上"一定要有。因为我重点在两个合成的，你又要回乡，又在路上。

冯秋子：下回您把那个"的"也去掉，回乡路上。

刘巨德：不要"的"也行，就"回乡路上"，这样好。

冯秋子：强调的是路上。

刘巨德：更简洁了。

蔡劲松：其实这一次让我震动最大的，是您的几件铸铜的雕塑。

刘巨德：是吗？你是雕塑家。

蔡劲松：原来我一直跟您说，建议您转换成铜的。

刘巨德：蔡老师是雕塑家。

冯秋子：蔡老师说的蛮好。他刚才提到文学性，我也感觉很重要。

蔡劲松：特别是这次那件《一把土》的雕塑。后来，您说就是您自己。

冯秋子：那件特别美，很有力量，有点悲怆。

蔡劲松：那个力量就是刚才冯老师说的，那种悲怆的、悲悯的。

冯秋子：而且是精神的牺牲者那种性质。

蔡劲松：无声的力量。

刘巨德：柔弱者，牺牲者。

冯秋子：背负很重的东西。

蔡劲松：而且，还有《一把土》配的那首诗。

冯秋子：修行者。也是行者。

蔡劲松：其实，诗配在那个地方，跟它是一种很好的呼应。刘老师，您的作品我特别有共鸣。一个是，刚才讲有一种神秘感，有文学性，有故事性，有很多故事。另外，我觉得上升到更高一个层面，因为都涉及了哲学。您是画家里面的哲人。

刘巨德：那谈不上。

蔡劲松：我觉得，画里面，最能够打动人的，就是您作品里面的诗性，我个人是这样感觉的。您作品里面的诗性，像那天我读到的您《一把土》这首诗。

冯秋子：蔡老师，我对这个再补充一点，包括人文精神，在您的画里面非常突出。最后，所有这些元素归结为诗意、诗性。蔡老师说的诗性，是说它的内涵，以诗性呈现。

蔡劲松：以我的视角来看，我认为是诗性，它可能还超越于您的混沌理论。从您作品的自然生长过程也好，回乡之路也好，其实我更愿意从诗性的角度感悟您的作品。

冯秋子：我还是不满意仅用诗性，我愿意把诗性再化为艺术性。他的思想在这里面的魅力，和他的包括人文的东西在这里头很重，宗教意义的东西也非常重。神性，包括诗性，但是归结为艺术的呈现，归结为艺术性。艺术性这个词虽然特别通常，我们做的是艺术，但是不少是缺乏真正的艺术呈现的能力跟分寸的。

蔡劲松： 要从元问题上来看，它肯定首先是艺术性。我说的是最打动我的。

冯秋子： 你强调的实际是思想性。

蔡劲松： 对，也是刘老师为两件作品专门配的那两首诗：《一把土》和《流沙湾》。那天我用手机拍《流沙湾》，正好玻璃窗外面有一个小孩，特别可爱……

> 羊骨头，/流沙湾，/沙丘上风吹绿了羊骨头，/看见青铜，/想找一个背风的地方。/趁着被黄沙埋进前，/说出自己生前的谜，/流沙沉默无语。/不停的掩埋，/也掩埋着自己，/羊骨头叹息，/呼出的绿色，/鸣响沙地。(刘巨德的诗《一把土》)

我从大学就开始写诗，一直到现在。我觉得刘老师这首诗，是我读到的现代诗里面，最好的诗之一。这并不是我夸张。因为您的作品就在旁边，您的诗，让我理解了您为什么要做这件作品。这件作品同您的阅历、文化背景和您的生活体验关系很大，您的创作状态和您呈现的故事，因为有这首诗，让整件作品变得更完美，更完整，它的可能性更多，它的触角更丰富。可以说，研究一件作品，二十个、三十个、一百个理论家来解读它，都不如您这首诗的表达得更到位。而且这也是造型艺术创作的延续，创作因此将艺术性叠加到文学性上、文化性上。

冯秋子： 用另一种形式表达心里的东西。感觉上，刘老师事先没太多去想，顺着真实的感觉，顺着心里捕捉到的意象，顺着您个人的感受方式和表述特点，叙说了自己的话语。不少人有过画配诗、诗配画，但是好多人的画没超出他的文字，他的文字也超不出他的画，所以他用了几种手段、用了什么手段，那些重要的东西都不能够带动、引导出来，摆在里面的东西十分有限。现在，您的雕塑本身给出来的内容很多，而诗竟然也很多。您的诗与雕塑，如一种奇迹出现了，观赏者面对它们的时候，一遍又一遍面对它们以后，才能做好准备，而此时，仍然不能完全相信，这样的好法，可以这样朴素地完成。这样简洁、安和、通达的表达，可以包容怎么看也看不完的东西。雕塑可以是这样的？诗可以是这样一种达成？

蔡劲松：它们有互补性。

冯秋子：这两种作品，同样给出来东西了。而且这两种作品，有的地方是互相一致的，有的是拿这个能去理解对方的，但同时又互相超越出去，超越这个形体，但不是矛盾的，而是继续深化的东西。我想这就是蔡老师说的，为什么这两首诗对他产生了影响。那天从798那边出来，一路上蔡老师都在说这两首诗对他的触动。

蔡劲松：在我的视野里面，中国当代的艺术家没有一个人能够写出刘老师这样高水平的诗。有些人旧体诗词可以写，但是触及灵魂的当代诗歌却比较弱。您这两首诗应该归入当代中国诗歌经典。虽然我目前看到的就这两首，刚才冯老师讲的，有些人比如说摄影作品也好，创作也好，他也喜欢配诗，但是多数配诗，一配，完了，白了，所有的作品也就是那么回事了，艺术价值反而被消解了。他想用他的诗，解释他的作品，文学修养不行。但是您的诗，我看到的这两首诗，各自又都完整地独立、成立，互为支撑，相互增色。

冯秋子：确实是这样，一方面互相不能替代，另一方面互相不断地递进，而且相互深化了对对方的阐释。

蔡劲松：它们的关系，就相当于——我感觉，混沌在那里，你的混沌在创作。就是说，由混沌长出来的，混沌长出眼睛，诗是你的眼睛，那个是你的耳朵、画、作品。这是一体的、不可分割的两个部分，都很重要。所以，如果说你明年计划的中国美术馆大展中间，能够多出现几首这样的诗歌，而且诗歌呈现的方式除了纸质版面，也可以用多媒体展现。就像那天我建议的，可以用新媒体方式加进去刘老师的现场解读声。

最近，北大朱青生教授在清华美院成立六十周年的论坛上谈到，美术学院的发展已经从过去的艺术（Art）和设计（Design），进入媒介（Media）时代的第三种变化形态。这反映了人类视觉与图像能力的进一步回归和发展，也是积极、主动和自觉创造出来的一个虚拟现实、想象世界。在这个世界里，有的是艺术，是图像，是多媒介，是人类共同创造出来的各种幻想和理想的无限可能性。那么，明年刘老师的展览，是不是还可以多一个声音的媒介？声音是艺术家本来的声音，刘老师你的声音。

冯秋子：呵呵，可别朗诵啊。您说出来，把诗告诉别人，和别人正常交流。

蔡劲松：关于艺术的这种阐释，就像那天您给我和冯老师的讲述，您现场复述的这首诗那样的状态，特别好。

冯秋子：就用那样的方式，自然地叙述诗，不是表演的，诗不应被表演所规定。

刘巨德：其实我也没有想去写诗，我就想把我体验生命的那个感觉说出来。因为这是我家乡那里，我经常会看见的情景。比如沙土地里，经常有这种白骨，羊头骨，牛头骨，这些骨头在沙地里，包括鸟的骨头都有。也看到一些比如说元代的陶的罐子，甚至是一些青铜的配饰，这些小的、各种各样的青铜器，破碎的残片都有。也包括一些炭灰，都有。元代的，也都有过。特别是从河床的断面，都可能看到的。这些你看到以后，有一种悲悯情绪，你假设是它们的时候，体验它，就会感觉特别可怜，觉得这些生命都是很可怜的。再加上风吹着，然后黄沙打着转，不停地掩埋它们，就会有一种苍凉的感觉。那种你说是死亡，你说是存在，你说是它们很坚韧、很永恒，它都在。它就是那种很悲伤的感觉。这就是你亲自参与进去的体验。

冯秋子：我能体会。感觉到苍凉的时候，也许想哭，但是哭不出来的，心里老有想哭的东西，哭不出来。

蔡劲松：包括你挂在那几面墙上的作品，比如《马的长啸》和《羊的骨头》，感觉有那种肆虐的风经过。

冯秋子：外面的人可能不熟悉，不知道那个骨头怎么来的，或者疑惑您怎么就截取这一部分……我们那里，常能见到牛羊身体里头的那些个部件。一般家里也会不时出现解剖一只宰杀了的羊、肢解一副牛骨架的情况。骨头里的那些东西，是什么样子，哪个东西长在什么部位，它是什么，跟另外的什么东西衔接，比较清楚。您的几幅雕塑里，全有里头的骨形。

刘巨德：是这样。

冯秋子：如果是汉族人，内地的人，怎么处理它？我觉得，他们会做大，体积会大。不知道。我反复看的时候，有这种感觉，它会体积大。

刘巨德：对，他们希望我做得大一点，现在人们给我提的。

冯秋子：因为，在意识到这个东西、呈现这个东西的时候，人们首先想到效果，就会往大了构造。但是您几乎是做它的原形的大小，不动声色，不关注可能有的效果的外化形式，搁置的部位，在那儿挂着甚至可以被忽略。这里，又回到了前面说的那种内敛和以微小为博大的话题。自信在里面，细节在里面，细节的道理和细节的力量在里面，细节的出人意表在里面。不为人意的羊的下颚骨，深刻在那间展厅里。你关注它，所有的都会有；你忽略它，确实跟你没有什么关系。

刘巨德：对。

冯秋子：其实那就是一种美学信念，或者说理念。您的美学原则、美学思想，美学理想。

刘巨德：它总的都是。就是你用生命，你把自己放进去了，然后你体验它，体验对方，你就会感触很多。设身处地想它们，那个风呼呼地吹着，风沙那么流淌着，把它们埋掉。你就会感觉它很想说什么，但是它又没有机会说。风沙也不听它的，还是不停地埋，它自己也在埋自己，不停地在掩埋。然后羊头骨它就叹息，呼出了它的气，气流就在沙地响着。你听着那个声音在响，就感觉它是在里面响，一种悲鸣的声音，在底下响。其实这都是人自己的一种体验和冥想。

沙地底下可能没有这些，是我创作的时候产生的联想。你说得很对。诗的问题，我希望能够看到对象，体验生命的时候，也是体验它的一种诗情。体验它的诗情是这么一个感觉，诗的情，或者是诗的境，体验这个东西。

冯秋子：诗意、诗情、诗境、诗性。

刘巨德：对，体验这个，甚至包括它的神性。它一定是有神性的，像刚才这些你看的沙子也好，或者是羊头骨，它是有神性存在的。

冯秋子：包括那个《桃子》，它也有神性的。

刘巨德：它都有神性的。它们虽然在那儿，就感觉它们是一个活生生的、有神性的生命待在那儿。让我去体验它，就这样。然后我希望能够有一种画意的感觉，你是画出来的，或者你是捏出来的，用手感捏出来的。而不是说我这个是照相照出来的，或者是我扫描它出来的。还是要有这种你自己心扉里流淌出来的，我希望这样，是这么一个感觉。

冯秋子：是您感知了之后的造像。

刘巨德：对，就这个意思。

冯秋子：感知出来的造像，比如说那个《桃子》，我仔细观察过。那个桃子本身，唉，就想，老说活佛加持，在那件作品里面，就有佛陀的质性。

蔡劲松：就那幅画的桃子，那幅画，宁静中被赋予了许多含义。

冯秋子：我看那幅作品的时候感觉到，好像活佛诵过经了，他赋予的东西，在那个里面。说心里话，我想过，您会不会有一种血统的觉醒，血液的觉醒？您的身上，它是存在的，悄悄的，早就是你，不同的文化，不同的历史，不同的宗教，不同的包括老人传递的教化，包括生活的艰苦和日月磨炼，全都在这个里面进行。但同时还有那块土地养蓄和产生的。内蒙古原始的萨满教和13世纪初传入蒙古地区的喇嘛教，长期浸润。那块土地上，按照传统，教徒是要靠苦行、苦修来获得启示，获得对于他的灵魂锻造的机会，获得内心的秩序，并在精神和肉体的炼狱中加深信仰、牢固信念，以使他能够具有对于世界和生存深刻、准确地把握、认识和理解，并且获得勇气与力量，去自度，也去度人，去脱离苦海，登临极乐世界。他的生命的过程以及终极目标，就是完成职责，完善他的理解，长进他的觉悟。日常的修磨，即是在传递对己、对人的另一种鼓励，证明人能够抵达无限远博的境地，而且生与死都是在路上的轮回，生是这样一种情境下的轮回，死是那样一种情境中的轮回，生和死是完整的一轮回，而境界是因一轮的获得而有所升华、有所精进，从而拥有下一轮，再下一轮。轮回的过程，也是探寻能够向佛的不同路径的实践，过去，这对那个地方的很多人，它是有意义的、有价值的。同时，它也存在对己、对人的另一种鼓励。这是那个地方的历史文化中的一部分内容。

　　我感觉，您对历史文化有自己的理解。你和作品，有历史文化中包含的自觉探索的精神在里面。

刘巨德：你说得很好。

冯秋子：在《桃子》这幅作品里，有苍天给到的昭示。您以这幅画，用您的话，就说心范儿，您给出来您理解到的东西，您感知到的东西。所以那个桃子，又是具体的，但是那里面竟然有魔力、有魅力，而您创造出来远远超出桃子本身的含义，也在其中。

蔡劲松：有暗示和神性的，你刚才讲到的一种。确实他的作品很圣洁。

冯秋子：展出的几件雕塑，不同程度体现出这一点。

蔡劲松：不光是雕塑，画里面也有。越是简洁的画，越让人有受到了洗礼那种感觉。

刘巨德：它是这样，实际上这个艺术，我的感觉，它不是艺术家一个人创造的。它是有艺术家自己、有观众、有自然，然后加上那个空间——它就那么一个空间，比如说这个扇面的空间，画的丈二那个大空间，再加上展览的空间，它实际上就是画家、观者、自然和空间这四个生命元素合成的。所以最后是仁者见仁，智者见智，每个人看得不一样。只能说，这里，比如谈的都是你们自己，因为这个艺术而谈出自己。
　　艺术，我刚才说的四个方面，就像四个非常亮的球一样，互相映照着，它才发的光。所以它每个里面互相有各自的对方，它才成为你们说的现状。所以也有你们的体验，有你们的冥想，合成的这么一个感觉。

蔡劲松：对，我们都在混沌里面包裹着。

刘巨德：所以，我也非常感谢你们。

冯秋子：想继续请教一下"混沌"学说。现场作品，感觉每一幅本身有混沌性。您心里存在的混沌，应该是历史性的，并且延续着，一直到现在。刚才您说，很多时候糊涂。您觉得，具有神性的，是不是常常表现得是糊涂的？我注意到，您在该清醒的时候，比一般人都清晰。比如到目前为止，您不会把认知的东西轻易放弃掉。

刘巨德：你刚说的那个对，我老反问。

冯秋子：微、小、敛和相对静止而有的表现。我在文学写作中，或者偶尔讲课的时候，试着描述给读者或听众，"用最小的翅膀飞翔"这种道理的东西。那么这些美学实践体验出来的尺度，您牢固坚守住，不会舍弃。这说明您是非常清晰的，但是在该糊涂的时候，只有糊涂的时候，什么都在，都是你的。

什么都"在"，在作品里也有体现。每一件作品，它的力量都是收缩性特别强的。不是伸缩，是收缩。全是内向聚合的，作品包含的有效元素的力量相吸、相并，向心聚合，而不是散放出去或消失，不是互不相向那样的。这在小幅的作品里，同样是，每一幅作品里面有聚集，聚敛而后出现放射性的神采。

刘巨德：膨胀，它收缩，它又膨胀。聚敛它，又发射。

冯秋子：它的效果是照映的，照耀、照映别人。前面有一句话说生活照亮了人，是这样说吗？而那些作品照亮了生活。我乐于看到用作品照映人。"照映"这个词相对准确，它也是不喧嚣的。在这一点上是共同的，我欣赏无声的，悄无声息那种存在，并且能够依靠自己的脚力、能够走得远的；能够回到原地，从原地出发。

不管走多远，你的心能够的话。这个原地也不是说"我回到家乡"，不是这种。是一个不骄傲的、谦逊的艺术世界的学习者、体验者、实践者，孜孜以求存在，以求知世界。

刘巨德：我感觉人很幸运的。

冯秋子：多次听到您说自己"幸运"。

刘巨德：对，是这样。

冯秋子：也可能有人会说，为什么？他不是不缺乏自信？还原这一点的话，是不是可以这样理解，因为他能够不太顾及别人的脸色，不太顾及环境里的情况，不是那种做给谁看。在一些事情上，人们常能体验到，只要涉及什么事情，周围人们的形态、嘴脸。很多人不得不做给谁看，指向性比较明确，掩饰不住的一种方向的思维和心性。可能他的表现很难不有失态，顾及不到作为人的也许有些悲惨的形状，但是心念执着地非要做给谁看。在您的作品里，感觉不到这种勉强，没有。您的自信是自觉的，而且自信的分寸也是恰当的，关键是，这一切都是自然而然的，是自觉走到那个度量上的。

我刚才说艺术性——蔡老师说的诗性，好的，诗性，对这个诗性，我理解是思想和艺术全面融合为一的东西，同时艺术性在里面完美地达成了——不是说，我们现在做的是艺术作品，它就具有艺术性。我常体会艺术本身。作为写作者，我这样看待人们的文学创作，一般情况仅是文学行为，你的文学行为距离艺术是远是近，你创作的东西是不是艺术，还要具体来看。不是所有人的文学行为，都能达成至艺术。同理，各艺术门类的创作，首先只是艺术行为，它是不是艺术，能否成为艺术，也要具体地看。艺术是创作艺术的思想、创造艺术的手段分寸都恰到好处，完美无缺，使艺术作品具有了最大限度地包含量和表现力。

您说那种神性，我很有兴趣。可不可以这样理解，它实际上是已经完成了你概念里面的艺术性？只有艺术性达到了，它才能出来艺术性的魅力，或者说魔力，于是归结为神性。反过来讲，这种诗性，只有作为真正的艺术的时候，它才能以最佳的艺术方式完成宗教之意境，或者说哲学可能到达人心灵的作用发挥至完美的程度。绕了半天，说清楚了吗？

刘巨德：你说的很好。其实，我说的跳深渊，就是我一种自信，某种程度的自信。我敢往深渊里跳，什么也不知道就跳。因为，跳下去的时候，你落笔果断、狠。我很强调落笔要狠，要非常果断，不要犹豫，这种，就是在那一刻的时候，是自信的。我在其他的时候是挺不自信的，我跟你这么说，你说那个诗很好，其实我也挺不自信的，就是你说了好。

冯秋子：真的好，我是诗歌编辑。

蔡劲松：她当过《诗刊》的副主编。

冯秋子：我做过少数民族文学创作"骏马奖"的诗歌评委（笑）。

刘巨德：是吗？因为我毕竟是这个行当、这个专业的，所以跳深渊，我感觉我自己有一种自信。跳深渊，那一刻他真是需要一种胆气下去。而且我跳的时候，不用脑子。我不去思考，不去想它的后果会是什么样，它将来出现的是什么样。我就往下跳，反而是这种时候会出很多你意想不到的东西。每次都像朝一个你不知道的境地里面走去，最后可能就会有意外的惊喜发生了。所以，每幅画，我老想有这种东西出现，出现的时候，画完了，你就会挺欣慰。

蔡劲松：很愉悦，其实这像是一个探秘者，探险者。

刘巨德：对，有这种感觉。

冯秋子：闲说一句，您不知道的。您那两首诗，在我这儿还产生了一点作用。

刘巨德：是吗？

冯秋子：我从来没跟蔡老师说过我写诗，但是还是写过几首，我也从来不承认我写诗，这两天我竟然整出来几首我的诗。

刘巨德：那肯定很好。

冯秋子：那倒不见得。断断续续写的，不一定是诗，因为我始终不会，觉得这个手段我不掌握，就忽略这件事。我能够读人家的诗，鉴赏人家的诗，甚至还给人家改诗，评人家的诗，但是始终觉得我写不来，这个方式我不会。从我心里出来的节奏和那些个东西，就不能是那种形式。这两天，竟有了一点动力。今天带着，可以证明被影响了，嘿嘿。

蔡劲松：刘老师，在798那个展览上，当时您说过一句话，您说艺术家是天生的，生来就是。其实诗人也是天生的，你都没有感觉到自己是诗人。

刘巨德：我不是。

蔡劲松：你们都是的，真正意义上的诗人。

冯秋子：这是一点点，今天来不及整理。

刘巨德：回去我一定拜读拜读。

冯秋子：我打开我的东西，这么取出来的。但是在这之前，我从来没把自己这些文字拾掇拾掇。

刘巨德：肯定好，你这个。写了她就藏起来了。

冯秋子：没有，就是不当写诗，没当作诗，做不成诗。

165

蔡劲松：其实就是这样的，写诗不是仪式。不是作为诗人才去写诗。

冯秋子：就像我们两人不断地跟您说您的诗，您从心里出来诗了。

刘巨德：我没有觉得。

冯秋子：我这也是，为什么不敢让你们看？我不知道，这是诗吗？

刘巨德：肯定好，我们看一看。

冯秋子：但是，我在我的随笔、散文作品里，常常写几句那样的歌，蒙古老人唱的歌，我不断地写到那些，写到他们发出来的声音。他们唱的歌，其实全是我写的。那个东西得是那个老人的阅历，他能出的东西。全是我写的，因为我根本不记得他们当时在唱什么，那时候我还小。但是那种感觉都在，你听的、看的，他们的声音、神情、形象、现场气氛，全有。我走到那儿，该出来的全有。

刘巨德：给我们念一首。

冯秋子：这是几首整理出来的。

蔡劲松：好长啊。

刘巨德：这是长诗。

冯秋子：连着排的，十几首。

蔡劲松：这一首，题目是《眼泪》：

你的泪珠/好比珍珠/一颗一颗/挂在/我心上。

《风的力》这首诗：

> 风沙沐浴着/太阳穿过风刀沙海/照耀着/我们一天天长大。

冯秋子：没了。

刘巨德：长一点的，念一首。

蔡劲松：《来自北方的风》：

> 送给朋友的书/我题写过：/愿你端坐在北方吹来的风里/愿你的眼睛里充满幸福//但是/那样的风和/幸福/渗透北方人的/泪水/已然模糊不清//源自北方/沙尘暴/无常　肆虐/不顾人的意愿/逐年南下//北方的风中/有说不出的/悲怆滋味/那句题词/仅是念想/在强劲的风沙前/单薄　虚弱/不堪一击/不用提它

刘巨德：挺好。都是我熟悉的。

蔡劲松：这一首是长诗，《1958，额济纳》，《民族文学》2014 年第 10 期发表的。

冯秋子：写的是 17 世纪末年先期返回故土的阿拉布珠尔所率一部分吐尔扈特部属，离开沙俄回归以后，被清皇雍正钦令安置在额济纳河流域，形成了额济纳土尔扈特部，距今已 300 年多。这首诗涉及到回归故乡的议题。这些土尔扈特蒙古人从 17 世纪初游走定居到伏尔加草原，17 世纪末先行回归这一批，18 世纪 60 年代渥巴锡率领 17 万人，再举回归，经长途跋涉，活着返回祖国的只剩 7 万余人。从一个大的时空格局看，在心灵深处，他们一直在回乡路上。但是他们的意愿、他们亲历的磨难，他们体验的从肉体到精神的考验，他们的心念、心性，三百多年来，如一首无形的歌，在空气中飘荡。

蔡劲松：《1958，额济纳》：

巴丹吉林/西方/荒野苍茫/沙砾　稀草/漫延暖烘烘的毡房//三百年　往前/土尔扈特蒙古汗国/再度启程/自伏尔加河流域/向故地/迁徙/抗挣（争）沙俄暴政/藉此修复自身/跋涉的苦寒/千万重的蹒绊/不曾摇动　信念/相随/风尘仆仆/泪血枉然//清皇雍正/赐额济纳流域/作为牧地/土尔扈特蒙古人/在先秦称作"流沙""弱水"/后秦呼唤的"居延"/落下脚跟/欣悦过去/寂静沿袭/正是聆听的时候/匈奴　鲜卑　党项　蒙古……/先前/舞金戈　撼铁马/泄漏古老土地的秘密//土尔扈特人/懂得/渴求的安宁/日复一日劳作而成/于是/接纳戈壁/拥抱蛮荒/西北风和沙石/无一日不临身抚恤/蒙古人执著　勤勉/穿戴日月/饮食风霜/家家户户缓缓地衍生/五畜，是，壮硕的那些亲亲们呵/即便野放/款款地　日落而归//斗转星移/1958/经年/受命搬迁/额济纳/将建造中国第一个导弹综合试验基地/又是一个历史时刻/额济纳的/也是整个中国的/中国的　和/额济纳//草棵扎入土地深处/以后/美妙　从容生长/风雨无阻地幸福/如同向日葵　蒙古人/习惯了/瞭望挣脱黑夜的/光明/梦想和荣耀/千百回缠绕/东归　成为仅此一条的路径/牺牲无数美梦成真/而今　复又离开家园/十一万四千六百平方公里土地上/每一颗心脏/每一株草芥/呼吸匆促　浸泪/哽咽//老人们相互凝望　发觉/对面/眼睛里难以割舍的净是爱恋/和至高无尚（上）的安宁/因为懂得　通达/蒙古人的血液/流淌着真义/和宽博之爱/大处　高处　远处/你　我和他/还有生长的根系　方向/曾经的德贵　尊敬/困顿　艰难　疼痛/他们会取出担待/传递长远的福——/分担　分享/勉力与共/是这样//1958年，5月　7月/土尔扈特人/告别故地最后一个深夜/牵引牲畜驮载家人/为共和的梦想/向东迁移/一年　两年/敖包山东北往外，及至建国营、策克……/土尔扈特人的新家/炊烟重又升起//只是牛、马、骆驼和狗/时常遗失/牧民苦苦寻觅/四野无着/迷惑间/念想回照额济纳/他们的原居地/牧民醒悟　策马西去/却见牛　或者马/骆驼　或者是狗/自由自在/亲和故里/把一日当作十日，尽心渡过/牧民百感交集/家　之于牲灵/莫非难忘过人？/那里/野花遍地/建设兴旺/土尔扈特

人双手合十　祈诵/美好常驻/细水长流

冯秋子：它不是我的。

蔡劲松：咋又不是你的？

冯秋子：我写完了，不能把它当诗。

刘巨德：挺好。

蔡劲松：不是在《民族文学》刊登了吗？

冯秋子：知道，问题是诗从来没在我这儿种下来。我不会把自己当诗人。

蔡劲松：不是，这首诗已经在《民族文学》发表过啊。

冯秋子：发表过。

蔡劲松：那是我当时没注意看，《民族文学》我每期都有，能找着。

冯秋子：对了，我害怕人看见。

刘巨德：你的视野很大，有一种大爱的胸怀。

冯秋子：牧民在额济纳定居 300 多年以后，搬离到两三百公里以外。迁徙两年多了，人们渐渐服扛下来，有点习惯了。但是他们的牲畜没间断地丢失，老是丢，单个的，小群、大群的，说没就没，想不出来它们能跑丢，能丢失到哪里去。蒙古民族的精神实质里，有很多是非具体化的，是消化了具体之后无形的那种状态。但是，赖以生存的大牲灵说跑就跑，还是伤到了牧民。

刘巨德：你这个说得太对了，要把有形的化掉，把它无形的东西吐出来。

画也是这样，我画那个草也好，画黄土高原也好，其实我都看过多少遍，走过多少次，在心里把它揉了多少遍，但一定是以另一种你看不见的面貌，或者是无形的一种面貌显现出来，那个时候，又带着它的信息，带着它的烙印出来的。它一定是，大家会感觉，那就是那里，但是你一回去，找不到那里。

它带有一种很复杂的原始性。像她这个诗里就有一种，她看见动物又回去了。我们的家里也有这种，就是马丢了。但是最后它又回来了，它自己会回来。头马、头种它也会回来，这个你把家搬走了，为了建那个航空航天基地，号召你搬迁，搬迁以后，这些动物，它都认得路，都会回去。就像一条狗，它也走，也有回去的，经常有这种。一个鸽子也能回去，动物它的恋乡，那种对它的故土，它生长的地方，有一种特殊的信息，也是连在一起的。就像农民对他的土地，捧起来土那个感觉，都是不一样的。这就特别像每一个生命，对它的母亲那种感觉是一样的。这个是同理的。所以写的这种，它看上去好像是一种动物性也好，或者动物的天性也好，实际它是生命里面的，生命不分动物、植物、人物、天敌，生命是没有界限的。

我那个混沌，最终是生命没有界限，生命没有分别，生命没有贵贱尊卑，生命没有中心，生命里没有国王，不存在谁统治谁，都是平等的。我最大的一个特别理解的混沌，还有这么一层意思。所以我说的那几个"乡"，它也是平等的，不管看见的，还是看不见的。比如说童年的故乡也好，文化的故乡也好，宇宙的故乡也好，子宫的故乡也好，这些看见的和看不见的，它也没有尊卑。不是说就宇宙故乡一定就比童年的故乡高大。它是一样的，你童年的故乡也是你那个生命里非常重要的存在，就像你从婴儿、幼儿一直到少年，到青年、中年、老年，到最后走掉，这是一个生和死的过程。就这么一个过程、这么一个环节，这个过程里每一个环节都是高贵的。没有说我哪一个环节格外重要或者不同，即使这个环节尝到了幸福，或者那个环节尝到了苦难，它们是一样的。在生命面前，它都要经历，都要体现这些环节。它不可能说只让你体验幸福，不体验灾难。每个人都要体验，动物会体验，人也会体验，植物也要体验，星空还要体验。你看有一颗星就落地了，它也要体验。

在这些层面看，混沌里万物是平等的，我讲到了那个问题。就是说它是齐同的，所有生命是齐同的。这样的话，这是一个典型的东方神秘主义的观点。它不是说一个简单的比喻，东方人就这么认识。这是一个生命真正的大同和博爱，就是人性最高贵的一种品质和品相，在东方文化里是这样。在东方文化里，它出现了，你的主线就是这样存在的。但是我们都认为它叫东方神秘主义。所以我觉得这一点上，走进这一点，你才能走进文化的故乡。

蔡劲松：今天收获还是很大，又听了一遍。

刘巨德：这是从她这儿，她的诗，我又说到这儿。

冯秋子：前面说到敬畏。我感觉，刘老师是真诚的，这使得他能完成真正意义上的敬畏。有时候看到人讲敬畏，看下来，其实是提醒自己，强调应该有什么。但是刘老师的这一信念是自然建立的，因为前提里有尊重。尊重本身是文明的，又要说到那个画，比如《桃子》，那幅画里体现的文明的信息，是很充分的。在那幅画里面，能够有这些，那么它的敬畏是非常自然地形成的。可是我有时候也奇怪，当然有很多人有天赋，加上后天自觉去践行，有可能够达到。如果您不是内蒙古人，会是什么情况呢？当然有很多其他地方的人也能够达到。我想说的是，不同文化给到一个人的可能性。在那些画里，我体会到，您作为内蒙古人能看到的那个角落，在画的、雕塑的角落里，能有的东西。那天看的，我认为作品所包含、蓄积的更多，蔡老师从他的角度，他也特别感受到这一点，他也有很多收获。因为蔡老师的经验，他的素养，他能够体会到的很多。我是因为那个地域，有一些角度，又能得到很多。所以如果不是，您说那里头，它的民族历史、宗教影响和民族文化能给予的，会有那么多、那么浓重吗？

我不知道。您具体在商都那个地方成长的时候，还会有别的很多内容。我理解，您可能更多地去体会那块土地，体会那块草原，体会那块原始的荒原，体会那些东西以后完成的蒙古高原可能有的一种含量、质性，给到您身上的。比如说，自信的地方，他自信地方不同凡响，你能相信，一支军队可能打不垮一个人吗？他谦逊的地方，又是自觉的，他心里有那个世界的时候，你和世界的关系、脉络、秩序已经清晰了，是正常化状态，那么你不可能不是谦逊的，你不可能不是放下姿态，两脚踩在土地上，做一个正常人，选择正常的姿态。我姑且把这个当成应该有的文明人的正常情状。

刘巨德：冯秋子说得对，她说得很对。这块土地对我的影响很深。我心里，民族性并没有那么重。我并没有说，我一定是蒙古人，要说蒙古话，要过蒙古人的生活。

冯秋子：在作品里，您没有强调。

刘巨德：这个我没有强调，而且在我心里确实也并不重。对我非常重要的是，那块厚草地的土地，就是我脚下的土地，它成了我心里的土地。这个更重，而民族在我来看没有界限。我觉得汉民族也好，蒙古民族也好，或者其他民族也好，或者中国人、外国人也好，在我这里我没有划分界限。

这个都作为一个生命。作为生命来说，他没有民族的界限。所以民族这个特征，我没有特别强调。虽然我有一些民族的题材，但是我都是作为一种生命的特殊性和生命它们之间的相似性来出现的。这里面印象最深的，是对这片土地的印象。它的烙印，不单是民族、少数民族文化的烙印。而更多的，我可能是中华的、东方的、神秘主义文化的烙印，这些在我脑子里可能回旋的更多，吸引我的更多，就这么一个情况。

所以我们家，我妈妈她老强调，我们是蒙古人，我们是蒙古族，她老强调这个。我们其他人都不过于强调这一点，实际是早就汉化过了。我一天蒙语课也没上过，我弟弟的一些孩子上蒙校。所以这个民族界限的概念，或者有什么民族的特征，在我心里就是相对淡的，可能我会感觉到，我是有这个少数民族的血统。

冯秋子：气质里有。在作品的时间、空间的概念趋向上，在表述的方式和意象里，在作品的气质中，还是有印记。

刘巨德：所以，我就想过母体里子宫的故乡，就是那个基因的故乡。因为每个人的那个基因对他影响太重了。你的基因是怎样的，你是什么血型，它已经决定了你的特殊秉性了，只不过我们自己不知道而已。所以这是天造的，其实就是你那个母体里带来的。也很想回到那里了解、知道，你到底是从哪里过来的。这些也是糊里糊涂的，并不清楚。是有这种愿望，也想过，觉着确实有这个民族的烙印，但是并没有真正去做什么。它和宇宙的故乡一比，就感觉它们是连在一起的。这个基因和宇宙是连在一起的，我们更应该看到自己的人体，你这个机体，你的躯体，你这个肉体，是更大的天体的一部分，生命里的一部分，天体生命的一部分，所以还应该把这个民族性，放到没有民族性的天体里去看，那才是更恰当的。

冯秋子：对民族性，您的理解很独到。不被这一概念笼罩，尽量不被具体的、局部的、个人化的元素左右，不被这个概念束缚，或者说绑架，而是视作为等同的生命、人，从而放下个别，去面对整体，承担更大的所在。您消化了它，摆放妥当这个比较重大的题目，一定程度也可以说解决了自己的难题。是这样吗？

刘巨德：对。

冯秋子：我还想跟您再多讨教一下这个方向的话题。关于民族身份。从我的感觉，现在您作品里，包括您的意识里，不去强调它，把握住一个分寸、继续保持那样的分寸。以后您的情况会不会有变化？也可能哪一天，声誉大到对很多人来说，有了负担的时候，会不会某些元素集结倾斜、失衡，比如说，民族性被别人强调，别人提醒您去强调，希望您自己强调，并且如何如何的情况下，也能把它掌握住，就像现在这样的状况？现在您的自由空间很大，您可能被羁绊的因素，是在您自己掌控下的，并且已经消化、解决了的，它被最小化了。但是如果哪一天，这个比例不是这种样子的时候，它的局限会不会出来？就像现在，在里面，您创造的时候，因为您的原质会有的烙印，并且原质给出来的，能够创造的、没有边界的那种可能性，自然的天赋里的创造力，说心里话，就是有少数民族血统，并且汉文化影响特别充沛的这种集合体，往往可能给到有的创造性走得特别远，爆发力非常强。

我想说的是，生活中，人们往往会特别强调某种东西，比如，"写作是我的生命"这种常能听到的说法。我有点不同看法。有没有可能出现这样一种情况呢，创作主体，即创作者个人，当他别的方面的东西削弱了、简化了，可能会自觉不自觉地开始强调另一种概念，比如前面这个说法。有时候感觉，恰恰因为很多东西担待不动了，才会需要依靠一种东西，强化一个依托，躲到一个角落。

硬性强调什么的时候，往往是别的地方缺乏了，是削弱的、脆弱的，个别时候、个别人，由自己没落的东西、腐朽的东西，开始寻找和依靠另一种东西，以遮掩自己的陈乏，甚至把另一种东西绝对化，就像"写作是我的生命"，哪一天写不出超越自我的东西，写不动的时候，但并不想面对和正视这一情形，把写作绝对化，也把自己的生命绝对化，这种生活质量、生命质量、生存状况，是不是有缺陷呢？是不是很夸张呢？这种说法，没有商量的余地。有的时候，能够看到这种方向里的一些表现。当然不是一个人强调我的这个是什么，就说他有不容商量的东西在，是说，因为你强调这个的时候，并没有因为这个显出你更多的改变，更加地优良，更加超越的、大的东西，不尽然，反而常常是有局限的，思维和行动都带有较重的主观色彩，强加性意志，绝对正确的姑妄习惯。

这么看下来，如果这个分寸以后也还是这样的话，您会是更加自由的人。

刘巨德：你说得非常好，我感觉自己是一把土，就是一把土而已。我因为对土地有一种深切的体验，我能成为它们之中的一把土，我觉得就很幸运，已经很了不起了。这个生命其实对我来讲，我感觉自己没有什么创造性，而且我来画这些画，也不是为了有一个什么新的发明和创造。我只是想体验和诉说，冥想生命而已，就是把我这些体验的东西，诉说出来，也就是这么一个行为罢了，并没有觉得自己是要去创造一个什么，或者为了创造一个什么。

别人可能认为我这样是创造了，这是别人的认为。但是我的出发点就是体验这个生命，把我体验的这种感觉，用这种方式把它诉说出来，仅仅就是这样。至于它说的是旧画、是新画、是感人的画，还是很平淡的画；是悲伤的，还是喜悦的；是美好的，还是理想的，自己会知道，这种情绪会知道。

但是，它到底是创造性，还不是创造性，自己并不知道。因为创造性在我心里面，和古老没有界限，新和旧没有界限。我们不能说，这个毕加索的，一定比米开朗基罗的就有创造性了，它只是不同而已，它们体验的不同，不能说他就比人家进步了、高明了，都没有，不能这么讲是或不是。我的意识里没有这么一个比较法。你比他高明，比他进步，没有。你也不能说，现在齐白石就比石涛、范宽更有创造性、进步了。它都不能说，只是说他们在不同的时代里，各自有对生命的体验，和各自不同的心性里，他们有了一个通的体验罢了，体验不同，这是很明确的。所以对生命的体验，我觉得对每一个人是最宝贵的。

就是说，你这个体验告诉别人，别人不一定理解。他也不一定按你的去做，甚至是他做不了。这就是你从那一段，你这个生命里，留下的一个烙印，留下的一个痕迹，别人是无法重复的。就像你教育你的孩子，一定要说我有什么、什么经验和教训可以告诉他。但那是你的体验，孩子自己还得重头走，他不一定都按照你的体验去做，一样的道理。

但是所有这些不同经验，一定是有贡献的，在高处是会相遇的。每一个个体，他是有特殊性的，五彩缤纷的，他就是这么一个个别性体例。所以咱们并没有想，我发明一个什么画法，创造一个什么风格，有一个什么新鲜的东西出现，没有。我没有去做这种思考，我只是在想，让我的心更贴近我所看见的一切，我能够进去，能够去体验和了解，也就是这么一种生活。

蔡劲松：这也是最本源的，其实就应该这样。

冯秋子：今天说的，有不少还要好好消化。您说的是自己的经验。

刘巨德：说的就是我的体验。

冯秋子：您这样思维，一边感觉着你心里的，把握你心里体验的东西，一边思考问题。您的描述是个人化的，内容也是个人方式的，是个人修磨出来的东西，挺珍贵的。

刘巨德：是自己经历过的。

冯秋子：像结晶，是自己的思想结晶。

蔡劲松：今天我们的谈话，涉及的内容很丰富，也算是一次对艺术和人生的感悟思考、交流互动的梳理。比如，关于生命生长与艺术求索、创作路径与创造源泉、文化精神与自然境界等诸多方面，汇聚在个体生命及其精神故乡的源头，谈得很深、很透。而且，强调逆流而上的回乡之路，强调精神体验和生命呈现，都会径直通向艺术家、作家的文化自觉和心灵探寻的最深处，这些，相互之间无疑会不同程度地受到新的启发。谢谢刘老师、冯老师。

学术观察

断弦试问谁能晓

——《京师五城坊巷胡同集》简析

王 彬*

【摘要】《京师五城坊巷胡同集》成书于明嘉靖三十九年（1560），作者张爵，是研究北京的坊、胡同、公署、仓场、苑囿、陵墓、寺观、村庄、古迹的滥觞之作，在北京历史地理的书籍中具有重要地位。此书不分卷，约一万字，于成书当年刻印，后有抄、刻本行世，1962 年由北京出版社整理与《京师坊巷志稿》合集出版。根据此书，本文对张爵的生平与其时北京的道路名称种类进行了简扼分析。

【关键词】张爵 北京 坊巷 胡同 研究

一

《京师五城坊巷胡同集》是一部记载北京坊巷、公署、苑囿与村庄等名称、方位的书籍，距今已有 400 多年了。这是一部研究北京地名的嚆矢之作。作者张爵，字天锡，号省庵，生于明成化二十一年（1485），卒于嘉靖四十五年（1566）。

张爵原籍是湖广德安府应城县（今湖北省应城市）。明初，其高祖张珍腊以燕山前卫军役迁居北京，到张爵已经是第五代了。因此，张爵当是

---

* 王彬，鲁迅文学院研究员，主要从事叙事学、中国传统文化与北京文化研究。

生于北京、长于北京的北京人。年轻时，张爵替父亲到湖广安陆州（今湖北钟祥市）兴王府应差，由于才华出众，被委以书办，"府中诸侍从子侄悉委训之"①。正德八年（1513年）授冠带。十四年（1519），兴王朱祐杬故去，其长子朱厚熜以"世子理国事"②。十六年（1521）年，张爵为给朱厚熜请求承袭封号而抵京，而恰在这时，明武宗朱厚照崩而无嗣，遗诏兴王朱厚熜嗣位。慈寿皇太后与大学士杨廷和定策，派遣内监谷大用、大学士梁储、定国公徐光祚、驸马都尉崔元、礼部尚书毛澄等人，去安陆接朱厚熜即位。听到这个消息，张爵夜以继日赶回兴邸密奏，从而受到赏识。

在这一年的夏天，朱厚熜从安陆来到北京，停在郊外。"礼官具仪，请如皇太子即位礼。"③ 朱厚熜不同意，回顾兴王府的长史袁宗皋说："遗诏以我嗣皇帝位，非皇子也。"④ 大学士杨廷和等人请朱厚照按照礼臣所准备的礼仪，从东安门进宫，住在文华殿，择日登极。但是朱厚熜不同意，双方坚持不下。恰在这时，慈寿皇太后派人催促群臣"上笺劝进"⑤，于是朱厚熜便在郊外受笺，"是日，日中，入自大明门，遣官告宗庙社稷，谒大行皇帝几筵，朝皇太后，出御奉天殿"⑥，即皇帝位——即明世宗，以明年为嘉靖元年，大赦天下。

朱厚熜坚持不从东安门进宫是有原因的。因为东安门靠近太子居住的毓庆宫，是专供太子的出入之门，所以东安门的门扉上只有八排72颗门钉，朱厚熜是即皇帝而不是太子位，因此拒绝从东安门进入大内，其原因就在于此。在这件事情上，兴王府长史袁宗皋自然有功，因此一个月以后，朱厚熜就把他擢拔为礼部尚书兼文渊阁大学士。而张爵也因为护驾有功，升锦衣卫实受百户，世袭。嘉靖元年（1522），升副千户，世袭。三

① 见张爵墓志拓片，藏国家图书馆。参见王灿炽：《燕都古籍考》，北京：京华出版社，1995年版，第115页。
② 〔清〕张廷玉等撰：《明史》第二册，北京：中华书局，1974年版，第215页。
③ 〔清〕张廷玉等撰：《明史》第二册，北京：中华书局，1974年版，第215页。
④ 〔清〕张廷玉等撰：《明史》第二册，北京：中华书局，1974年版，第215页。
⑤ 〔清〕张廷玉等撰：《明史》第二册，北京：中华书局，1974年版，第215页。
⑥ 〔清〕张廷玉等撰：《明史》第二册，北京：中华书局，1974年版，第215—216页。

年（1524），因其"类奏有功"①，升为正千户。锦衣卫原是护卫皇宫的亲军，明太祖朱元璋为了加强专治统制，又特授以缉捕、刑狱之事。锦衣卫下设经历司和南、北镇抚司三个部门。其中，经历司执掌文移出纳；南镇抚司执掌军匠，北镇抚司是明成祖朱棣设置的，专门负责皇帝钦定的案件，号称"诏狱"②，成化年间"刻印界之"③，结案以后专门呈送，锦衣卫的官员也不得干预。

据《张爵墓志》记载，张爵在升任正千户之后，"惧满盈"④，而告退家居。正千户不过是正五品的官员，并非高官。有什么"满盈"可惧呢？过了不久，张爵又被起用了，因为缉捕有功，升任指挥佥事，提督象房。指挥佥事是正四品官，其上是指挥同知与指挥使。象房即驯象所，提督象房即管理驯象所。驯象所有象奴与豢养的大象，"以供朝会陈列、驾辇、驼宝之事"⑤。今天的新华社便设于原来象房的所在之地，这一带，曾称象来街。

嘉靖十七年（1538），朱厚熜去大峪山"相视山陵"⑥，张爵侍驾，被授予锦衣卫堂上佥书。在明代，军事机构从五军都督府至卫所，都设有掌印与佥书而专职理事。其中，五军都督府中的佥书由公、侯、伯充任。都指挥使司则在指挥使、同知、佥事之中进行分工。一人掌司事，称掌印；一人负责练兵、一人负责屯田，称佥书。卫一级的指挥使司则在指挥使、同知与佥事中考选任用。张爵被任命为佥书，说明他进一步掌握了锦衣卫的权利。朱厚熜又赏赐他"四兽麒麟服、鋬带绣春刀"⑦与"银錋瓢方袋"⑧。第二年（1539），朱厚熜去安陆显陵祭拜他的父亲朱祐杬，特命张

① 见张爵墓志拓片，藏国家图书馆。参见王灿炽：《燕都古籍考》，北京：京华出版社，1995年版，第115页。
② 〔清〕张廷玉等撰：《明史》第二册，北京：中华书局，1974年版，第1863页。
③ 〔清〕张廷玉等撰：《明史》第二册，北京：中华书局，1974年版，第1863页。
④ 见张爵墓志拓片，藏国家图书馆。参见王灿炽：《燕都古籍考》，北京：京华出版社，1995年版，第115页。
⑤ 〔清〕张廷玉等撰：《明史》第二册，北京：中华书局，1974年版，第1862页。
⑥ 〔清〕张廷玉等撰：《明史》第二册，北京：中华书局，1974年版，第229页。
⑦ 见张爵墓志拓片，藏国家图书馆。参见王灿炽：《燕都古籍考》，北京：京华出版社，1995年版，第115页。
⑧ 见张爵墓志拓片，藏国家图书馆。参见王灿炽：《燕都古籍考》，北京：京华出版社，1995年版，第115页。

爵"充前驱使事，一切机务悉倚焉，仍加食都指挥金事俸。自发驾以至回銮，飞鱼蟒衣、帑金、厩马、酒饭之赐，及宣召面谕之优，不可枚举"①。后来，又升为指挥同知，最后以指挥使致仕。指挥使是锦衣卫最高长官，是正三品的官员。张爵致仕的时间是嘉靖三十八年（1559），此时张爵已经是七旬以上的老者了。7年以后，张爵辞世，享年81岁，又过了7年，朱厚熜也告别人世，享年60岁。

总结张爵的人生经历，从兴邸应差，到出任锦衣卫最高长官，他的一生可以说是与朱厚熜相始相终。而朱厚熜在明代的皇帝中，还不算是最坏，他在早期，整顿朝纲、减轻赋役、抗击倭寇，"力除一切弊政"②，而"天下翕然称治"③。但是，朱厚熜崇信道教，痴迷炼丹，致使发生壬寅宫变，之后便基本不再上朝了。为了给自己的父母争名誉，朱厚熜多次与大臣发生冲突，嘉靖三年（1524）秋，"更定章圣皇太后尊号"④，"廷臣俯阙固争"⑤，朱厚熜索性把员外郎马理等134人关进锦衣卫的监狱。又"杖马理等于廷"⑥，把16名大臣打死在杖下。张爵此时是锦衣卫的正千户，作为朱厚熜的亲信是应该参与了这次行动。但是，在张爵的碑记中，对此完全回避，只是说他"任卫堂二十有三载，凡殿试、赐宴、监比考选，率多遇焉"⑦。"自幼好读司马温公《通鉴》及唐诸家诗，晚年犹不释手"⑧。家居养老之后，尝"以琴棋结社，召集朋侪，非订究往迹，则吟咏性情"⑨。"订究往迹"或应是他所编纂的《京师五城坊巷胡同集》。

---

① 见张爵墓志拓片，藏国家图书馆。参见王灿炽：《燕都古籍考》，北京：京华出版社，1995年版，第115页。
② 〔清〕张廷玉等撰：《明史》第二册，北京：中华书局，1974年版，第250页。
③ 〔清〕张廷玉等撰：《明史》第二册，北京：中华书局，1974年版，第250页。
④ 〔清〕张廷玉等撰：《明史》第二册，北京：中华书局，1974年版，第219页。
⑤ 〔清〕张廷玉等撰：《明史》第二册，北京：中华书局，1974年版，第219页。
⑥ 〔清〕张廷玉等撰：《明史》第二册，北京：中华书局，1974年版，第215、219页。
⑦ 见张爵墓志拓片，藏国家图书馆。参见王灿炽：《燕都古籍考》，北京：京华出版社，1995年版，第115页。
⑧ 见张爵墓志拓片，藏国家图书馆。参见王灿炽：《燕都古籍考》，北京：京华出版社，1995年版，第115页。
⑨ 见张爵墓志拓片，藏国家图书馆。参见王灿炽：《燕都古籍考》，北京：京华出版社，1995年版，第115页。

二

《京师五城坊巷胡同集》成书于嘉靖三十九年（1560），卷首置一短序，介绍编纂经过：

> 京师古幽蓟之地，左环沧海，右拥太行，北枕居庸，南襟河济，诚所谓天府之国也。我成祖文皇帝迁都于此，以统万邦，而抚四夷，为万世不拔之鸿基。予见公署所载五城坊巷必录之，遇时俗相传京师胡同亦书之，取其大小远近，采辑成篇，名曰《京师五城坊巷胡同集》。附载京师八景、古迹、山川、公署、学校、苑囿、仓场、寺观、祠庙、坛墓、关梁，皆以次俱载于集。分置五城，排列坊巷，又为总图于首。披图而观，京师之广，古今之迹，了然于目，视如指掌。使京师坊巷广大数十里之外，不出户而可知。庶五城胡同浩繁几千条之间，一举目而毕见。均各备载，编集克成，用工锓梓，以广其传云。时嘉靖庚申孟春竹坡张爵序。①

张爵交代了编纂《京师五城坊巷胡同集》的宗旨、过程、内容与编排原则。宗旨是："使京师坊巷广大数十里之外，不出户而可知"；过程是，"予见公署所载五城坊巷必录之，遇时俗相传京师胡同亦书之"。张爵在锦衣卫任职，锦衣卫的工作之一是"盗贼奸宄，街途沟洫，密缉而时省之"②，要随时掌握京城里的盗贼宵小以及道路和沟渠情况，因此张爵有条件接触北京的坊巷资料，并记录下来；内容呢？以坊巷为主体，附载"京师八景、古迹、山川、公署、学校、苑囿、仓场、寺观、坛墓、关梁"；编排的原则是："分置五城，排列坊巷，又为总图于首。"总图画得很精细，是我们所见到最早的反映北京坊巷的地图，具有珍贵的史料价值。

---

① 张爵编：《京师五城坊巷胡同集》，北京：北京古籍出版社，1983年5月，第3页。
② 〔清〕张廷玉等撰：《明史》第二册，北京：中华书局，1974年版，第1862页。

　　嘉靖三十二年（1533），为了抵御俺答的入侵，开始加筑外城，原拟将旧有的城池包裹起来，所谓"四周之制"①，但是工程浩大，难以完成，于是只构筑了南面城垣，"东折转北，接城东南角，西折转北，接城西南角"②。新建的城池因为处于旧城之外，故称外城，在坊巷制度上，与北部的城池相对又称南城，由是新旧两城分为五城，即：中城、东城、西城、南城与北城。

　　具体说，中城：在今正阳门以内，崇文门内大街以西，宣武门内大街以东，地安门东大街与地安门西大街以南。包括：南熏坊八铺、澄清坊九铺、明照坊六铺、保大坊四铺、仁寿坊八铺、大时雍坊十八铺、小时雍坊五铺、安富坊六铺、积庆坊四铺，共九坊六十八铺。东城：从崇文门内大街、雍和宫大街以东至东二环路，包括：明时坊西四牌十六铺，东四牌二十六铺、黄华坊四牌二十一铺、思成坊五牌二十一铺、南居贤坊六牌三十六铺，北居贤坊五牌三十八铺，共五坊二十八牌一百五十八铺。西城：从宣武门内大街、新街口南大街以西至西二环路，包括阜财坊四牌二十铺、咸宜坊二牌十铺、鸣玉坊三牌十四铺、日中坊四牌十九铺、金城坊五牌二十二铺、河槽西三牌十三铺、朝天宫西三牌十五铺，共七坊二十四牌一百一十三铺。北城：从地安门东、西大街至北二环路，包括：教忠坊十铺、崇教坊十四铺、昭回靖恭坊十四铺、灵春坊八铺、金台坊九铺、日忠坊二十二铺、发祥坊七铺，共七坊八十四铺。南城：大体在前三门大街与南二环路，东二环路与西二环路之间，包括：正东坊八牌四十铺、正西坊六牌二十四铺、正南坊四牌二十铺、崇北坊七牌三十七铺、崇南坊七牌三十三铺、宣北坊七牌四十五铺、宣南坊五牌二十七铺、白纸坊五牌二十一铺。共八坊，四十九牌，二百四十七铺。总计三十六坊一百零一牌六百七十铺。在明代，当时的管理体制是，城下设坊，坊下设牌，牌下设铺。铺的编制原则是居民人数，人数多则铺多，铺多则牌多。根据以上统计，在张爵的时代，人数最多的是南城，其次是东城，再次是西城，其四是北城，最少是中城。中城因为据于城市的中心区域，中间是皇城，皇城南侧又多

---

① 赵其昌主编：《明实录北京史料》第三册，北京：北京古籍出版社，1995年版，第449页。
② 赵其昌主编：《明实录北京史料》第三册，北京：北京古籍出版社，1995年版，第449页。

衙署，东西两侧居住面积有限，因此居民稀少，是可以理解的。

除此以外，《京师五城坊巷胡同集》还在东城"朝阳东直关外"①、西城"阜城西直关外"②、北城"安定、德胜关外"③ 和南郊的条目下记载了街巷、村庄、苑囿、陵墓、山川、关隘与风景名胜等。而有些村庄，比如"安定、德胜关外"条目下的曹八屯、沟泥河、龙王堂、羊房仰山凹，一直延续到 21 世纪初叶。其中，曹八家即后来的曹八里，羊房仰山凹即凹边村，沟泥河后来分为南、北沟泥河，龙王堂则一直未变。2008 年，北京为了举办奥运会而将这些村庄征用，于 2007 年前后方彻底消亡；而有些村庄，比如海淀区的八家儿，是一处明代初年与北京建城有关的村庄，今天依然存在，从而为北京城、郊之间的变化，提供了历史依据。

三

当然，《京师五城胡同集》的重点是城区，是坊、胡同与位于坊内的公署、苑囿、仓场、寺观。以南熏坊为例，这样记载：

> 南熏坊　　八铺
> 正阳门里，顺城墙往东至崇文门大街，北至长安大街。
> 宗人府吏部　户部礼部　东公生门　兵部工部　御药库鸿胪寺钦天监太医院　东长安门　东长安街东朝房（留守等二衙）銮驾库翰林院　东江米巷　白家胡同　金箔胡同　郑家胡同　新开口上林苑监会同南馆（即乌马驿）　邵贤家胡同　唐神仙胡同　玉河中桥王皇亲钱皇亲宅　台基厂南门　红厂胡同　珐琅胡同　台基厂西门　詹事府　玉河北桥　皇墙东南角　夹道东安门　旗房烧酒胡同　锡镴胡同皮裤胡同　果厂留守右衙　金吾右衙　上角头西南④

---

① 张爵编：《京师五城坊巷胡同集》，北京：北京古籍出版社，1983 年 5 月，第 10 页。
② 张爵编：《京师五城坊巷胡同集》，北京：北京古籍出版社，1983 年 5 月，第 13 页。
③ 张爵编：《京师五城坊巷胡同集》，北京：北京古籍出版社，1983 年 5 月，第 19 页。
④ 张爵编：《京师五城坊巷胡同集》，北京：北京古籍出版社，1983 年 5 月，第 5 页。

在南熏坊中，被张爵记录下来的称谓，大体可以分为五类。一类是公署，计有：宗人府、吏部、户部、礼部、兵部、工部、御药库、鸿胪寺、钦天监、太医院、銮驾库、翰林院、上林苑监 会同南馆、詹事府、留守卫衙、金吾右卫衙。这些公署均位于天安门东南，是明初兴建北京时中央衙署的所在之地。再一类是建筑，计有：东公生门、东长安门、东朝房、玉河中桥和玉河北桥。第三类是宅邸，王皇亲宅与钱皇亲宅。第四类是标志性地名，皇墙东南角、夹道东安门、台基厂南门、台基厂西门与上角头西南。最后一类是规范性地名，计有：东江米巷、白家胡同、金箔胡同、郑家胡同、邵贤家胡同、唐神仙胡同、红厂胡同、珐琅胡同、旗房烧酒胡同、锡镴胡同与皮裤胡同。其中，东江米巷后来改称东交民巷。红厂胡同，后来改为洪昌胡同，即现在台基厂大街的南段，长度未变，只是被拓宽了而已。

在南熏坊中，记载了41处称谓，规范性地名只有11条，约占总称的百分27%。需要指出的是，张爵关于公署的记录是有区别的，如果两个公署相连，比如宗人府与吏部，工部与兵部，便以"宗人府吏部""工部兵部"的形式表述，而我在这里则是将其分开统计。

以此为据，现将《京师五城坊巷胡同集》三十六坊中的规范性地名数据列表于下：

坊名	路	大街	街	中街	宽街	小街	斜街	新街	胡同	巷	火巷	条	合计
南熏坊									10	1			11
澄清坊									11				11
明照坊									3	1			4
保大坊			1	1					7				9
仁寿坊			2			1			8				11
大时雍坊			1	1					22	1			25
小时雍坊									7				7
安富坊									5				5
积庆坊		1	1						1	1			4
明时坊									39	1	1		41

（续表）

坊名	路	大街	街	中街	宽街	小街	斜街	新街	胡同	巷	火巷	条	合计
黄华坊									15	2			17
思城坊		1				1			12	1			15
南居贤坊						1			17	1			19
北居贤坊		1				1		1	10				13
阜财坊			4						18				22
咸宜坊			2		1		1		14				18
鸣玉坊			1						17				18
日中坊									6				6
金城坊			3						24	1			28
河漕西			1						11	1			13
朝天宫西									18				18
正东坊			1	1					34	2			38
正西坊			3				1		21				25
正南坊									11	2			13
崇北坊		1	1						10				12
崇南坊			3						14	1			18
宣北坊			2	1			1		18	1		1	24
宣南坊			1						12	1			14
白纸坊			1						7	1			9
教忠坊									8	1			9
崇教坊			1						8				9
昭回靖恭坊			1						12				13
灵春坊	1	1	1						5				8
金台坊			2						11				13
日忠坊			2				1		5	1			9
发祥坊		1							9				10
总　计	1	6	35	4	1	4	4	1	460	21	1	1	539

　　总计539条。其中：路1条，大街6条，街35条，中街4条，宽街1条，小街4条，斜街4条，新街1条，胡同460条（含白纸坊中的"纸坊胡"——疑脱漏"同"字），巷21条，火巷1条，条1条。需要说明的是，街的情况略微为复杂，有街、有横街、有半边街，也有后街，这里都算在街的名下而不再细分。中城澄清坊中的"头条胡同"①"二条胡同"②与南城宣北坊中的"椿树胡同三条"③，今天看来"胡同"的存在是啰嗦而没有意义的，但是却由此显示了从"胡同"到"条"的演变过称。这些胡同与街巷现在基本可以寻觅到对应的实体。元人熊梦祥《析津志》记载大都有"三百八十四火巷，二十九胡同"④，但是火巷进入明朝，只剩下东城明时坊中的一条，其称就叫火巷，位于今之治国胡同附近，其他火巷都到哪里去了？作为道路的实体当然不会消泯，肯定改以胡同的面目出现了，而这样一个大规模——三百八十四条火巷，的演变是如何进行的，由于史料匮乏而难以稽考，"断弦试问谁能晓"⑤，需要进一步探索与梳理。

---

① 张爵编：《京师五城坊巷胡同集》，北京：北京古籍出版社，1983年5月，第5页。
② 张爵编：《京师五城坊巷胡同集》，北京：北京古籍出版社，1983年5月，第5页。
③ 张爵编：《京师五城坊巷胡同集》，北京：北京古籍出版社，1983年5月，第16页。
④ 苏东坡：《虞美人（四首）》其一，成都：《傅干注坡词》，巴蜀书社，1993年版，第207页。
⑤ 苏东坡：《虞美人（四首）》其一，成都：《傅干注坡词》，巴蜀书社，1993年版，第207页。

魏晋社会思潮对茶文化形成的影响

田 真*

【摘要】在中国思想发展史上，魏晋玄学是一个时代的思潮，而魏晋风流则是名士在玄学引导下的人生准则，包括生活方式和审美倾向。魏晋时期由于社会动荡不安，所以诸多名士越名教而任自然，以任放为达，终日奢谈老庄、服食、饮酒，以求超脱俗世。魏晋社会思潮展现了一个历史时空的风貌，并催生出茶文化的萌芽，使得口腹之需的饮茶成为寄托心志的媒介，并为茶文化的形成提供了审美价值导向。

【关键词】贵生存身 茶为药饵 见素抱朴 客来敬茶 玄远清虚饮茶意境

一、贵生存身与茶为药饵

玄学以道家思想为主要立论，崇尚自然无为、贵生存身等主张。而茶文化的萌发与魏晋时期的名士对道家贵生和道教炼养的推崇相关联。贵生存身的主张是对生命与人性做出的正面诠释，而不是对生命的听之任之，通过身心的炼养而发挥生命的极限。虽然中国古代就存在神仙方术，但是随着道教的产生使神仙体系化使炼养系统化。道教摭取道家道与生相守，生与道相保的思想而追求长生成仙。道教经典《太平经》写道："要当重

---

* 田真，北京航空航天大学马克思主义学院副教授。

生，生为第一。"①贵生存身表现在精神上则是志怀高远，在行为则是重视养生术。魏晋时期名士的服食从起初的强身健体演变成了一种生活时尚和风流行为。

服食，即服食药饵，是养生术的重要一环。药饵分为金石类、草木类、符水类。如晋代葛洪《抱朴子内篇·论仙》写道："若夫仙人，以药物养身，以术数延命，使内疾不生，外患不入，虽久视不死，而旧身不改。"② 即以静功和药物达到长生不死。南朝·宋刘义庆撰写的《世说新语》记载了魏晋诸多名士服食的故事，如何晏、王弼、夏侯玄、嵇康等皆是推崇者。服食既超脱于尘世俗务，又不放弃享乐生活，这恰恰契合了风雅名士的精神取向，成为魏晋时期的社会风景。魏晋服食者主要服用五石散（又名寒食散），属于金石类丹药。服食五石散风行一时，以至把服食作为衡量贫富阔气与否的标尺之一。何晏作为服五石散的祖师，虽然起初为了健身而服食，但是随着服食带来的身心享受使其欲罢不能。《世说新语·言语》写道："何平叔云：服五石散，非唯治病，亦觉神明开朗。"③依何晏之说，服食五石散不仅有治病的疗效，而且令神志清爽。因此被人们称为傅粉何郎的美男子何晏其偶像作用引领了社会风尚。魏晋名士服食不同以往的历史特点，是追求精神的快乐以及作为逃避政治争斗的一种屏障。虽然服食者初期有进食多，气下颜色和悦，但是中毒者不计其数。《世说新语》《太平广记》《晋书》等皆有服食者行为的记载，如服食要饮热酒、吃冷食、行散等。隋巢元方《诸病源候总论》中记载了晋代名医皇甫谧关于长期服食的自述，其服食七年终至毙命。五石散的危害性使得服食者逐渐由金石类转向草木类为药饵。茶的自然功效使其脱颖而出，晋代葛洪《神仙传·刘根传》（卷八）写道："次乃草木诸药，能治百病、补虚驻颜、断谷益气，不能使人不死也，上可数百岁，下即全其所禀而已，不足久赖也。"④ 相较于金石类药饵，属于草木的茶则安全实用。尤其在南方茶区，饮茶已形成习俗，西晋张载《登成都白菟楼》道："芳茶冠六

---

① 〔东汉〕于吉：《太平经》，北京：中华书局，1960年版，第613页。
② 〔晋〕葛洪：《抱朴子内篇》，北京：中华书局，2011年版，第33页。
③ 〔南朝〕刘义庆：《世说新语》，上海：上海古籍出版社，2013年版，第43页。
④ 〔晋〕葛洪：《神仙传》，北京：中华书局，2017年版，第113页。

清，溢味播九区。"① 因此茶不仅是食饮之物，而且是健身强体的药饵，古代药食同源，茶逐渐成为非金石非酒精的健康饮料，借茶的药饵作用而达长生的精神追求。

茶作为药物被记载于史料中，唐代陆羽《茶经》七之事转引了许多珍贵史料，如《神农食经》写道：茶茗久服，令人有力悦志。汉代司马相如的《凡将篇》将茶列为 20 种药物。东汉华佗的《食论》中写道："苦茶久食益意思。"东汉壶居士作《食忌》曰："苦茶，久食羽化，与韭同食令人体重。"三国吴普《本草·木部》写道："茗，苦茶，味甘苦，微寒，无毒，主瘘疮，利小便，祛痰渴热，令人少眠。"曹魏时期的张揖《广雅》写道："其饮醒酒，令人不眠。"《孺子方》写道："疗小儿无故惊厥，以苦茶、葱煮服之。"《晋书·艺术传》写道："敦煌人单道开，不畏寒暑，常服小石子，所服药有松、桂、蜜之气，所饮茶苏而已。"南朝陶弘景在《杂录》中写道："苦茶轻身换骨，昔丹丘子黄山启服之。"传说中的神仙丹丘子、黄山君皆饮茶。刘琨《与兄子南兖州刺史演书》云："吾体中溃闷，常仰真茶，汝可置之。"② 茶的药物性使饮茶之举在文人墨客和修行者的推动下逐渐衍生出文化的色彩。

二、见素抱朴与客来敬茶

魏晋时期，随着九品中正选举制的实施以及占田制、赐客制、荫客制、荫亲属制的规定，形成了具有时代特色的门阀政治。门阀享有政治和经济特权，许多世家大族的生活极尽奢靡、挥霍无度，沉溺于争奢斗豪。例如《世说新语·汰侈》记载了西晋石崇的日常生活："石崇厕，常有十馀婢侍列，皆丽服藻饰。置甲煎粉、沉香汁之属，无不毕备。又与新衣着令出，客多羞不能如厕。"③ 如厕有十几位婢女服侍，如厕后更换新衣服。石崇家的厕所之华丽，使客人误以为是其卧室。又如："武帝尝降王武子

① 〔唐〕陆羽：《茶经·七之事》，北京：华夏出版社，2006 年版，第 43 页。
② 〔唐〕陆羽：《茶经·七之事》，北京：华夏出版社，2006 年版，第 39 页。
③ 〔南朝〕刘义庆：《世说新语》，上海：上海古籍出版社，2013 年版，第 581 页。

家，武子供馔，并用琉璃器。婢子百馀人，皆绫罗裤，以手擎饮食。烝豚肥美，异于常味。帝怪而问之，答曰：'以人乳饮豚。'帝甚不平，食未毕，便去。王、石所未知作。"①王济设宴，不仅有过百位婢女侍奉，用琉璃器皿盛食物，所烹制的小肥猪是用人奶喂养。可见这些富人的奢靡生活超出了常人的想象。王恺与石崇斗富夸侈的记载更是登峰造极，王恺用饴糖做的糕饼刷锅，石崇用蜡烛烧饭；王恺用紫丝布衬上绿色绫罗里子做了40里长的步障，石崇则用锦做了50里长的步障应之，石崇用花椒当作泥来涂墙，王恺则用赤石脂当作泥来涂墙。世族的奢靡程度可见一斑。物极必反，这些奢侈无度的行为无疑败坏世风，由此使明智济世之士力主俭朴之德。

魏晋时期战争频仍、国祚短促，是一个时代的特征。竹林七贤是在曹魏政权内部曹氏与司马氏两大集团冲突尖锐化的背景下作竹林之游，从而引领了玄风思潮酣畅淋漓。然而随着嵇康被杀、阮籍转年的病逝，"竹林七贤"的群体不复存在。他们组合与后来的分化，是理想与现实极度相悖的情况下表现出的双重人格。西晋末，"八王之乱"和"五胡乱华"造成社会的动荡，使中原大量百姓和世族南迁。随着东晋建立，社会政治中心、经济中心和文化中心南移。在历经世事动荡与变迁，文人士大夫阶层逐渐反思偏执的佯狂放诞、酗酒违礼等言行。尤其是一些平庸者故作风雅，形似而神不达的伪风流现象为社会所唾弃。文人士大夫重新审视见素抱朴、少私寡欲的本真，提倡俭素平静的生活格调，风流观也在不同程度上发生着变化。在理论上，无论是道家的见素抱朴的主张，还是儒家倡导的清廉之风、以及逐渐兴盛的佛教所推崇的出世净土理念，皆为魏晋风流注入了一份平和及内敛。

东晋占据南方，南方产茶并已有百姓饮茶习俗，中原迁来的世族和平民与南方土著民众相融合，形成了文化和习俗的相互影响。一些名士以茶代酒作为待客之礼而匡正酗酒废职、争奢斗豪的社会现象。东晋时期的王濛常居俭素，以茶待客被戏称为水厄。桓温"温性俭，每宴饮，惟下七奠

---

① 〔南朝〕刘义庆：《世说新语》，上海：上海古籍出版社，2013年版，第582页。

桦茶果而已"①。陆纳以茶果招待谢安"安既至，所设为茶果而已。"② 以茶待客彰显俭素的心境，陆纳称之为"素业"。不仅饮茶清心明目、激扬文思，而且茶的自然秉性使之成为文人墨客达意的媒介。茶树生长在青山秀谷之中，吸风饮露、至时自茂，朴素纯真。王濛、桓温、陆纳等名士之举，使饮茶在口腹之需的物质层面上提升了精神寓意，为后世陆羽提出"精行俭德"的茶文化宗旨做了历史的抛砖引玉。纵观魏晋时期，左思、张载、刘琨、王濛、谢安、桓温、陆纳等文人士大夫参与茶事，并使之成为与酒相抗衡的健康饮品，且以茶示俭，寄托见素抱朴的精神境界，由此开启了客来敬茶的文化意蕴。

三、玄远清虚与饮茶意境

魏晋是人性觉醒的时代，无论是何晏、王弼等撬动的一股哲思，还是竹林七贤的竹林之游；抑或王羲之、谢安、孙绰、支遁等的放浪形骸，以及陶渊明的田园生活，风流雅士的人生准则展现出玄远清虚的高韵，勾勒了尽情于自然、酣畅于山水的美学意境。王羲之《兰亭序》的抒写背景恰是一场教科书式的风流展现，其影响延及后世。玄学与风流为里表相依，造就了玄学与美学的融合。

以茶代酒，留住了取舍物境的圭臬，在心境上更升华了一份幽情和恬淡之美。饮茶不仅是养生所需，而且逐渐演变为文人士大夫的生活情趣以及修身的媒介。七贤的竹林之游、兰亭名士的流觞曲水、陶潜的采菊东篱下，是文人墨客的审美价值写照。随着酒宴衍生出茶宴，风流不减。至唐宋时期文人士大夫的饮茶雅聚之风印证了这一猜想。茶文化兴于唐盛于宋，在思想理论和美学意境上深深镌刻着魏晋玄风的痕迹，并在儒释道的激荡与融合中形成了茶文化的人文精神，对世风发挥着化育的影响。

茶文化确立于唐代，茶圣陆羽一生相许与茶"不羡黄金罍，不羡白玉

---

① 《晋书》第 8 册第 98 卷，北京：中华书局，1974 年版，第 2576 页。
② 《晋书》第 7 册第 77 卷，北京：中华书局，1974 年版，第 2027 页。

杯。不羡朝入省，不羡暮入台。千羡万羡西江水，曾向金陵城下来。"①陆处士的称号恰是茶圣陆羽超脱俗务的人格注解。唐代吕温的《三月三茶宴》："三月三日上巳，祓饮之日也，诸于议茶酌而代焉。乃拨花砌，爱庭荫，清风逐人，日色留兴，卧借青霭，坐攀花枝，闻莺近席羽未飞，红蕊指衣而不散，乃命酌香沫，浮素杯，殷凝琥珀之色，不合人醉，微觉清思，虽玉露仙浆，无复加也。座右才子，南阳邹子，高阳许侯，与二三子顷为尘外之赏，而曷不言诗矣。"②唐代天宝进士钱起《与赵莒茶宴》的"竹下忘言对紫茶，全胜羽客醉流霞。"③颜真卿等《月夜啜茶联句》："素瓷传静夜，芳气满庭轩。"④皎然《奉和颜使君真卿与陆处士羽登妙喜寺三癸亭》："境新耳目换，物远风烟异。倚石忘世情，援云得真意。"⑤不胜枚举，这是何等熟悉的历史画面，内蕴清心傲骨，外现神韵飘逸的风流为茶事的一种格调。至宋代一众文人墨客的翘楚欧阳修、梅尧臣、王安石、黄庭坚、苏轼、陆游等等，他们的试茶与推广，使得茶文化的色彩更加绚丽。宋徽宗的《大观茶论》更是道出了饮茶的玄远精神境界："祛襟涤滞、致清导和，则非庸人孺子可得而知矣；冲淡简洁、韵高致静，则非遑遽之时可得而好尚矣。"⑥历史跨越元代的文化变迁，至明清，以朱权为代表的茶道境界再现魏晋遗风："茶之为物，可以助诗兴而云山顿色，可以伏睡魔而天地忘形，可以倍清谈而万象惊寒，茶之功大矣。……或会泉石之间，或处于松竹之下，或对皓月清风，或坐明窗静牖，乃与客清淡款话，探虚玄而参造化，清心神而出尘表。"⑦明代吴中四才子风流倜傥的茶事以及清代郑板桥"汲来江水烹新茗，买尽青山当画屏"⑧，等，文人雅士对饮茶意境的取向皆见风流之韵。

作为文化血脉魏晋社会思潮烙印于后世，以茶文化的视角回望历史风

---

① 《全唐诗》第10册第308卷，北京：中华书局，1960年版，第3492页。

② 《全唐文》第7册，第628卷，北京：中华书局，1983年版，第6337页。

③ 《全唐诗》第8册第239卷，北京：中华书局，1960年版，第2688页。

④ 《全唐诗》第22册第788卷，北京：中华书局，1960年版，第8882页。

⑤ 《全唐诗》第23册第817卷，北京：中华书局，1960年版，第9198页。

⑥ 陈彬藩主编：《中国茶文化经典》，北京：光明日报出版社，1999年版，第70页。

⑦ 陈彬藩主编：《中国茶文化经典》，北京：光明日报出版社，1999年版，第305页。

⑧ 卞孝萱编：《郑板桥全集》，济南：齐鲁书社，1985年版，第442页。

流，既是追寻文化根基，亦是为当今茶文化发展而探究哲学和美学的导向。在当今市场经济和快节奏的生活方式下，虽然魏晋名士出则渔弋山水，入则言咏属文的生活以封存在历史的时空，但是死而不亡者寿，魏晋风流的神韵依然是当今茶文化乃至社会整体文化所汲取的精神财富。

器以载道

——造物设计的文化逻辑与创新

宫浩钦[*]

【摘要】造物设计活动不但要遵照科学的逻辑而且还要遵照文化的逻辑来进行。造物设计，不仅设计了产品的物质形态，而且还蕴涵着了"非物质"的制度规则的安排。制度、规则的设计创造正体现在"看不见的设计""设计之外的设计"之上。对"新的生活方式"的创造，还可以从制度上入手，从人与人之间的关系入手，运用社会组织的办法，从制度规则的视角重新思考造物设计。

【关键词】造物设计　制度　产品　符号

设计造物活动不但要遵照科学的逻辑而且还要遵照文化的逻辑来进行。从一般意义上说，产品不仅是物质实体也是象征符号。产品是按照某种目的来进行设计和生产的，食物用于充饥，衣服用于遮体、住宅用于抵御自然的严寒酷暑等等，产品一开始就被赋予了某种目的和意义。在这个意义上，他们就是"目的"和"意义"的符号。因为物品的形式向人们传达了他们的用处、目的和意义，因此，产品也被融入意义的领域，成为人们最为便捷有效的符号和象征。设计的一个重要任务，就是尽可能建立广泛的文化联系，把罗曼蒂克、奇珍异宝、欲望、美、成功、科学进步与舒适生活等各种意向，附于各类产品。设计造物不但要遵照自然的规律来

---

* 宫浩钦，北京航空航天大学机械学院工业设计系副教授。

设计，而且还要遵照社会的逻辑来设计。

一、隐于器物背后的制度

"器"之于用是多方面的，其中以符号与象征功能最为常见，如以器物象征四方，象征社会等级，象征吉凶等等。当"器物"要素逐渐降低其物质功能，提升其精神作用的时候，它自身在制度中的位置也就发生了变化，即工具变成了礼器，用具变成道具，器物变成符号。[①]《礼记·礼器》曰："礼有以多为贵者，天子九庙，诸侯七庙，大夫三，士一……有以大为贵者，宫室之量，器皿之度，棺椁之厚；丘峰之大……有以高为贵者，天子之堂九尺，诸侯七尺，大夫五尺，士三尺……礼有大小，有显有微，大者不可损，小者不可益，显者不可掩，微者不可大也。"而当礼仪处于具体操作阶段时，"器"就不仅仅是象征了，还要落实成某类器具："陈其牺牲，备其鼎俎，列其琴瑟管磬钟鼓，修其祝（古段），以降上神与其祖先，以正君臣，以笃父子，以睦兄弟，以齐上下，夫妻有所。"[②] 在这里，"牺牲""琴瑟管磬钟鼓"成了与鬼神交流不可或缺的中介。（图1）（图2）

图1　　　　　　　　　　图2

---

①　刘潞：《一部规范清代社会成员行为的图谱》，《故宫博物院院刊》，2004年第4期，第134—135页。

②　《礼记·礼运第九》，《十三经》，第763页。转引自刘潞：《一部规范清代社会成员行为的图谱》，《故宫博物院院刊》，2004年第4期，第135页。

《左传》曰："国之大事，在祀与戎。"祀是祭祀，戎是打仗。祭祀需要礼器，打仗需要兵器，礼器和兵器是古代社会两种最重要的制度的组成部分。正如张光直先生在《青铜时代》一书中所说："每一件青铜器……不论是鼎还是其他器物……都是在每一个社会等级随着贵族地位而来的象征性的徽章与道具。"① 礼器作为礼制的产物，必然与制度相连，这一制度可以理解为鼎的一部分，或鼎的设计也是制度设计的一部分。②

一提到产品，人们往往会自然而然地想到实体性的事物——想到机床和马达，想到电话和药品——想到的都是硬件。但是，今天出现在我们身边的新事物却主要是软件。③ 今天的产品形态，已经超越了物质的外壳，直接以非物质的形式出现：各类软件产品，各类金融证券、各类保险，以及各种各样的服务等等。如经济学课堂上通常讲到的"货币"的例子，货币不应当被想像成为一叠"钞票"，它的实质是一种社会关系，钞票这种实体，只因为它们进入到这一社会关系当中而具有了货币属性。④同样，我们理解产品也不应当仅仅停留在"实体"的层面，还应当看到蕴藏在产品背后人与人（社会）之间的关系，必须要讨论社会规则与设计间的相互作用和影响。现实社会中有许多类似于电话的产品，载体背后的通信服务系统，才真正是电话这一产品系统的本质。电话机仅仅只是这个服务系统的终端，而诸如"短信服务""手机付费""手机银行钱包"等各类功能的开通，都离不开一整套制度、规则系统的支持。因此，理解一件产品，关键在于理解产品符号背后的深层规则，即社会的价值和规范系统。我们对它的解读不能"只见树木，不见森林"。这些象征性器物实际已成为整个政治制度设计的一部分，脱离制度背景就无法真正理解它。对此，尹定邦先生概括得十分精辟："设计学不止于研究性质理论，还要研究规律理

---

① 张光直：《青铜时代》，上海：生活、读书、新知三联书店，1983年版，第22页。
② 西周的列鼎制度为：天子用九鼎，诸侯用七鼎，大夫用五鼎，士用三鼎。"钟鸣鼎食"是为了"明尊卑、别上下"，列鼎仅为礼制规范的一部分。
③ 斯坦·戴维斯在《知识与金钱》中写道，智力产品在以前"即使有，也十分罕见""今天他们却得到了相对广泛的传播；然而，大多数人在提到智力产品时，还总是想到高科技产品。其实，即使是常见的产品也可以成为智力产品"。最近，达维多和马隆还在《虚拟企业》一文中形象地阐述了这种"虚拟产品"是如何在不同行业中出现的。
④ 汪丁丁：《制度分析基础讲义1：自然与制度》，上海：上海人民出版社，2005年版，第2页。

论。""关系首先是与人的关系，主要有生理关系、心理关系、行为关系、经济关系等。其次是与人的集团的关系，主要有交换关系、占有关系、服从关系、服务关系、竞争关系等。"①

二、制度比实体更本质

人们习惯上把事物理解为它自身，而往往认识不到事物也是在特定联系中被规定的。② 其实，一切事物皆处于相互关联和彼此影响之中，应当承认结构主义者所提出的："事物之间的关系比实体更接近于事物的本质。"在分析理解宫廷陈设中是具有一定解释力的。留心身边的一些器物，倘若从制度的视角看去，都与制度规则有着紧密联系。研究设计问题通常从"实体"的维度深入到人与物的关系的维度，上升到人与人（社会）关系的维度。

或许，对故宫现存宝座的分析，可以帮助我们的理解。比较故宫遗存的 30 多套宝座，它们从造型到色彩，均一宫一式各不相同。③ 显然，这告诉我们，宝座之为宝座，并非缘于椅子本身造型、色彩以及制造工艺的独特，而是因为它与皇帝本人抑或"皇帝制度"紧密相连。

雍正皇帝敕令太监们："凡有宝座之处，行走经过，必存一番恭敬之心！"④ 实质是敕令他们对"皇帝制度"心存恭敬。也正是为此，皇宫之外皇帝曾经落座的椅子，往往也会被罩上黄缎套，被尊为"宝座"⑤。宝座之为宝座，是缘于它是封建皇帝的御用坐具。宝座象征着至高无上的封建皇权，代表着千百年来的皇帝制度，宝座之为宝座是制度安排的结果。正如索绪尔所说，符号并不是从符号内部的任何固有的东西中获得意义，符号之所以有意义，是因为符号有代表某种事物的能力。它启示我们，理

---

① 尹定邦：《现代设计社会学》序，长沙：湖南科学技术出版社，2005 年版，第 5 页。

② 姜云：《事物论》，广州：南方出版社，2002 年版，第 278 页。

③ 胡德生：《胡德生说宝座》，《紫禁城》，2006 年第 4 期。

④ 转引自《紫禁城》2006 年第 4 期。

⑤ 相传北京以经营烧卖闻名遐迩的老字号"都一处"曾供有乾隆皇帝坐过的"龙椅"。这件平淡无奇的座椅因为有幸"接待"微服私访的乾隆皇帝，陡然间身价倍增。店主将座椅用黄绸围罩，置于店堂最高处，长期以来被当作"镇店之宝"小心供奉。

解一件产品，还必须理解产品符号背后深层的意义与规则。正如词汇要遵循相应的语法规则，才能在语境中明确传达意义一样，产品的正确使用也需要遵循相应的社会规则。设计不但是在造物，更是创造了一个使用方式，一套制度规则。现实社会生活中的制度形式无限多样、无处不在。制度规则的设计包含着物质实体的设计，换言之，物质实体的设计包含着制度规则的设计。

深入研究，我们发现许多器物甚至就是制度系统的一个组成部分，其中尤以"秘折制度"最为典型。虽说"清因明制，萧规曹随"，但在清朝统治的二百多年中，也创造了"密折"这样独具特色的制度体系。奏折，是皇帝与少数亲信间私下进行的一种机密文书，它因使用折叠的纸张缮写得名。①清代督抚上任之前，皇帝会亲赐密匣，官吏赴任后所写奏折以此匣盛之，差人快马呈递。因此匣唯皇帝及督抚二人才能开启，故谓"密封奏折"。另外规定各地方官员，于送发奏折时"于夹板之外，用纸封固，接缝处粘贴本职印花，再用绫袱包裹"，发回奏折"用兵部印花。"②雍正朝以后，制度益加精密完备：缮写、密封、装匣、包扎、递送、转交、拆阅、披览、朱批、发回、缴批等，都有缜密妥当一丝不苟的程序，形成一套完整的制度体系。③显然，木匣被称作"密匣"是源于它是奏折制度的一部分。系统的思想，已经被人们所普遍接受。④"秘折制度"中，实体的性质取决规则的性质，即将它置于怎样的制度体系当中，与什么因素建立起关联。设计艺术学的学者们一再强调我们的工作不仅创造了一种可用之物，而且还创造了一种崭新的生活（使用）方式、一种文

① 〔日〕杨启樵：《清代密折制度探源》，《明清论丛》第四辑，北京：紫禁城出版社，2003年版，第158—159页。
② 《清高宗实录》卷六〇三，乾隆二十六年二月丁丑。
③ 〔日〕杨启樵：《清代密折制度探源》，《明清论丛》第四辑，北京：紫禁城出版社，2003年版，第159页。"任何产品也都是与人结为一个统一系统的形式来运行的，这个系统也就是所谓的人、物系统，人、机械或人、环境系统，也正是这种系统的运行关系形成了人类的一种生活方式。"
④ "任何产品也都是与人结为一个统一系统的形式来运行的，这个系统也就是所谓的人、物系统，人、机械或人、环境系统，也正是这种系统的运行关系形成了人类的一种生活方式。"张宪荣：《设计符号学》，北京：化学工业出版社，2004年版，第149页。

化①。（图3）（图4）（图5）

图 3

图 4

图 5

因为物的意义总是在关系之中被解读的，所以选择怎样的规则进行阐释，往往就赋予它们怎样的性质：同样的火药，既被制成为用于发动战争的枪炮，也被制成供庆典之用的烟花爆竹；同一块磁石，既可用作看风水，也可用于跨海远航。相同的技术对应不同的用途（使用规则），会产生完全不同的性质。规则决定了器物的社会属性。

---

① 柳冠中：《工业设计概论》，哈尔滨：黑龙江科学技术出版社，1997 年版，序言。

经以上分析可知，一件产品的性质，关键在于它被赋予了怎样的一个制度体系当中，在这个意义上，器物所对应之规则，比实体更加本质，是颇有一番道理的。故而拙见以为：设计所从事的正是对技术、产品进行阐释的工作。设计创造从总体上可以分成这样两类，其一为技术创造，其二为制度规则创造，二者通常有紧密的联系。

制度问题，在当代的西方社会被称为社会学理论中"最具活力"的研究领域①，近来也成为国内学术研究的一个热点，各学科从不同的学科视角同时将视线投向了制度问题的研究，对制度的研究也相互关联、相互交错、相互补充。相信设计艺术学从造物的角度对于制度问题的思考具有重要意义。与此同时，制度设计也与造物设计紧密相连，在设计艺术学中讨论制度问题，对设计艺术学专业视野的打开也具有非凡意义。

三、造物设计中的制度创新

（一）设计创造的两个类型

设计无法回避制度问题的讨论，设计的问题，绝不仅是个技术层面的问题，往往还会涉及人与人之间的关系，涉及社会组织的层面。设计作为"人为事物"，总共要处理好两类关系，即第一，人和自然的关系，它体现在技术上；第二，人和人之间的关系，它体现在制度上。对此，经济学家盛洪先生总结得十分精辟："技术是人对自然利用的方式，制度是处理人和人之间关系的方式。"②

技术无疑是非常重要的，无数的设计目标都是通过技术革新来实现的（不再赘述），但在触及人与人之间关系的问题上，有时也需要通过制度规则的调整来解决问题。因为有些问题的解决需要制度创新的辅助。笔者认为这两个方面都可以展开设计创造。制度经济学的课堂上，常常会举这样

---

① 李松玉：《制度权威研究——制度规范与社会秩序》，北京：社会科学文献出版社，2005年版，第12页。
② 盛洪：《制度为什么重要》，郑州：郑州大学出版社，2004年版，第23页。

一个例子：怎样将一块饼平均分给两个人？这是个很有意思的制度问题。如果仅仅从技术手段出发，将精力集中于选用精准的度量工具上，那将是不智的。因为，倘若没有规则的制约，就会有越轨的情况出现。[1] 显然，建立这样一个规则是十分必要的，即让其中一个人来分割，而另一个人优先挑选。在经济人假设的前提之下，我们简单地对这一制度安排进行分析，因为，对动手分割的人来说，大的一半一定会被对方挑走，所以为把损失降到最低，动手分割的人会尽量保证两边一样大。显然，这个制度安排，将问题的求解指向人自身，将注意力集中到了人与人之间的关系上，通过人与人之间关系的重新调整，（运用制度规则手段）来解决问题。

先哲说"人为自然立法"，其实人又何尝不在为自身立法？作为"人为事物"的设计，"解决问题"的思路应当是多维度的，设计思维不应囿于物质实体。从制度规则的角度寻求解决问题的方法，或许会有惊喜地发现。因为规则不仅是操作规范，而且还包括了整个社会行为规范和文化体系，没有任何产品能够独立于规则之外。一切可见的物质的实体形态之外，都预设了如何正确使用、操作它的方法。如今，商场里整装待售的产品都附带着一本详细的使用说明。这些将操作方法汇集成册（使用手册）的举动表明，设计已经在通盘考虑这些方面。无论有意无意，从制度设计的视角看去，没有任何一项产品完全不涉及规则和使用上的考虑。

造物活动中已经隐含了制度规则的安排，换言之，制度规则设计本身就包含硬件设计（造物设计）的部分。制度规则的含义是十分广泛的，它包括文化习俗，法律法规以及种种或隐或现制度规范。实际上，我们今天所作的市场调研也可以理解为对现行制度与规则的调研和分析，最终通过一套新的产品规则产品所隐含的规则体系，来与之结合适应，并最终寻求问题的解决。

西蒙所说："每个人都在设计着自己所设想的行动方案，以求变现状为自己所希望的状况。生产物质产品的精神性活动，从根本上说，与开方

---

[1] 孟德斯鸠评在《论法的精神》第三卷第十九章第二十节（为中国人的矛盾现象进一解）中说："中国的每个商人都有三种称，一种是买进的重称，一种是卖出的轻称，一种是准确的称。"如果没有规则去制约它，越轨的情况一定会出现。孟德斯鸠：《论法的精神》（上册），张雁深译，北京：商务印书馆，1961年版，第316页。

治病或给公司设想一项新的销售计划，或给国家设想一项社会福利制度，是没有什么差别的。"① 设计就是解决问题的概念，已经为人们所普遍接受。"一个设计（design）是对一个制品的完整描述。"②那么对于规则的描述该是一个重点。

我们的造物设计，不仅设计了产品的物质形态，而且还蕴涵着了"非物质"的制度规则的安排。制度、规则的设计创造正体现在"看不见的设计""设计之外的设计"③之上。

笔者无意追随结构主义也去强调"关系比实体更本质"，但以上的分析为我们开启了一条新的解决问题的思路。从人与人之间的关系入手，从制度规则的视角重新思考设计，这是以上分析给予我们的重要启示。过去我们习惯述诸于外，今天还可以述诸于内，通过调整内部关系来解决设计问题，即我们通常所说的"设计人与人之间的关系""制度规则设计"。显然，这个提法的真正意义在于把解决问题的思路，从技术上转移到人自身，即对"新的生活方式"④的创造，也可以从制度上入手，从人与人之间的关系入手，运用社会组织的办法，尝试一些制度创新。

（二）设计造物的优化方式

制度创新也能够更好的结合技术手段，来解决问题。

产品设计中的技术革新与制度创造，通常是就是一体的，即人们在进行技术创新的同时，常常也包含着制度的改良。因为，正如制度经济学家们所说的："一种制度优于另一种制度，是因为它对应一种较高的效率水平。"⑤ 新产品取代旧产品往往也是因为其背后的制度、规则优于原有产品。

① 〔美〕赫伯特·A 西蒙：《关于人为事物的科学》，杨砾译，北京：解放军出版社，1985 年版，第 115 页。
② 〔美〕卡丽斯·鲍德温、金·克拉克：《设计规则》，北京：中信出版社，2006 年版，第 19 页。
③ 许平：《造物之门——艺术设计与文化研究文集》，西安：陕西人民美术出版社，1998 年版，第 100 页。
④ 柳冠中：《工业设计概论》，哈尔滨：黑龙江科学技术出版社，1997 年版，第 42 页。
⑤ 盛洪：《为什么制度重要》，郑州：郑州大学出版社，2004 年版，第 43 页。

这类例子，在产品设计中几乎随处可见，只要稍稍留心目前我们身边的办公饮水设备的变化就会明了，桶装饮水机的外观形态下面遮蔽了一整套送水系统，每每被我们忘记，实话说，给我们生活带来方便和效率的恰是这一整套供水网络和制度体系。设计之功，正在于此。事情虽小，但这是一项了不起的制度创新。这一制度变革，使办公饮水系统变得高效而且成本低廉了，套用制度经济学中的一句话：这样的组织变动实现了价值的增量。

另一个制度革新的例子，也颇具启发意义：通用和福特是当今美国的两大汽车制造企业。早期是福特遥遥领先，T 型车风行美国。通用一直徘徊其后，但是，"斯隆革命"后，情况发生逆转，通用很快超过了福特。"斯隆革命"将通用合并的企业在产品上序列化，并建立了事业部制——一种将集权和分权的优点集于一身的企业制度。"斯隆革命"之后，通用成为美国同时也是世界上最大的汽车制造商①，其核心机密就是制度变迁。设计一种新的规则和制度，优化组织运作方式，已成为工业设计思考和研究的重点。

一切产品都产生于制度规则体系，一切产品也在谋求最终重新进入制度规则体系。工业革命时期曾经进行过一系列意义重大的制度改革，这套变革导致人与人之间的分工合作成为可能，知识经济的到来使这一点比工业革命时期更加深刻而复杂远，即将来临知识经济社会对制度规则创新提出了更高的要求。

---

① 盛洪：《为什么制度重要》，郑州：郑州大学出版社，2004 年版，第 43 页。

摄影作为艺术与艺术作为摄影

——以对西南民族影像志的反思为例*

潘小童　潘年英**

【摘要】在不同的学科下，影像的地位与功能不尽相同。摄影作为一种媒介，在人类学学科内强调的是"真实"和"纪实"，这与摄影艺术所追求的"唯美"摄影有所区别。但二者实质上并没有决然的鸿沟，人类学的摄影和艺术的摄影存在彼此借鉴和包容的空间。"摄影作为艺术"与"艺术作为摄影"的区别不仅仅只是语序的调换，而是队摄影进行多维度、深层次地挖掘。通过梳理西南民族影像志从文化关怀和思想支撑缺失，到逐步突破学科界限及自我与他者枉梏的这一过程，试图反思并追寻跨越鸿沟的方法。

【关键词】视觉人类学　摄影艺术　视觉文化

当法国国会议员阿拉戈在 1839 年将达盖尔摄影法公之于众时，他一定想不到近两百年间这项技术会对人类社会的各个方面产生如此巨大的影响。如今，我们在获得一张照片前已经不需要再等待 8 小时以上的曝光时间，也不必为照片的短期保存耗费大量心思。摄影技术的指数级成熟带来的是摄影概念的延展，随着影像拍摄的成本降低，影像的制作也由此渗入

---

* 本文系据作者在"影像纪录、族群记忆与文化传承 ——国际影视人类学论坛 2018"上的发言内容整理而成。

** 潘小童，广西民族大学民族学与社会学学院硕士研究生，研究方向为中国少数民族文化；潘年英，湖南科技大学人文学院教授，研究方向为民族学、人类学、视觉文化等。

到人类生活的方方面面，学术界也不例外。

在不同的学科下，影像的地位与功能不尽相同。基于这种背景，本文将焦点聚焦在艺术学与人类学分别追求的"唯美摄影"与"纪实摄影"，着力于阐释二者之间的关系，并针对西南影像民族志在不同时期的发展变化进行反思，试图找出跨越二者鸿沟的路径。

一、从摄影作为艺术到艺术作为摄影

现如今，我们似乎理所应当地将摄影归为艺术的一种，但摄影在其诞生之时，其实被迫地站在艺术的对立面。1840 年，当法国画家保罗·德拉罗什第一次看到达盖尔式照片的时候，他宣称"绘画已死"。由于绘画，尤其是写实绘画的稳固地位，摄影在最初的几十年中一直被看作一种技术而非艺术。面对这种当时的新兴技术，大量艺术家拒绝接受这种技术进步，摄影技术从诞生之日起便遭受着攻击。

这种摄影与艺术的二元对立发展成了两种观点。一方坚守艺术的高贵神圣地位，拒斥摄影进入艺术领域。另一阵营则由摄影师们组成，他们以摄影作为发声工具，但他们不仅没有怀疑拒斥派的观点，反而为自己不是"艺术家"的尴尬身份自卑，甚至为了进入艺术圈而屈从于传统艺术观念。他们极力模仿绘画，这也是画意派摄影家在整个 19 世纪占据主体地位的原因①。

中国西南地区作为法国驻昆明领事方苏雅（Auguste Francois）与日本人类学家鸟居龙藏（Torii Ryuzo），都在中国西南地区进行了长期的拍摄。但二者的作品有一个共同点，即"与他者保持着一个疏远的距离"。这也代表着在摄影初创之时部分摄影师的局限性，即将自己对于他者的理解强行框定于被拍摄者身上。换言之，他们始终在用"他者的眼光"在观察拍摄对象，最后产生的作品带着一定的疏离感。这种过程也对"他者"这种划分进行了强化，摄影在这个过程中只是一种用于记录的技术手段。

---

① 〔德〕本雅明：《摄影小史》，王才勇译，南京：江苏人民出版社，2006 年版。

本雅明（Walter Benjamin）为了突破摄影与艺术的二元困境，提出了一个全新视角。他认为这种辩论局限在"关于摄影的艺术"的美学争论上，而很少有人关注"艺术作为摄影"这些更有社会意义的论题。由此，他把看待摄影的方式由"摄影作为艺术"转向"艺术作为摄影"。① 这种视角的转变，意味着摄影由纯粹的美学追求转向了社会与哲学层面的思考。

在跨学科发展方面，影视技术最初介入人类学之中是出于保存抢救大量珍贵传统文化的目的。在人类学发展的初期，有许多人类学家已经开始利用影像与影视载体对人类学事项进行记录。19世纪中叶，由英国人类学学术团体出版的《民族志研究手册》中开始建议人类学家在收集田野资料时最好能够借助摄影的手段，这可以视作"人类学摄影"这一实践性的概念在人类学的学术领域被正式地认可。② 此外，哈登对托雷斯海峡当地土著社会生活的纪录、斯宾塞在澳大利亚拍摄的袋鼠舞和祭雨的仪式、汉堡南海考察队在密克罗尼西亚和美拉尼西亚拍摄了土风舞等，这些自觉或不自觉的拍摄活动和拍摄作品被视为影视人类学实践和作品的萌芽。

真正意义上从人类学视角切入的影视人类学开创于20世纪30年代。米德（Margaret Mead）与贝特森（Gregory Bateson）在巴厘田野工作期间，在拍摄工作中自觉融入人类学的思想和方法，并将可视化的影像与抽象化的文字结合，最终以人类学民族志的形式出版其成果，这也成为影像技术与人类学结合的经典案例。此外，米德在影视技术与应用人类学的结合上做出了先驱性的贡献，她在"二战"及冷战时期的有限的条件下，通过对大量影视和艺术作品的分析对各国的"国民性格"进行远距离研究（Distance Study）。这种形式不但对应用人类学产生里程碑式的影响，同时也对摄影功能的多重面向发展提供了可能。③

与单纯的文本相比，视觉上的信息更趋向于多感官的整体呈现，更多元的信息和摄影本身的权威性与纪实性也能提升田野资料的可靠度，这也

① 〔德〕本雅明：《摄影小史》，王才勇译，南京：江苏人民出版社，2006年版。
② 宋一苇：《从"摄影作为艺术"到"艺术作为摄影"——视觉文化问题史研究》，《辽宁大学学报》（哲学社会科学版），2005年第2期。
③ Mead M., Métraux R. *The Study of Culture at a Distance*. Berghahn Books, 2000.

是摄影在发展之初被用作证据的原因之一。但影视技术在人类学的应用中的真实性也受到了一定质疑，为了满足大众对原住民所处环境之恶劣以及人类学家工作之艰辛的想象，人类学家在进行影像创作时可能会利用镜头裁剪出迎合自身或社会需求的相片。在影像编辑技术高度发达的当下，这种质疑必然会存在，这也是需要寻找跨学科交流路径的必要之所在。

二、跨越鸿沟：二者的区别与共性

以上的分析似乎陷入将摄影划分为"唯美"与"纪实"二元对立面的泥潭中，其实不然。事实上，虽然多数摄影家和人类学家并未系统学习过另一学科的知识，但却无意中将对方的理念运用于实践中。上述提及的诸位学者的创作已经不仅仅局限于自身学科，换言之，他们不单纯追求审美上的艺术价值，抑或者不单纯追求纪实上的人文价值，而是透过人文关怀的视镜去探寻艺术上的美学突破。具体而言，人类学的摄影与艺术的摄影的追求并不冲突，相反，能够将二者结合起来才能取得进一步的突破。

纵观摄影发展的历史，并不是每一阶段的摄影师都是一味追求唯美。摄影由最初的写实肖像与风光景色逐渐转向有人文关怀的纪实摄影，促使这一转型发生的关键在于社会的发展与需求。与报告文学同时期出现于19世纪末、20世纪初的纪实摄影，透过他们的镜头对当时尖锐的社会矛盾、深刻的社会问题进行揭示与批判。

这种追求真实、客观、准确的标准，是对艺术摄影中单纯唯美的美学规范的批判。尽管这种意识已经萌芽，但"纪实摄影"一词直到20世纪30年代才逐渐形成。随着美国农业安全局（FSA）在大萧条时期的建立，在斯特莱克的带领下，一批关注现实问题的摄影师为我们保存下了这一时期的珍贵影像。他们不但将焦点聚集在沮丧的氛围、恶劣的环境上，更关注到人性中积极向上、坚不可摧的勇敢与韧性。他们的照片冷静、客观，却又不失温度。更重要的是，他们有意识的避开"艺术"的陷阱，即不仅仅是追求艺术性的构图、线条、色彩等，更重要的是追求用自己的镜头去参与时代、解读时代、处理时代。至此，纪实摄影走上了摄影史的舞台，并且在一代代摄影史的反思与批判中逐渐发展、成熟。

在当代,许多摄影师虽然没有系统学习过人类学,但人类学的思想与方法论一直影响着他们的作品以及拍摄方式。例如,我国当代摄影师吕楠自1989年开始从事影像工作,在15年的沉淀后,爆发出了他恢宏如史诗般的"三部曲"。他对中国精神病人、中国天主教及西藏农民的观察与刻画深刻而令人动容,其成像构图巧妙、光影和谐,每张作品都是生活中最平凡又最精彩的一瞬,满溢着油画般的质感。更重要的是蕴含在画面中的人文关怀,而这种关怀则来自吕楠与每个村庄、每位人物长期相处后的深厚情感。吕楠虽然不是人类学家,但他已熟练运用参与观察法并理解了其本质——对他者的理解与关怀。

相应的,许多人类学家也会结合影像的表现方式,将对文化的解释与阐释进行形象化的表达。作为西南影像民族志的先驱人物,我国早期人类学家庄学本先生于自1934至1942年间,在少数民族地区进行了近十年的考察,拍摄了万余张照片,撰写了近百万字的游记及调查报告。这些珍贵的影像作品为我们呈现了西南少数民族地区的精神面貌和生活状态,他的作品不仅让我们意识到在经济如此落后、环境如此恶劣的地区,当地居民的精神世界却是丰富多彩的,同时也引发了我们对发展为何的反思,以及推动经济发展背后的精神动力的探寻。作为兼具中国影像人类学的先驱与纪实摄影大师双重身份的学者,他跨越了自我和他者的边界线,也突破了对"真实"与对"艺术"追求之间看似不可逾越的屏障。

摄影作为一种在图像与社会之间搭建桥梁的媒介,人类学家更强调的是"纪实",这与摄影家的"唯美"摄影是有很大区别的。但遗憾的是,许多人类学家们由于普遍缺乏摄影的美学训练,他们的摄影太缺乏艺术性,因而变成纯粹的初级图像记录,缺乏美感,甚至也因此而丧失了照片的艺术价值和审美价值;而部分摄影家们的摄影又由于缺乏文化的关怀和思想的支撑,也只能停留于摄影艺术的肤浅表达,也严重缺乏学术价值和历史价值。但二者实质上并没有决然的鸿沟,而是完全可以相互融合的。只有在彼此借鉴和包容的情况下,人类学的摄影和艺术的摄影才能走得更远。

结　语

20 世纪 60 年代，当时的殖民政府正在寻找他们如何利用无线电、电影和电视来教育和发展偏远地区的方式，人类学家埃德蒙·卡彭特（Edmund Carpenter）被雇佣为交流顾问。卡彭特称，当他首次将当地人的照片给他们本人时，他们无法解读那些照片。对当地人而言，这些照片是平面静态的、无生命且无意义的。经过一段时间的辨认后，在当地人认出在照片中的那个人就是自己时，他们对待自己的态度以及他们的行为方式都产生了变化：他们开始意识到自己头上那顶帽子的存在，开始不停地抚摸自己的脸庞……在那之后，土著居民的脸上开始产生恐惧的表情——对这种静态、平面、无生命意义的照片的恐惧。这些照片的影响是持续性的，数月后卡彭特回到该村庄，却发现从房屋样式到个体的行为举止已经发生了翻天覆地的变化，以至于他已经无法辨认出该村庄原来的面貌。

在当下这个视觉世界中，摄影的意义得到了多重面向的发展，远远超过"艺术"的范畴，从单纯的记录工具延伸到社交娱乐、社会仪式，甚至成为一种权力工具。因此，摄影应该被认为是一种富有力量且具有独立之格的路径，它不仅是一种反映现实的方式，在对客观事物进行表达与呈现的同时也传递着创作者自身的情感与观念，同时也是一种能够引领着我们去思考学科最核心的、最深层的问题的进路。

参考文献

[1] 〔德〕本雅明：《摄影小史》，王才勇译，南京：江苏人民出版社，2006年版。

[2] 〔德〕本雅明：《机械复制时代的艺术作品》，王才勇译，北京：中国城市出版社，2002 年版。

[3] 宋一苇：《从"摄影作为艺术"到"艺术作为摄影"——视觉文化问题史研究》，辽宁大学学报（哲学社会科学版），2005 年第 2 期，第 53—58 页。

[4] 刘树勇：《"纪实摄影"给我们带来了些什么?》，《山花》，2004 年第 4 期，第

116—122 页。

[5] 庄孔韶：《人类学通论》，北京：中国人民大学出版社，2016 年版。

[6] 张江华：《影视人类学概论》，北京：社会科学文献出版社，2001 年版。

[7] 孙京涛：《纪实摄影：风格与探索》，济南：山东画报出版社，2004 年版。

[8] Benjamin W , *A Short History of Photography* [J]. 1972.

[9] Deschin J , *Photography as Art* [J]. Art Education, 1960, 13（6）：7 – 10.

[10] 王海飞：《近三十年来中国影视人类学的发展与研究》，《民族研究》，2008 年第 1 期，第 95—104 页。

[11] 芭芭拉·艾菲、杨昆、张静红：《影视人类学的当下处境》，南宁：广西民族大学学报（哲学社会科学版），2008 年第 1 期，第 9—16 页。

[12] 刘楠：《艺术作为摄影与摄影作为艺术的研究》，《科技资讯》，2016 年第 7 期，第 130—130 页。

[13]〔美〕苏珊·桑塔格：《论摄影》，黄灿然译，上海：上海译文出版社，2010 年版。

[14] Mead M. , Métraux R. *The Study of Culture at a Distance* [M]. Berghahn Books, 2000.

章锡琛与《妇女杂志》的品牌建构

刘　莉[*]

【摘要】《妇女杂志》经章锡琛大刀阔斧的改革，被打造成了实至名归的品牌期刊。在编辑制作方面，章锡琛严把《妇女杂志》的质量关，尤其强调内容的独特性。在受众接受方面，章锡琛强调放眼世界的同时，要密切联系中国的社会现实，全心全意服务于女性读者。在社会功能方面，《妇女杂志》积极投身于社会变革，传播科学新知和新思想，促进社会进步，成为先进文化的代表。章锡琛采取广告宣传、市场调研、降价促销等进行多角度营销策略。章锡琛对《妇女杂志》的品牌建构经验，对当今女性刊物的文化传播与经营管理都具有巨大的启示意义。

【关键词】章锡琛　《妇女杂志》　品牌建构

《妇女杂志》是民国时期发行量最大、发行时间最长、发行区域最广的综合性女性期刊，被时人誉为"女界之明星"，"在中国妇女问题的出版物里，不愧坐第一把椅子"。[①] 这个近代史上的女性刊物明星，创办之初不过是保守的贤妻良母主义的代言人，在第三任主编章锡琛的改革之下，杂志跃升为倡导妇女解放的主阵地，最终成为红极一时的品牌期刊。

《妇女杂志》是中国大众期刊适应读者文化需求和市场发展变迁最成

---

* 刘莉，北京工商大学艺术与传媒学院副教授，博士，硕士生导师，主要研究方向为文学与品牌传播。
① 《请读民国十一年的妇女杂志》，《妇女杂志》七卷号12（1921年12月）。

功的范例之一，也是以章锡琛为代表的一代编辑人在社会大变革时期文化担当的显现。章锡琛对《妇女杂志》的品牌建构经验，对当今女性刊物的文化传播与经营管理都具有巨大的启示意义。

一

《妇女杂志》是我国近代期刊史上第一份大型女性刊物。它由出版业巨子商务印书馆创办，诞生于1915年，为16开本月刊。1932年因遭受"一·二八"劫难的商务印书馆被日军炸毁而被迫停刊，后终未复刊。《妇女杂志》每年1卷，每卷以月计共12号，17年共17卷204号。《妇女杂志》创刊之时，正是新文化运动开始之际，它的发展历程又横跨了五四运动、国民革命等重要的历史时期，它对"女性的发现"成为五四启蒙话语的有机组成部分，它的社会影响远超其他女性刊物，所以成为近代史上声名远扬的品牌期刊。

《妇女杂志》自身的品牌化建设经历了漫长的过程。在风起云涌的新文化思潮影响下，作为出版业巨擘的商务印书馆应时代之需，创立了专门定位于女性读者的《妇女杂志》。在1915至1920年间，首任主编王蕴章负责主持全面的工作，其中1916年女性社会活动家胡彬夏担任名义上的主编近一年。此时期，《妇女杂志》内容丰富，印刷精美，富有趣味性、知识性、消遣性，吸引了一批城市女性。王蕴章出于读者的需求、发行量的考虑和社会舆论的压力，也进行了一定程度的改革，间或刊发一些宣扬妇女解放的新思想，但杂志整体风格趋于保守，内容偏向消闲、内庭化，倡导妇女的三从四德，提倡封建道德标准下的贤妻良母主义。因此，杂志遭到了新文化运动干将们的严厉指责，学生领袖罗家伦更是毫不留情地点名批评《妇女杂志》是"专说叫女人当男人奴隶的话"。处于风口浪尖上的商务印书馆"为了迎合潮流，挽救声誉，不得不进行改革；因为杂志最先受到攻击，就从撤换各杂志的编辑人入手"①。就这样，章锡琛被推上了《妇女杂志》主编的位置。

---

① 章锡琛：《漫谈商务书馆·商务印书馆九十年》，北京：商务印书馆，1987年版，第111页。

　　新派知识分子章锡琛主持《妇女杂志》后，适应时代之需革旧创新，从办刊宗旨到精神追求，从传播内容到传播方式，都打上了鲜明的五四烙印。鲁迅、周建人、李大钊、陈独秀、沈雁冰、巴金、周作人、叶圣陶等一大批新文化运动主将汇聚在《妇女杂志》麾下，吴觉农、向警予、陈伯吹等成为杂志的撰写者，一大批政治见解不同、学术观点各异的时代精英纷纷以短篇和随笔的方式进行思想革命，拯救受旧道德迫害最深的妇女。此时的《妇女杂志》一扫初创期的保守落后，编辑思想上明显趋向新派，成为当时知识分子探讨妇女问题、倡导妇女解放的主要阵地。后因《新性道德专号》（1925 年 1 月）激起了以北京大学名教授陈大齐为代表的守旧派的抨击，引发商务当局王云五等人的恐慌，章锡琛被迫辞职。从 1926 年 9 月到 1930 年 6 月，杜就田担任主编。叶圣陶在杜就田之后履职不到一年即辞职。杨润余在 1931 年 4 月—1931 年 12 月主编《妇女杂志》，成为这份鼎鼎大名的女性刊物的唯一女性掌门人。著述丰富、造诣深厚的杨润余本想使刊物实现新的突破，但无奈世事弄人，日军的炮火最终摧毁了她的梦想，一代明星女刊亦随之谢幕。

　　章锡琛在位的 1921 年 1 月到 1925 年 8 月，是《妇女杂志》的黄金期，它奏响了关注妇女问题的时代最强音，坐稳了女性期刊第一把交椅的位置。一代出版家章锡琛最终将《妇女杂志》打造成了名震一时的品牌期刊。

二

　　对"期刊品牌"的理解，离不开对"品牌"概念的阐释。"品牌"一词由来已久，最初是指打在牛身上的标记。随着现代营销学理论研究的深入，品牌的内涵逐渐扩大，形成三重含义的统一体。其一，品牌是一种标识，用来识别该产品与其他产品的不同，多用名称、设计、记号、术语及其组合的形式加以显现。其二，品牌是一种符号，是名称、包装、属性、价格、广告、声誉、风格等多重要素的组合，形成某种象征意义，代表了不同的个性和差异。其三，品牌是消费者头脑中的图像和概念之和，最终由消费者建构完成。总之，品牌连接着企业与消费者，是由企业和消费者共同构造而成的。

因品牌具有多维性，故期刊品牌也具有多维统一性：其一，它表现为刊名、刊徽、广告和每本期刊所树立起的形象；其二，它表现为受众和期刊、期刊社之间的某种密切关系；其三，它表现为受众阅读后的精神体验和所呈现出来的文化价值；其四，它表现为受众对期刊本身核心价值的认同，即由认知到喜爱，进而到忠诚。

打造期刊品牌，就是打造编辑—作品—读者之间的交流关系，使三者互动、渗透、交织、互补甚至穿越。章锡琛对《妇女杂志》的品牌建构就是沿着期刊生产消费的链条，在编辑制作、读者接受及社会功能三方面下功夫，使编辑—作品—读者之间形成亲密的关系，从而树立起了《妇女杂志》独一无二的品牌形象。具体而言，章锡琛的编辑思想表现如下：

第一，在编辑制作方面，章锡琛严把《妇女杂志》的质量关，尤其强调内容的独特性。由于出版业是"一个纯粹关于人的行业"（日本出版学创始人清水英夫语），与人的精神成长休戚相关，这就决定了行业的特殊性——内容为王。只有拥有了独一无二的内容，才能超越竞争对手，才有可能树立起自身的品牌形象。可以说，只有与众不同的内容才能彰显品牌期刊的个性，突出品牌的核心价值，明确品牌的独特定位。

章锡琛自接手《妇女杂志》起，就注重在内容、风格、创意等方面引领时代潮流。与王蕴章的被迫纳新不同，章锡琛积极参与新文化运动，并为之摇旗呐喊。"那时正当新思潮运动极盛的时期，妇女问题为一般人所注意，我感觉到在《妇女杂志》中非讨论到妇女问题不可。"[①] 在保守势力依然强悍的背景下，章锡琛变革的勇气体现出了一代优秀出版人的文化担当。1921年1月杂志推出《革新号》，凸显章锡琛树立《妇女杂志》品牌形象的决心。杂志用白话文重点介绍各国的妇女状况和思想，讨论广大妇女关心的问题，并以专题讨论、命题征文、通讯专栏、发行专号的形式，搅动了读者热读、社会热议的一轮又一轮风潮，使原本暮气沉沉的杂志焕然一新。传播新知，启蒙民智，这是《妇女杂志》的新定位。具体而

① 章锡琛：《从商人到商人》，《20世纪中国著名编辑出版家研究资料汇辑》（第2辑），宋应离、袁喜生、刘小敏编，郑州：河南大学出版社，2005年版，第462页。

言,《妇女杂志》倡导妇女解放,否定"男女优劣论";关注妇女的婚恋家庭问题,倡导恋爱自由、离婚自由;提出新的性道德标准,抨击传统贞操观;提出女子教育回归育人之根本;力主妇女经济独立;提倡男女社交公开;关心女性人格精神的养成等。一时间《妇女杂志》风光无限,不但聚集了一大批优秀新锐知识分子和骤然上升的读者群,而且使"女性的发现"跃升为重要的社会议题。《妇女杂志》亦由内庭闺房中的旧式小女子,摇身一变而成宣扬妇女解放的吹鼓手,由此塑造完成了独特的品牌形象。

章锡琛除了要求《妇女杂志》具有内在的丰厚底蕴外,还要具有外在的风采。杂志创办之时,美制彩印胶版印刷机刚刚采用。在外观上,杂志以铜板印刷,配彩色封面,加美观插图,制作可谓精良。在排版上,杂志一律改成较小的铅字,更显精致大方。在文字上,杂志开始抛弃文言文,改用白话文,并使用新式标点符号。在封面上,《妇女杂志》用视觉语言着力塑造衣着时尚、独立自主、勇于表现的新女性形象,不再在卷首刊登读者小影或新婚照片。这些外观上的改变,其实更是有意味的形式,《妇女杂志》以表里统一、内外兼修的新面貌闪亮登场了。

章锡琛高度重视《妇女杂志》的信誉。王蕴章主编时期,杂志常不能按期发行,甚至发生过脱刊半年的情况。章锡琛强调期刊要对读者守信,必须按期出版。"我接手后,只得一面整理积稿,把勉强可用的略加修改充数,一面四处拉搞,又在杂志上出题征文,再不够自己也写一些,只求能尽快编好。过了三个月,总算把积压的各期赶出。"① 从1921年1月起,《妇女杂志》一直准时出刊。

第二,在受众接受方面,章锡琛强调放眼世界的同时,要密切联系中国的社会现实,全心全意为女性读者服务。对受众来说,品牌就是一种附着在产品和服务上的情感认同,它意味着优秀的品质保证和良好的服务信誉。

《妇女杂志》将具有一定文化水平的城市女性作为目标受众。它的读者结构"大部分是在校的大学生、中学生、中小学教职员、一部分大学校

① 章锡琛:《漫谈商务书馆·商务印书馆九十年》,北京:商务印书馆,1987年版,第116页。

教职员、军官以及公务员等。总括起来说……不是纯消费的学生，便是收入清廉的教职员、军官及公务员等"①。王蕴章在创办初期，将《妇女杂志》定位于辅助家政，主要服务于女学生和女教员，读者中也有男性。在章锡琛接手之后，他敏锐地感到"现代的妇女，已经不能限于家庭，对于今日社会世界的情势，也不可不充分注意"②。《妇女杂志》更是在第 7 卷 1 期中广而告之，杂志的定位：识字妇女，女校学生，人人欢迎。这"人人"自然包括女人和男人。此期间，杂志的宗旨与风格都发生了明显的变化。《妇女杂志》成为一大批受过欧风美雨滋润的男性知识分子探讨妇女问题的共同话语空间，在这个名曰"妇女"的平台上活跃着为数不少的男性作者和读者。

为了做到"人人欢迎"，《妇女杂志》首先从广受读者欢迎的栏目着手改革。"本志从前的'家庭俱乐部'很受读者欢迎。从本年起，特加扩充，改为'世界珍闻'等以下各栏，将材料增加至数倍之多。趣味既很丰富，文字又极条畅，没一篇不耐人玩味。对于从前的'家庭俱乐部'，总可算的长足之进步。"③ 章锡琛思想之高、放眼之广、态度之坚实属可敬，他全心全意地致力于塑造心目中的理想新女性。

同时，期刊品牌的建构离不开广大受众的参与。章锡琛很重视编辑人与读者间的沟通交流，具有很强的策划意识，常常向读者进行主题征文，并将意见表达的平台扩展到"读者文艺""自由论坛""通讯""读前号""通信""谈话会"等专栏中。读者—编辑之间的互动，是个双向交流的过程，促使双方更深入地理解、认识、学习有关妇女的新思想、新知识，并以"杂谈"的方式见诸杂志。受众的广泛参与，使得《妇女杂志》很快摆脱了"东拼西凑"的困境，发展出"承蒙各地同志纷纷投稿"的繁华盛景。④

"五四"时期，伴随着男性知识分子对"人的发现"，即对每个独特个体自身的主体性的尊重，而后才有了"女性的发现"。女性从一开始就

---

① 读者与编者：《东方杂志》，1934 年第 14 期，第 302 页。
② 馀录：《妇女杂志》，1921 年第 3 期。
③ 馀录：《妇女杂志》，1921 年第 1 期。
④ 馀录：《妇女杂志》，1922 年第 7 期。

是被引导、被教育的对象，章锡琛也没能超越这一时代语境。但随着《妇女杂志》品牌建构的逐步深化，章锡琛以一代编辑家的眼光，敏锐地意识到市场化这一媒介生态的作用，因此曾经处于被启蒙地位的女性读者逐渐被动员，并被吁请到"朋友"这一身份之中。读者对《妇女杂志》的反向作用越来越大，期刊的内容制作、出版发行都渗透了受众的意志。

《妇女杂志》不但能给读者带来良好的阅读体验，而且能够引导读者走出内庭的局限，进入一个志趣相合、互相启发的"朋友"圈子中，实现一定程度上的社会化。革新后的《妇女杂志》为当时一批经历过欧美新思潮洗礼的男性知识分子和女性读者开辟了一块共享的讨论阵地，一跃成为当时最具影响力的女性期刊。

第三，在社会功能方面，章锡琛主持下的《妇女杂志》积极投身于社会变革，传播科学新知和新思想，促进社会进步，成为先进文化的代表。

五四时期各种思潮冲突激烈，虽然精英知识分子不断引入各种新思潮，但几千年因袭下来的封建思想及保守势力依然强悍，广大民众并不能完全理解并接受这些革新进步思潮。章锡琛原本对妇女问题并无研究，但接任《妇女杂志》主编之后，积极学习、热情传布、不断反省，最终将杂志打造成为妇女解放思潮的领导者。

章锡琛主编期间，《妇女杂志》首开专号的形式，即通过约稿专门讨论某一问题。选题的制定，凸显了编辑人的问题意识。专号尽可能多地罗列了不同观点，有利于就某一专题各抒己见，进行深度分析和辩论。从1922年4月首次出版《离婚问题号》后，《妇女杂志》先后又发行了《产儿制限号》《妇女运动号》《娼妓问题号》《家庭革新号》《配偶选择号》《十年纪念号》《职业问题号》《男女理解号》《新性道德号》《女学生号》。每一专号都涉及妇女问题的要害，充当了舆论先导，引起极大的社会轰动。

以曾经加印两次的《离婚问题号》为例，它大胆地指出：封建社会赋予了丈夫"七出"的权利，而女性完全处于失语的状态，这是婚姻关系中表现出来的男女不平等。《妇女杂志》第一次直接地、大规模地分析了妇女离婚的合理性，倡导妇女具有婚姻自由。又如《产儿制限号》敢为人先地直指妇女的生育问题。封建礼教宣扬"不孝有三，无后为大"，妇女的头等大事就是传宗接代，仿佛一架永无停歇的生育机器，身心都受到了极大的伤害。《妇女杂志》关注和同情女性群体性的遭遇，呼吁全社会普及科学生育新知，拯救为生育所累的广大女性。

《妇女杂志》在 17 年间共发行 20 期专号，其中章锡琛主编了 11 期，占到总比的55%。在封建保守势力依然强大的社会背景下，专号的发行仿佛抛出了一枚枚重磅炸弹，引起了极大的震撼，同时也给苦难深重的女性带来了希望。与此同时，广大读者也"报之以琼瑶"，使《妇女杂志》的发行达到史上最高峰。"本志今年出版了两次专号，大受读者欢迎。婚姻问题号再版出书，不到半月，即行售罄。产儿限制号，现在亦已再版，并承多数读者纷纷投函，嘱本志多出此类专号，对于一种问题为系统的研究。同人受此意外的奖誉，真是惭感交并。"[1]

三

《妇女杂志》作为商务印书馆的十大刊物之一，秉承了文化与实业兼具的传统。依托着商务印书馆这个中国近代史上最成功的民营资本企业，章锡琛采取了多角度营销策略，实现了传播中有营销，营销中有传播。

第一，章锡琛具有很强的宣传意识，强调广告的市场营销作用。

走马上任伊始，章锡琛就在 1921 年 1 月号刊登广告，隆重推荐《妇女杂志》："中国的新事业渐渐振兴。讲到妇女解放问题，现在提倡的很多，但是一方面解放，一方面即需建设。敝馆今年的《妇女杂志》正是妇女建设方面的极好书籍，不可不读。赞成解放问题的更不可不多订几份送与亲友中识字妇女看看。"[2] 这份见面礼，将革新后的杂志定位、编辑思想娓娓道来，具有相当的冲击力和诱惑性。

同时，章锡琛利用商务印书馆的其他刊物，形成多角度的广告攻势。例如，商务所属的《小说月报》《东方杂志》同时发表了文章《民国十四年的妇女杂志》，对1925 年的《妇女杂志》即将刊载的主要内容做概要性

① 馀录：《妇女杂志》，1922 年第 8 期。
② 《妇女杂志》七卷号 1（1921 年 1 月）。

的宣传，以期吸引更多目光，扩大读者群。该文洋洋洒洒长达千字，共分为五大部分，即"空前的《妇女杂志》""新性道德号的内容的介绍与评价""二月号的五大征文的介绍""女学生号的预告""最有益最廉价的读物"。《东方杂志》将这千文列于"广告"栏目下，这确实是广告史上罕见的长文。文章在第一部分一开始就直言这是一份"空前的"杂志，因不断地改革，《妇女杂志》"久被推为全国最活泼最饶兴味的杂志，凡是头脑清新的青年男女，没有一个人不酷爱的"。而1925年的《妇女杂志》更表现出空前的特色，"不但在中国杂志界中应该首屈一指，就是在欧美日本诸先进国中，恐怕也不多见"。长文在最后的部分称《妇女杂志》是"最有益最廉价的读物"，"她能供给读者许多有用的知识，而没有枯燥乏味的弊病。至于定价的低廉，更是别种出版物所万不能及"。经过详算经济账，"这一本三百余页的书只费一角六分有奇，不但是中国，世界上还有再比她更廉价的书籍么"？文末奉劝读者"本志每期出版，往往不久即告售罄，爱读诸君，务请从早预定，免致向隅"。这千言广告，晓之以理、动之以情，实为特殊。

第二，章锡琛勤于市场调查，适时进行杂志调整。

针对当时国人缺乏读书阅读的习惯，女性群体普遍知识层次较低的现状，章锡琛要求《妇女杂志》用平民化方式表述精英观点。"因近来屡接读者来函，说本志所载文字有逐渐加深的倾向，普通读者颇多不便。所以想从下一期起，多增浅近的文字，以便利一般读者。"[①]

此外，章锡琛时常对受众市场进行分析。例如，1923年杂志以"我之理想的配偶"为题征文，共收到155篇，编辑用报道征文结果的记事分析了《妇女杂志》读者群特征，即18—24岁的应征者占83%，职业以教员和学生为主。这些抽样调查分析了市场，有助于更合理地经营管理，并对传播内容进行有效的设计。

第三，章锡琛力主降价促销，看重杂志的社会效益。

章锡琛23岁进入商务印书馆，多年的历练，使其真正传承了这个成功出版机构社会效益与经济效益并重的传统。在纸张价格飞涨的情形下，

---

① 徐录:《妇女杂志》，1923年第1期。

《妇女杂志》反而降价促销:"本志从前定价本也很廉,现在更为减轻读者负担起见,又减少三分之一。"① 这种反常规的做法,正是编辑人在风起云涌的时代大潮下自觉担当文化责任的一种体现。

章锡琛对《妇女杂志》进行品牌塑造的过程,也是一个品牌资产不断积累升值的过程。具体表现为:第一,销售量直线上升。《妇女杂志》实现了每年翻一番的飞速发展,由王蕴章主编时期的 2000 余份,飙升到章锡琛主编时期的 10000 余份,而且"大受读者欢迎,销数之多,开我国妇女杂志界的新纪元"②,成为民国出版史上的发行奇迹。

第二,行销海内外。依托商务印书馆强大的实力,作为商品参与市场竞争的《妇女杂志》以上海为中心,发行网络涵盖北京、奉天、天津、云南、香港、澳门等 28 个城市,还远销海外。例如,九卷 1 号的《编辑馀录》中说:"此次本志发刊专号,承蒙海内外热心妇女运动诸君,纷纷把著作寄赠,以致页数超过预定额几及一倍。"③ 作为一份专门定位于女性的对象性期刊,《妇女杂志》在民国时期能产生这样的国内、国际影响力着实不易。第三,读者热读热议,积极参与。《妇女杂志》几乎每个版次都会引起抢购风潮,数个版次多次再版后依然脱销,这表明其受读者欢迎的程度之高。而且每一次征文都会收到 100 篇以上,以至于编辑不得不在《编辑馀录》中发表因版面有限不能全部刊登的声明。

《妇女杂志》不仅仅塑造了品牌形象,而且积累了品牌资产,具有较强的品牌竞争力,实现了经济效益和社会效益的双赢。在我国现代期刊业经历了产品时期、销售时期之后,已步入了品牌建设时期。期刊的品牌化是出版人的不懈追求。回首百年前的《妇女杂志》,依然具有莫大的启示意义。

---

① 馀录:《妇女杂志》,1921 年第 2 期。
② 王云五:《关于〈东方杂志〉的回忆》,转引自陈姃湲:《〈妇女杂志〉(1915—1931)十七年简史——妇女杂志何以名为妇女》,《近代中国妇女史研究》,第 12 期。
③ 馀录:《妇女杂志》,1923 年第 1 期。

《文化传播》稿约

一、约稿说明

  《文化传播》由北京航空航天大学人文与社会科学高等研究院、文化与艺术传播研究院主办，以"文化思辨、创新涵育"为主旨，坚持思想性、文化性、学术性、实践性，分为"前沿视点""专题研讨""经典与通识""高研论坛""学术观察"等栏目。主要收入文化传播与管理领域的学术成果、研究论文以及以梳理中西经典及文化传承为内容的专论、著述。尤为欢迎有新观点、新方法、新视角的稿件和立意新颖、议理考据、逻辑严密，能及时反映所研究领域最新成果的文章。

  《文化传播》竭诚面向国内外专家、学者约稿，欢迎惠寄研究论文、专题著述或相关最新学术成果。编辑部将严格按照学术规范流程，对稿件实行匿名评审、择优录用。严禁一稿多投，自稿件寄出后两个月未接到通知的，作者可自行处理。

  来稿请寄：北京海淀区学院路 37 号北京航空航天大学人文与社会科学高等研究院《文化传播》编辑部（邮编：100191）；投稿邮箱：wenhua-chuanbojikan@163.com

二、来稿体例规范

1. 一般来稿以 10000 字为限（包括注释和参考文献），特殊稿件可增至 15000 字，学术动态综述以 3000～4000 字为限。

2. 来稿必须遵循国际公认的学术规范，引文注释必须清楚准确，论述言之有据，论证逻辑全文一致。来稿应特别注意专业术语的规范性。在专业术语的使用上，特殊术语应给出明确界定，或注明出处，如属翻译术语请用圆括号附原文。

3. 来稿中出现外国人名、地名时，一律以商务印书馆出版的《英文姓名译名手册》和《外国地名译名手册》为标准，并在第一次出现时用圆括号附原文，以后出现时不再附原文。

4. 来稿一律不退，请自留底稿。

5. 本书编辑对稿件有修改和删改权，如不同意请注明。

6. 来稿请自备副本，原稿概不退回。

7. 来稿文责由作者自负，来稿必须未经正式出版。

8. 被选中出版的稿件，著作权属于作者，版权属于《文化传播》。

9. 来稿要求以中文写作，来稿应包括中英文标题、中英文摘要、中英文关键词。

10. 文章第一页以脚注的形式标注文章说明和作者简介，文章说明在前，作者简介在后。作者简介包括姓名、单位、职务职称、邮箱地址。

11. 稿件正文内各级标题按 "一""（一）""1.""（1）" 的层次设置，其中 "1." 以下（不包括 "1."）层次标题不单占行，与正文连排。

12. 各类表、图等，均分别用阿拉伯数字连续编号，后加冒号并注明图、表名称；图编号及名称置于图下端，表编号及名称置于表上端。图片需注明出处，如 "数据来源：2003 年统计年鉴、2008 年统计年报"。使用他人图片需提供授权。

13. 获得基金资助的文章，应依次注明基金项目来源、名称、项目编号等基本要素。

14. 如有不加入网络版者，请在来稿时注明，否则视为默许。

15. 为保护著作权、版权，投稿的文章如有征引他人著作，必须注明出处。应包括：作者/编者/译者、出版年份、书名/论文题目、出版地、出版者，如是对原文直接引用则必须注明页码。

16. 行文中，外国人名第一次出现时，请用圆括号附原文，文章中再次出现时则不再附原文。在英文参考文献中，外国人名一律姓氏在前，名字以缩写随后，以逗号分隔。

如：Mary Richmond 应写为：Richmond，M.

17. 中国人的外文作品，除按外文规范注明外，在文末应在其所属外文姓名之后以圆括号附准确的中文姓名，如无法确认中文姓名则不在此列。

凡投稿者即视为同意上述约定。

北京航空航天大学人文与社会科学高等研究院

文化与艺术传播研究院

《文化传播》编辑委员会

Table of Contents & Abstracts

Cognitive Bamboo-and-SilkManuscriptology as a Branch of Cognitive Manuscriptology

Xing Wen / 3

Abstract: Cognitive Manuscriptology is the study of both broad sense and narrow sense manuscripts in multicategories and at various levels. As a branch of Cognitive Manscriptology, Cognitive Bamboo-and-Silk Manuscriptology is critical in comprehending bamboo-and-silk manuscripts since a proper cognitive selection cannot be made without the shared complete context that is transferred through a cognitive conduit connecting the author and the audience. Based on the missing inherent structure from the source domain of mapping and the invariant image-schema structure of the selected characters, such as guo (?) and wei, respectively inscribed on the so-called Western Han bamboo-slip versions of the *Cangji* and the *Laozi* collected at Peking University, Cognitive Bamboo-and-Silk Manuscriptology demonstrates how the authenticity of the bamboo slips in question must be disapproved. As an interdisciplinary field and approach, Cognitive Bamboo-and-silk Manuscriptology presents innovative dimensions and directions of the Study of Chinese Bamboo-and-Silk Manuscripts.

Keywords: Cognitive Bamboo-and-Silk Manuscriptology; Cognitive Manuscriptology; Conduit Metaphor; *Cangji*; *Laozi*

New Connotation of Gentleman's Personality in the Era

Hao Qingjie / 11

Abstract: To cultivate a new gengeration of the times who are responsible for the national revival, we should not only inherit and carry forward the excellent ideas of the traditional gentleman's personality view, but also take Marxism as the guide to realize the "creative transformation and innovative development" of the traditional gentleman's personality view and endow the gentleman with rich personality in the era on the basic of national conditions in the contemporary era. The gentleman's personality needed in the new era should be a socialist builder and successor with lofty ideals, real abilities and responsibilities.

Keywords: Gentleman personality; Confucianism; Marxism; National renaissance; New era

Cultural Heritage Runs Parallel to Epoch Development: Taking the Protection and Utilization of Prince Kung's Palace as an Example

Sun Xuguang / 20

Abstract: Prince Kung's Palace Museum, as a important historical monument under special preservation and a national level museum, is an important base for the display and protection of intangible cultural heritage. It is a comprehensive public cultural institution that integrates cultural relics protection, opening of tourism, museum business construction, excellent traditional cultural exhibition and cultural industry development. In recent years, Prince Kung's Palace Museum has practiced the cultural concept of "He, Gong, Ren, Wen". It has played an active role in the diffusion of excellent traditional Chinese culture by constantly exploring and practicing in the aspects of cultural relics renovation and protection, widening collection channels, Prince Kung's Palace culture research, constructing exhibition pattern, running public services, reinforcing brand idea and strengthening the communication with the outside.

Keywords: Prince Kung's Palace; Museum construction; Heritage conservation; Opening of tourism; Cultural diffusion

Study on the Construction of Smart Beijing from the Perspective of International Mainstream Media

Gao Jinping / 27

Abstract: The study examines the spirits and performance of Smart Beijing from three elements and six topics of Smart City. According to report of foreign mainstream media and international news agency in 2017, Smart Beijing has received popular recognition from international public opinion. Foreign mainstream media consider Beijing will be the meeting center of the world. International public opinion call on Beijing to further opening up the market and stimulate the vitality of industry. Meanwhile, cultivating smart Beijing people is significant.

Keywords: Smart Beijing; Mainstream media report in 2017; Public opinion of Beijing

The Present Situation and Optimizing Measurements of the Historical Relics Resources Utilization of University Students in Capital

Zhang Juling, Zhang Xiaofeng / 39

Abstract: The historical relics resources is uniquely positioned to historical development, cultural inheritance as well as international culture communication. Because of the abundant historical relics resources and the large group of university students in Beijing, it has profound significance to take advantage of historical relics resources for cultivating university students in the new age for the responsibility taken of national rejuvenation. However, it has been indicated that the number of university student audiences appear very small compared with other groups in various museums of Beijing. The data shows that in comparison with primary and secondary school students and the public audience, even though in the ordinary times, it presents a relatively low frequency of university students in participating museum activities, accessing to and studying with historical relics resources. Consequently, Education Authorities, Historical relics resources Department and every universities should constantly enhance and highlight the attractiveness of the historical relics, in the mean while, contribute to the higher education talent cultivation system optimization for the atmosphere building as well as advantage providing in university students' historical relics resources participation.

Keywords: University students; Capital; Historical relics resources; Present situation; Optimizing measurements

Foucault's Subject Theory and Feminist Application of It

Dai Beifen / 49

Abstract: The philosophy of subject of the Enlightenment thought bases the foundation of all the philosophical issues on human. To explicate the fundamental status of human, this philosophy of subject constructs the human nature. Accordingly, the human has been constructed as a subject which is endowed with the abstract, unified and substantial nature. Foucault supposes the philosophy of subject of the Enlightenment thought essentially fetter the human thoughts. By historicize the philosophy of subject of the enlightenment thought, he is able to abolish the status of this type of the philosophy of subject as absolute truth, which deconstructs the universal nature endowed by this type of the philosophy of subject. Feminism that is born as a social movement fighting for the women's right in the nineteenth century has been deeply influenced by the Enlightenment thought. This can be seen from that feminism also attempts to employ a unified woman subject identity as the foundation of the feminist theory development and feminist political practice. However, as the defect of subject theory of the Enlightenment thought exposing, feminism also starts to reflect the applicability of the unified subject. Foucault' subject theory has come into the vision field of feminist theory in the 1980s. Foucault's philosophical standpoint that counters the subject of the Enlightenment thought and his epistemological analysis of the subject and power analysis of the subject makes feminism reflect the question of the subject theory.

Keywords: Foucault; subject; feminism

Revealing the Essence of Lives and Life: Aesthetic Exploration for Agnès Varda's Films

Tong Xiaofeng / 62

Abstract: Through the in-depth analysis of the representative films of Agnès Varda, this paper explores the artistic style and aesthetic features of the French New Wave's "Godmother"— Varda's films from film language revolution and revelation of life and reality.

Keywords: French New Wave films; Realism; Experimental images

TheInfluence of Scientific and Technological Philosophy on the Literacy Development of Science Students in Universities

Wang Yan / 69

Abstract: It is an important objective for higher education reform and development to accomplish education with an equal emphasis on science and humanities literacy, and provide high-quality talents who are competent both in science and humanities. In this paper, I show that scientific and technological philosophy, as a secondary discipline of philosophy, brings a critical connection between natural sciences and humanities and social sciences, and plays a vital and unique role in improving the comprehensive quality of science students in universities.

Keywords: Philosophy of Science and Technology; Science Students in Universities; Literacy Development

Challenges and Changes: An Observation of Harvard General Education

Chen Qi / 75

Abstract: Harvard has helped to shape the American system of higher education, which is magnificent in its independence, sweep, and diversity. In the challenging times for higher education in America today, however, the General Education at Harvard is necessary for a reformation. The GE system under way has made great exploration to prepare students for civic engagement, to develop students' understanding of the ethical dimensions of what they say and do, to enable students to respond critically and constructively to change, and to teach students to understand themselves as products of, and participants in, traditions of art, ideas, and values, in the process of which, embodying and defending three essential values Harvard represents: veritas; excellence; and opportunity.

Keywords: General Education; Harvard; challenges and changes

Extension and Development: A Brief Account of Landscape Painting in the Past Forty Years of Reform and Opening-up

Zhang Wei, Han Lichao / 89

Abstract: Since the Reform and Opening-up 40 years ago, many changes have taken place in the social context, aesthetic fashion, cultural connotation, spiritual orientation, subject matter and content, creative techniques and language style of landscape painting. This paper systematically summarizes the problems experienced during this period; for instance, the continuation and expansion of the sketch-creation mode, Huang Binhong craze and the debate over brush and ink, the rise of urban landscape painting, the variation and graphic construction of contemporary landscape painting, as well as the logic and form of Pan landscape painting. In addition, this paper analyzes multiple dimensions such as language exploration and realistically revealing, summarizes the gains and losses of landscape painting in the past 40 years and explores the law of landscape painting innovation, hoping to provide a necessary reference for the further development of landscape painting in the future.

Keywords: Forty Years of Reform and Opening-up; Landscape Painting; Context; Language Evolution

Analyze Artistic characteristic of Gu Kaizhi's Figure Painting from *Admonitions of the Court Instructress to Palace Ladies*

Ye Shanling / 103

Abstract: Figure painting became a typical subject of Chinese painting firstly. Few figure paintings in early stage of Chinese painting can be seen now. Gu Kaizhi's figure painting is the representative of the early figure painting of our country which can be seen now. Though it is not a original copy, but those provide valuable research materials for the study of early figure painting in China. *Admonitions of the Court Instructress to Palace Ladies* is a handscroll of figure painting created by Gu Kaizhi which based on Zhang Hua's article with the same name. This paper takes this painting as the object of study to analyses the artistic characteristics of Gu Kaizhi's figure painting.

Keywords: *Admonitions of the Court Instructress to Palace Ladies*; Gu Kaizhi; Figure painting; Artistic characteristic

The Artistic Thought of the People: From Lu Xun's *Weeds* to Hong Yiran's *Nameless Grass*

Liu Junping / 120

Abstract: Hong Yiran, a famous Chinese aesthetician in the 20th century, made full use of the spare time after his theoretical research to pick up the brush of traditional Chinese painting, spending his later years with "nameless flowers and weeds". His most representative works are the Chinese painting Nameless Grass and the poetry Grass-planting Ballad. These two works advocate the spirit of Weeds and profoundly represent Hong Yiran's artistic thought. Like the spirit of Weeds, they adhere to a fortitudinous humanism, which reflect the loneliness of a scholar. Hong Yiran's philosophical thinking on "grass and flower" runs through his ultimate concern for life, and deeply reflects his strong concern for the cultural consciousness of the people at the lower level.

Keywords: Public aesthetics; *Nameless grass*; Artistic thought

Dialogues on Experience and Presentation

Liu Jude, Feng Qiuzi and Cai Jinsong / 127

Abstract: When Mr. Liu Jude held a painting exhibition in Beijing on 23th, November, 2016. , Liu Jude, Feng Qiuzi and Cai Jinsong, these three scholarly artists and writers discussed Mr. Liu Jude's personal life experience, long-term artistic practice and thought from their respective perspectives. Their dialogues involved the origin of art and the spirit of life, the literary implication and value of painting, the poetic space and philosophical essence, national culture and historical imprinting and many other issues. They analyzed how art grows from the heart, creation is possible only when you feel it with heart; everything is equal and regenerated by blending with others; Why art is the life experience about the release of life... Life and growth, gnosis and spirit, lives and art, hiking and returning home, simplicity and complexity, size and collection and so on. Art and Humanities interweave, collide and promote, which also occur in the communication.

Keywords: Life experience; Artistic spirit; Ideological inheritance; Creative practice; Literary meaning

An IndistinguishableTweedle: A Brief Analysis of *Beijing's Lanes, Alleys and Hutongs Collection*

Wang Bin / 179

Abstract: Beijing's Lanes, Alleys and Hutongs Collection *was written by*

Zhang Jue in the thirty-ninth year of Jiajing in Ming Dynasty (1560). It is the origin of the study of Beijing's alleys, Hutongs, government offices, warehouses, gardens, mausoleums, temples, villages and monuments. Thus, it plays a significant role in the books of historical geography in Beijing. This book has about 10, 000 words, with only one volume. It was issued at same year and was later copied and engraved in different versions. In 1962, it was compiled by Beijing Publishing House and published in the collection of Beijing's Hutongs and Lanes Record. Based on it, this paper makes a brief analysis of Zhang Jue's life and the kinds of road names in Beijing.

Keywords: Zhang Jue; Beijing; Lanes and alleys; Hutong; Research

The Influence of Social Trend of Thought in Wei and Jin Dynasties on the Formation of Tea Culture

Tian Zhen / 189

Abstract: In the history of the development of Chinese thought, metaphysics in Wei and Jin Dynasties was a trend of thought of the times, while the romance in Wei and Jin Dynasties was the life criterion of celebrities under the guidance of metaphysics, including lifestyle and aesthetic tendency. Because of the turbulent political situation in the Wei and Jin Dynasties, many celebrities became more educated and natural. Taking laissez faire as the criterion, we should talk about Lao-Tzu and Chuang Tzu, eating and drinking all day long, in order to transcend the vulgarity. The social trend of thought in the Wei and Jin Dynasties showed a historical and space-time appearance, gave birth to the bud of tea culture, made the tea drink needed by oral administration a medium of confidence, and provided aesthetic value guidance for the formation of tea culture.

Keywords: Natural Inaction Art of Living; Tea as Medicinal Bait; Maintain Originality and Embrace Simplicity; Guests to Worship Tea; Profound, Lasting

And Nonaggressive; Drinking Tea Artistic Conception

Products for Conveying Ethics: Product Design's Cultural Logic and Innovation

Gong Haoqin / 196

Abstract: Product design activities should follow the logic of science as well as the logic of culture. It not only devises the material form of objects, but also implies the arrangement of the "non-material" system and rule. The creation design of systems and rule is embodied in "invisible design" and "design other than design". The creation of "new way of life" can also start from the system and the relationship between people, use the method of social organization and rethink the creation design from the perspective of institutional rules.

Keywords: Creation design; System; Product; Symbol

Photography as Art and Art as Photography: Rethinking of Photography in Southwest China

Pan Xiaotong, Pan Nianying / 206

Abstract: The status and function of photography are not the same in different disciplines. As a kind of media, photography emphasizes "reality" and "documentary" in the discipline of anthropology, which is different from the "beauty" and "aesthetic" photography emphasized by fine art. But there is no decisive gap between them, the photography of anthropology and the photography of art have space for reference and tolerance. The difference between "photography as art" and "art as photography" is not only the change of word order, but also the multi-dimensional and deep-seated excavation of the function. From lacking of cultural care and ideological support, to gradually breaking through the boundaries of disciplines and shackles of "self" and "others", the Southwest Ethnic Image Records have changed a lot. Through the rethinking of all these changes, a way of crossing the gap may be brought to the surface.

Keywords: Visual anthropology; Photography and art; Visual culture

ZhangXichen and the Brand Construction
of *Journal of Women*

Liu Li / 213

Abstract: After bold reform by Zhang Xichen, Journal of Women was turned into a brand journal. In terms of editing, Zhang Xichen strictly controlled the quality of *Journal of Women* , especially emphasized the uniqueness of the content. In terms of the audiences, Zhang Xichen emphasized the close ties between Chinese social realities, whole heartedly serve the female readers. In terms of social function, *Journal of Women* was actively involved in the social change, spread scientific knowledge and new ideas, promoted social progress and became the representative of advanced culture. Zhang Xichen carried on the marketing strategy from multiple perspectives, such as advertising, market research, depreciate sales promotion, and etc. Zhang Xichen's successful experiences in brand construction have great significance on today's female culture diffusion and publication management.

Keywords: Zhang Xichen; *Journal of Women*; Brand construction